智慧旅游创新实践教材

LÜYOU XINMEITI YINGXIAO

旅游新媒体营销

韩一武◎总主编
王慧盟　丁原祖　韩宏斌◎主编
彭露露　郑　媛　周　倩　冯雅韵◎副主编

北京·旅游教育出版社

图书在版编目（CIP）数据

旅游新媒体营销 / 王慧盟，丁原祖，韩宏斌主编
. -- 北京 : 旅游教育出版社，2024.3（2024.12重印）
ISBN 978-7-5637-4649-1

Ⅰ. ①旅… Ⅱ. ①王… ②丁… ③韩… Ⅲ. ①旅游地
-网络营销-研究 Ⅳ. ①F590.82

中国国家版本馆CIP数据核字(2024)第024699号

旅游新媒体营销

王慧盟　丁原祖　韩宏斌　主编

彭露露　郑　媛　周　倩　冯雅韵　副主编

责任编辑	陈凤玲
出版单位	旅游教育出版社
地　　址	北京市朝阳区定福庄南里 1 号
邮　　编	100024
发行电话	（010）65778403　65728372　65767462（传真）
本社网址	www.tepcb.com
E - mail	tepfx@163.com
排版单位	北京旅教文化传播有限公司
印刷单位	三河市灵山芝兰印刷有限公司
经销单位	新华书店
开　　本	710毫米×1000毫米　1/16
印　　张	18
字　　数	228 千字
版　　次	2024 年 3 月第 1 版
印　　次	2024 年 12 月第 2 次印刷
定　　价	58.00 元

（图书如有装订差错请与发行部联系）

总　序

大数据时代，信息技术赋予了旅游业新的活力，数字化和信息化达到了新的高度，旅游业发生了革命性的变化。《“十四五”旅游业发展规划》提出要推进以“互联网 +”为代表的旅游场景化建设，加强旅游大数据基础理论研究，推动区域性和专题性旅游大数据系统建设，鼓励依法依规利用大数据等手段，提高旅游营销传播的针对性和有效性。这些政策体现了强化旅游科技支撑和发展数字经济的重要作用。随着数字旅游市场的快速增长，旅游大数据建设和管理人才紧缺，各种旅游场景的建设运营均需要既有业务视野也有大数据能力的人才，旅游管理相关专业必须结合数字化实现转型升级，以满足数字化浪潮下旅游产业对人才的需求。

在数字文旅建设背景下，太原旅游职业学院紧扣时代和行业需求，积极开展旅游管理类专业智慧化升级改革，依托旅游管理、智慧旅游技术应用、智慧景区开发与管理、酒店管理与数字化运营、大数据技术、网络营销等专业组建旅游管理专业群。专业群以立德树人为根本，以传统旅游业的改造升级和旅游新业态的发展创新为目标，以“教师——教材——教法”为核心建设内容，着力打造“德技兼修、课证融通、实境育人”的工学结合人才培养模式，探索职业本科层次的人才培养路径，建立教师教学创新团队，建设线上线下混合式教学、课程思政案例库等为特色的专业群课程体系，出版地方特色丛书及融媒体专业课程教材，辅以技术技能平台，加强国际合作，提升社会服务能力，以产教融合、服务需求、重构体系、创新模式的专业建设思路和实践，为数字文旅的发展提供人才支撑。

本套教材均是我院旅游管理专业群智慧化升级改革建设成果，采用“校企合作、双元开发”方式，依托智慧旅游的实际应用场景，围绕旅游大数据的获取、处理、分析和应用，旅游新媒体营销的认知、策划和实施等核心技能编写。教材结构清晰，逻辑严密，案例新颖，“课、岗、训”融合特色突出，具有较强的实用性。为了便于教学，本套教材同时配有 PPT 、课后题答案、二维码等丰富的教学资源。

总主编：

2023 年 9 月

前言

旅游新媒体营销是指应用新兴的、相较于传统媒体的数字化媒体平台（如社交媒体、移动应用、网络博客、视频平台等）进行旅游信息发布、分享、推广和交互的方式，其作为旅游信息传播和营销的新趋势，在旅游领域对提高营销能力、降低旅游营销成本，保证旅游服务质量等方面起着重要作用。

本书采用“校企合作、双元开发”的方式，作为旅游新媒体类 1+X 职业技能等级证书辅助教材，以旅游业的实际运营为主线，以新媒体内容策划与生产为核心，将新媒体营销理念与旅游实践相结合，兼顾数据化运营分析来构建知识技能体系。全书分为十大项目，包括：旅游新媒体营销认知、旅游新媒营销定位与策划、旅游新媒体营销文案创作、旅游新媒体图文营销、旅游新媒体短视频营销、旅游新媒体直播营销、旅游新媒体微信营销、旅游新媒体社群营销、旅游自媒体营销、旅游新媒体营数据分析，全面介绍了旅游新媒体营销的要求、方法与技巧，旨在培养读者新媒体营销的系统化思维与实践方法，同时掌握旅游新媒体营销的核心知识与技能。本书结构清晰，逻辑严密，案例新颖，“课、岗、训”融合特色突出，具有较强的实用性。

本书由太原旅游职业学院王慧盟、丁原祖和太原市文物保护研究院韩宏斌进行规划与统稿，项目一由太原旅游职业学院周倩编写，项目二由山西青年职业学院李晓婧编写，项目三和项目六由太原旅游职业学院王慧盟编写，项目四由太原旅游职业学院胡月编写，项目五由太原旅游职业学院冯雅韵编写，项目七由太原旅游职业学院郑媛编写，项目八由太原旅游职业学院马雯编写，项目九和项目十由太原旅游职业学院彭露露编写。

本书部分旅游案例由太原市文物保护研究院韩宏斌和北京执惠旅游文化传播有限公司刘照慧提供，太原旅游职业学院贾雪梅、聂艳芳对如何将岗位职业技能要求融入本书提供了宝贵意见。太原旅游职业学院王慧盟、彭露露、郑媛、冯雅韵、胡月、马雯，山西青年职业学院李晓婧参与录制了本书的相关教学视频。在此，衷心感谢太原旅游职业学院、山西青年职业学院、太原市文物保护研究院、北京执惠旅游文化传播有限公司、旅游教育出版社等单位和编写团队的倾情付出和全力支持。

本书为山西省教育科学“十四五”规划课题《山西省 4A 级以上旅游景区新媒体营销策略研究》（课题编号：GH-220675）阶段性研究成果。

本书既可作为应用型本科院校、高职高专院校和财经商贸类专业的教材，也可供旅游新媒体相关从业者和社会人士阅读参考使用。

由于编者水平有限，书中难免有不足之处，恳请广大读者及专家批评指正。

编者

2024 年 3 月

目　录

项目一

旅游新媒体营销认知

项目概述

旅游新媒体营销认知探讨了旅游新媒体营销的多种形式，通过不同的平台，旅游机构可以更有效地接触到各种受众群体，并提供有针对性的营销信息。该项目还强调了五种旅游新媒体营销思维，这些思维方式可以帮助旅游营销团队以全新的方式思考问题，制定出更有创新、更为有效的旅游营销策略。最后，该项目介绍了旅游新媒体营销团队的组建，以及旅游新媒体营销人员应具备的基本素养。

学习目标

知识目标

1. 了解旅游新媒体、旅游新媒体营销的概念与内涵。
2. 了解旅游新媒体营销的形式。
3. 掌握旅游新媒体营销的策略。
4. 熟悉旅游新媒体营销的常用思维。
5. 熟悉旅游新媒体营销人员的基本素养。

技能目标

1. 能界定旅游新媒体，并正视旅游新媒体的特征。
2. 能够建立旅游新媒体营销思维，强化创新意识。
3. 能够组建合适的旅游新媒体营销团队。

思维导图

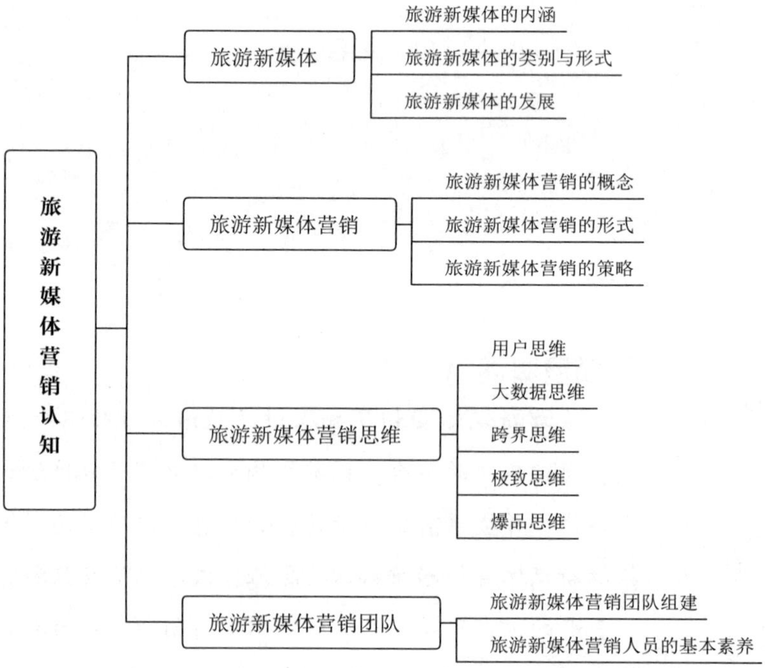

[引导案例]

故宫博物院的新媒体营销

(一)IP 营销

故宫博物院是在明朝、清朝两代皇宫及其收藏的基础上建立起来的中国综合性博物馆,是中国收藏文物最丰富的博物馆,更是中国最大的古代文化艺术博物馆,是最具中国特色、最让中国人为之骄傲的文化名片,超级大 IP。在每个中国人心中,故宫都是一个特别的存在。故宫博物院充分运用故宫大 IP,设计了许多富有创意和特色的周边产品,并在细节之处独具匠心,把故宫传统文化元素植入时尚的当代工艺品之中,不仅新潮可爱、讨人喜欢,更赋予了其故宫藏品所蕴含的文化价值。

(二)微博营销

从 2012 年开始,故宫博物院开始尝试利用移动互联网为游客提供服务及藏品介绍等,着手新媒体运营,在新浪微博里发布相关资讯,呈现展品。"故宫博物院"官方微博,主要内容包括常设展览和特展信息、文物介绍、故宫景色、故宫壁纸、故宫与人的故事等,此外还有一些关于讲座和志愿招聘的信息。其图文内容基本以原创为主,其中运营团队自己拍摄的故宫四季景色互动效果非常好。通过微博,故宫不断对社会大众关心的内容进行曝光,比如人们关心故宫猫,故宫就讲《故宫猫记》;人们喜欢紫禁城的色彩,故宫就制作"点染紫禁城",孩子们可以参与;人们关心故宫的春、夏、秋、冬,故宫就发故宫春夏秋冬、早中晚的景色。至此,媒体开始冠以"故宫出品,必属精品"的美誉。故宫的社交运营能力,促使其吸引了大批粉丝的关注和参与,庞大的粉丝量,让故宫发出的每一条消息,都有可能瞬间传遍网络,引发人们的热议。

(三)微信营销

2013 年 9 月,故宫开通了官方微信,试图走向大众。故宫博物院的官方微信公众号"微故宫",主要内容以展览介绍和游客服务为主,基本每周会有更新。2018 年 5 月 18 日,由腾讯地图和故宫博物院携手打造的"玩转故宫"

小程序正式上线，以轻应用玩转“大故宫”，以“新方法”连接“新公众”。通过基于地理数据的各项智慧服务，以创新的互联网方法和智能贴心的方式，让游客和观众们进一步体验故宫，而这也是故宫推出的首个在移动端的导览应用。

（四）App 营销

如果说微博、微信是展现故宫好玩逗趣的一面，那么故宫的精深历史和文化底蕴则在其系列 App 上得到更好的呈现。目前，故宫已经发布了 9 个 App，分别是胤禛美人图、紫禁城祥瑞、皇帝的一天、韩熙载夜宴图、每日故宫、故宫陶瓷馆、清代皇帝服饰、故宫展览、故宫社区，这些 App 取得了平均下载量上百万的成绩，吸引了众多用户的关注，促进了故宫文化的传播。

（五）借势营销

在节日、热门话题上，故宫淘宝也经常参与借势。2016 年 7 月，在热门的动画电影《大鱼海棠》上映时，故宫博物院与电影方联合推出了相关定制产品，成功圈粉两边的粉丝。再比如“葛优瘫”话题火爆时，故宫淘宝的微博就发了一组古人图。故宫博物院通过新媒体平台争夺消费者眼球、借助消费者自身传播力、依靠轻松娱乐等方式潜移默化地引导市场消费。

（六）跨界营销

2016 年，是故宫的跨界大年，故宫分别与腾讯、阿里达成战略合作，在社交平台、泛娱乐及 VR/AR 等方面进行合作，着力打造文化礼品、创意生活用品、设计产品等，让故宫的文化、艺术、历史，通过创意设计的手法，与当代产业技术结合，让传统美学获得新的表现形式，深度挖掘故宫的 IP 价值，让中国文化创意产品走出国门。

（七）饥饿营销

2016 年 8 月 4 日，时尚博主黎贝卡与故宫文化珠宝合作推出的联名款首饰“故宫 · 猫的异想”系列一上线，短短 20 分钟就被抢购一空，其中最受欢迎的项链更是一分钟内就卖完了。原计划两小时的预售，提前一小时四十分结束，公众号后台和故宫文化珠宝的微店瞬间涌入大量留言，希望补货：“抢到手的都是玩游戏的吗？那么快！”“下一次是什么时候？答应我下次准备

10 000 份好吗！”

（八）软文营销

虽然故宫淘宝店的产品在包装上卡通化并且引入了故宫的元素，但是没有新颖有趣的文案配合也只是徒劳无功。不过，在这一点上，故宫淘宝做得非常好，通过《雍正：感觉自己萌萌哒》《她是怎么一步步剪掉长头发的》《穿越故宫来看你》《朕是怎么把天聊死的》《朕收到了一条来自你妈的微信》等 H5 文章，以皇族的视角，融合皇族卡通人偶与皇宫物件，让一个平淡无味的物件变得趣味十足。

（九）线上线下相结合，发展互联网思维

故宫从文创产品销售向文化服务提供转型，从线上服务到互动再到线下活动的延伸，形成较为完整全面的、以新媒体产品为首要接触渠道的产业体系。故宫博物院通过历史改编、组合激发、用户驱动等方面获得创新的天然素材，让一个个本无语言的文创产品变得活灵活现，并大力发展线下文化创意体验馆，让受众与故宫文化零距离接触。同时，发展互联网思维，出现在不同社交媒介以及不同互联网平台上，让故宫形象不断与消费者相遇，建立与消费者紧密的品牌关系，传播内容以体验式营销为主，高度重视与消费者的相互沟通。在当下，故宫借助互联网的传播，不断成为朋友圈的热点、不断登上热榜头条，进行品牌升级。

分析与思考：故宫博物院充分利用新媒体平台信息传播“快、准、狠”的特点，采取微信营销、微博营销、App 营销等形式，把 IP 营销、饥饿营销、借势营销、软文营销等方法贯穿新媒体营销活动的全过程，将互联网思维、跨界思维和大数据思维等新媒体营销思维运用于文创产品的营销推广之中。

本项目在分析旅游新媒体概念、特征的基础上，对旅游新媒体营销的形式、策略及思维进行了梳理并从团队组建入手，深入分析了每一个岗位的职责，以及作为一名优秀旅游新媒体营销人员所需的职业素养和基本技能。

任务 1 旅游新媒体

一、旅游新媒体的内涵

“新媒体”一词最早是由美国哥伦比亚广播电视网技术研究所所长 P. 戈尔德马克提出来的，他曾在一份关于开发 EVR 商品的计划中首次提到“新媒体”。自此，“新媒体”一词开始在美国社会流行并逐步流传到全世界。

（一）新媒体的概念

随着信息技术逐步向数字化方向发展，新型媒介形态不断地涌现出来，新媒体逐渐成为这些新型媒体的代名词。但如何界定“新媒体”，目前学术界还没有形成统一的定义。

美国《连线》杂志对新媒体的定义较为宽泛，认为新媒体是指“所有人对所有人的传播”。联合国教科文组织对新媒体的定义则比较具体，指出新媒体是“以数字技术为基础，以网络为载体进行信息传播的媒介”。

（二）旅游新媒体的概念

旅游新媒体是指应用新兴的、相较于传统媒体的数字化媒体平台（如社交媒体、移动应用、网络博客、视频平台等）进行旅游信息发布、分享、推广和交互的方式，它代表了旅游信息传播和营销的新趋势。

就本书而言，旅游新媒体的概念是复杂且多维度的，可以从相对的、发展的、时间的角度来理解。

（1）相对的角度。旅游新媒体与传统媒体相比，具有更强的互动性、及时性和个性化服务。在传统媒体中，旅游信息的发布者和接收者之间的信息交流是单向的，而新媒体则使得信息的传播变得双向。消费者可以实时反馈信息，企业也可以针对消费者的反馈作出调整，从而提供更优质的服务。此外，新媒体还可以根据消费者的个性化需求，提供定制化的旅游服务。

（2）发展的角度。旅游新媒体的发展是与科技进步紧密相连的。随着大数据、人工智能、云计算等技术的发展，新媒体的应用场景和功能也在不断拓宽和深化，比如基于大数据的精准推送、基于 AI 的智能推荐等。在旅游行业，这些技术的应用可以极大地提升消费者的旅游体验，比如可以提供更准确的旅游推荐、更及时的旅游信息更新等。

（3）时间的角度。旅游新媒体不仅改变了人们获取旅游信息的方式，也改变了旅游的时间性。在新媒体的帮助下，人们可以实时获取旅游信息，比如最新的旅游攻略、最新的旅游新闻等。此外，新媒体的普及也使得旅游变得更加灵活，人们可以随时根据自己的需求和时间来安排旅游行程。

总的来说，旅游新媒体就是利用新媒体的技术和平台，通过提供旅游信息、推广旅游产品，改善消费者的旅游体验，从而推动旅游行业的发展。

[分组讨论]

以小组为单位，列举出常用的旅游新媒体平台，并总结每个平台的特点。

（三）旅游新媒体的特征

1. 交互性

高度的交互性是旅游新媒体的一个重要特征。用户不仅可以接收信息，还可以回馈信息，参与内容的创造和分享。例如，通过社交媒体平台，游客可以发表自己的旅行日志，分享旅行照片，参与旅游话题讨论，或者对旅游服务进行评价和反馈。

2. 虚拟性

新媒体的虚拟性使得旅游信息可以更加丰富、生动呈现，提供更为身临其境的体验。例如，虚拟现实和增强现实技术可以让游客在未出行之前，就能以第一人称视角去探索目的地，或者通过叠加虚拟信息来增强旅行中的现场体验感。

3. 数字性

新媒体的信息都是以数字形式存在和传播的。这一特性使得信息可以被无损复制、快速传播，并且容易被收集和分析。大数据分析技术可以帮助旅游企业更好地了解游客的需求和行为，优化旅游产品和服务，实现精细化营销。

4. 即时性

即时性是新媒体的另一个重要特性。信息可以实时更新和传播，用户可以随时随地获取最新的旅游信息。例如，通过移动应用，游客可以在行程中实时查询交通、餐饮、景点等信息，或者接收最新的旅游服务和优惠信息。

拓展知识1-1：
网络强国战略

5. 便捷性

新媒体以互联网为基础，可以突破地理和时间的限制，让信息的获取和分享更为便捷。例如，通过智能手机和移动应用，用户可以随时随地获取和分享旅游信息，进行旅游预订和购物，享受各种在线服务。

二、旅游新媒体的类别与形式

（一）旅游新媒体的类别

新媒体是现代信息技术的产物，它结合了数字化、网络化和互动化的特点，使信息获取、传播和处理方式发生了根本性的变革。在旅游业中，新媒体的应用日益广泛，为人们获取旅游信息、开展旅游活动带来了很多便利。以下将从数字新媒体、网络新媒体和移动新媒体三个方面对此进行阐释。

（1）数字新媒体。数字新媒体主要通过数字化技术进行信息的编码、存储、处理和传播。在旅游领域，数字新媒体的应用主要体现在线上旅游指南、数字地图、在线预订系统、VR 旅游体验等方面。例如，游客可以通过数字地图实时了解目的地的地理位置和周边环境；通过 VR 技术，游客甚至可以在家中体验到异地的风景和数字文化。

（2）网络新媒体。网络新媒体是借助互联网进行信息发布和传播的新媒体形式。在旅游业中，旅行社、景区、酒店等通过官方网站、电子邮件、社交媒体等方式发布旅游产品和活动信息，以及接收、处理客户的预订与咨询。此外，旅游论坛、博客、微博、短视频等社交媒体也成为游客获取和分享旅游信息的重要网络渠道。

（3）移动新媒体。移动新媒体主要是指通过移动设备（如智能手机和平板电脑）进行信息获取和分享的新媒体形式。在旅游业中，移动新媒体的应用主要体现在移动旅游 App、移动支付、LBS（基于位置的服务）等方面。例如，游客可以通过手机 App 进行旅游信息查询、预订、导航等；通过移动支付进行线上支付；通过 LBS 服务获取周边的旅游移动资源信息。

以上三种新媒体在旅游业的应用，大大提高了信息的获取效率和传播范围，丰富了旅游产品的形式，提高了旅游体验的质量，也推动了旅游业的发展。

（二）旅游新媒体的形式

新媒体以其独特的互动性和便捷性改变了旅游业的信息传播方式和消费者行为。旅游新媒体主要的形式如下所述。

（1）社交媒体平台。这是最常见的新媒体形式，包括 Facebook、Twitter、Instagram、微信、微博等。这些平台可以用于旅游信息、图片和视频发布，与观众互动，甚至可以直接通过这些平台进行预订。

（2）博客和论坛。通过创建和管理专门的旅游博客或在旅游论坛上发布信息，可以分享具体的旅游经验和建议，引导和影响用户的旅游决策。

（3）内容聚合和分享平台。比如 Pinterest、Digg 等，它们可以用来收集和分享各种旅游相关的内容，像旅游路线、景点图片、旅游攻略等。

（4）旅游社区和评价平台。例如 TripAdvisor、Yelp、马蜂窝等，用户可以在这些平台上查看其他游客的评价和建议，分享自己的旅行体验。

（5）直播和短视频平台。如 TikTok、YouTube、抖音等，它们可以提供更生动、直观的旅游体验分享。如今，直播旅游、短视频分享已经成为旅游新媒体营销的重要方式。

（6）旅游类 App。诸如 Ctrip、Booking.com 等 App，它们提供了便利的预订服务，并且经常结合个性化推荐和用户评价来帮助游客规划旅游行程。

所有这些形式都可以在旅游新媒体营销中发挥作用。不同的平台有其特点和适用的人群，进行营销活动时需要针对目标受众和旅游产品的特性，选择最合适的形式。

三、旅游新媒体的发展

（一）旅游新媒体的发展现状

旅游新媒体的发展在全球范围内呈现出显著的趋势。这些趋势对旅游行业的影响深远，既为旅游行业的发展提供了新的可能性，也带来了一些新的挑战。以下从交互性更强、智能化趋势明显、碎片化趋势明显三个方面进行阐述。

（1）交互性更强。随着互联网技术的发展，旅游新媒体的交互性越来越强。用户可以在社交平台上分享自己的旅行体验，参与到旅游产品的评价和改善中来，这极大地提高了用户的参与度和满意度。同时，旅游机构也可以通过新媒体实时收集用户的反馈信息，及时调整产品和服务，提高服务质量。

（2）智能化趋势明显。利用大数据、人工智能等技术，旅游新媒体能够根据用户的历史行为和喜好，推荐个性化的旅游产品和服务。例如，基于用户的浏览和搜索记录，旅游 App 可以推荐用户可能感兴趣的旅游目的地和行程。同时，一些旅游 App 还引入了语音助手、图像识别等智能化功能，进一步提高了用户智能化体验。

（3）碎片化趋势明显。随着移动互联网的普及，用户的信息获取方式变得越来越碎片化。用户更喜欢在空闲的零碎时间里，通过手机查看简短的旅游资讯，浏览朋友的旅行照片，参与旅游话题的讨论等。这对旅游新媒体的内容制作提出了新的要求，需要提供更精练、更有吸引力的内容，以满足用户的碎片化阅读需求。

总的来说，旅游新媒体的发展现状充分展示了信息技术的进步和对用户需求变化的影响。面对这些趋势，旅游行业需要不断适应和创新，以提供更好的服务，满足用户的多样化需求。

（二）旅游新媒体的发展特点

旅游新媒体是通过数字技术和互联网平台，以内容传播和互动为核心，为旅游行业服务的媒体形态，其发展呈现以下特点。

（1）数字化趋势加速。随着数字技术的不断发展，旅游新媒体将更加数字化，从内容创作、传播到用户互动，将更多地依赖数据分析、人工智能等技术，实现更精准的用户定位和内容推荐，提升用户体验。

（2）短视频和直播平台日常化。短视频和直播已成为旅游新媒体的主要内容形式，未来将更加日常化。旅游机构和内容创作者将通过短视频和直播平台展示旅游目的地、景点、特色体验等内容，吸引更多目标用户。

（3）更专业化和垂直化。随着市场竞争的加剧，旅游新媒体将更加专业化和垂直化，有针对性的旅游内容将更受欢迎，从而吸引更多具有特定兴趣爱好的用户，提高用户黏性和活跃度。

（4）互联网资本回归理性。在初期的热潮之后，互联网资本对于旅游新媒体的投资将趋向理性，投资方将更加注重项目的商业可行性和长期发展潜力，旅游新媒体平台需要更好地应对市场需求，建立可持续的商业模式。

（5）新型人才培育。随着旅游新媒体的发展，将需要更多具备数字技术、内容创作和市场营销等综合能力的新型人才，相关专业的教育和培训将不断兴起，以满足行业的用人需求。

（6）群体经济与内容创作者经济不断壮大。旅游新媒体的发展将促进群体经济和内容创作者经济的不断壮大。通过旅游内容的创作和传播，内容创作者可以实现变现，形成良性循环，同时旅游机构也可以借助内容创作者的力量扩大品牌影响力。

（7）可能涉足虚拟社会研究与实践。随着虚拟现实和增强现实技术的发展，旅游新媒体可能涉足虚拟社会的研究与实践。通过虚拟技术，用户可以更真实地感受旅游目的地的风土人情，这将为旅游新媒体带来更多的可能性。

总体而言，旅游新媒体正朝着更数字化、专业化、用户体验导向的方向发展。同时，随着技术和用户需求的不断变化，旅游新媒体平台需要灵活应对，不断创新，以适应行业发展的脚步。

[实战训练]

实训目标： 通过实训活动，熟练掌握新媒体的内涵和特征，理解旅游新媒体的形式，结合不同平台的特点及适用的人群，运用所学知识进行实际旅游产品或服务的新媒体营销计划。

实训内容： 乔家大院是中国的一处重要历史文化遗产，位于山西省晋中市祁县，是中国保存最完整的清代商业贾家庄园，被誉为“中国的第一家”。2001 年，乔家大院被列为全国重点文物保护单位。乔家大院占地约 25 万平方米，共有建筑房屋 1230 多间，布局严谨，结构精致，充分展示了中国传统社会的家族制度和封建礼仪。乔家大院以其独特的建筑风格、宏大的规模和丰富的文物受到了国内外游客的喜爱。许多电影和电视剧，如《平原上的夏洛克》《乔家的儿女》等都在这里取景，进一步提升了其知名度。

乔家大院景区作为中国重要的历史文化遗产之一，吸引了大量的游客，尤其节假日和暑假期间，游客流量较大。景区内还设有手工艺品摊位和纪念品店，为游客提供了购物机会。然而，乔家大院的经营也面临一些挑战。比如，如何保持大量历史建筑的完好，如何在尊重和保护文化遗产的同时，提供满足现代游客需求的设施和服务等。同时，随着网络新媒体的发展，乔家大院景区也需要加强网络宣传，利用数字新媒体和移动新媒体，提升其在年轻游客中的影响力。

实训方式： 通过小组讨论、案例分析、数据分析、创意设计等多种形式，鼓励学员积极参与和主动探索。

评价方式： 根据同学们的参与程度、思维应用、创意展现和项目完成情况进行。

实训报告： 实训结束后，以小组为单位，为乔家大院提出不同的新媒体营销计划。

[职业素养]

某自然风景区——“碧蓝瀑布”，位于风景秀丽的山脉之间，景区以清新的空气、原始的森林和壮观的瀑布而闻名。然而，尽管景区具有如此吸引人的自然资源，但在过去的几年里，游客量却一直呈下降趋势。“碧蓝瀑布”主要依赖传统媒体，如电视、广播和报纸进行宣传和推广。然而，随着新媒体和互联网的发展，人们获取信息和娱乐的方式已经发生了重大变化，传统媒体的影响力和覆盖面都有所下降。此外，景区的管理和运营也主要依赖传统方式，如手工售票、纸质导览图等，缺乏现代化的便捷服务。因此，“碧蓝瀑布”需要尽快进行改革，利用新媒体进行宣传、推广和运营，以吸引更多的游客。

讨论：旅游新媒体从业人员应该如何利用专业知识和技能，为游客提供更好的服务？

[任务小结]

新媒体是指以计算机技术和信息网络技术为基础，具有数字化、互动性、网络化、个性化等特点的现代媒体。旅游新媒体则是指在旅游行业中，运用新媒体进行信息发布、产品推广、服务提供等内容的方式和平台。根据运行载体和特性，旅游新媒体主要分为网络新媒体、数字新媒体和移动新媒体。旅游新媒体的发展正深刻改变着旅游行业的各个方面。在信息发布方面，旅游新媒体实现了即时、丰富、互动的信息传播；在产品推广方面，旅游新媒体提供了个性化、目标明确的营销方式；在服务提供方面，旅游新媒体实现了便捷、高效、全天候的服务。然而，旅游新媒体的发展也面临一些挑战，如信息过载、用户隐私保护、技术更新快速等。因此，旅游新媒体从业人员需要具备新媒体知识、技能、态度等职业素养，以适应旅游新媒体职业的发展。

任务 2 旅游新媒体营销

一、旅游新媒体营销的概念

（一）旅游新媒体营销的界定

旅游新媒体营销是指旅游行业利用新兴数字技术和互联网平台，通过内容传播、社交互动等方式，以达到品牌宣传、目标用户吸引、销售推广等营销目标的过程。在这个过程中，旅游新媒体平台和旅游新媒体营销这两个概念密切相关。

旅游新媒体平台是指专门为旅游行业服务的数字化、互联网化平台，它们通常以内容创作、社交互动为核心，为用户提供旅游相关的信息、体验、建议等。这些平台可以包括旅游网站、旅游博客、旅游社交媒体账号、短视频平台、直播平台等。通过这些平台，旅游机构、目的地推广机构、内容创作者等可以与潜在游客和目标用户直接互动，推广旅游产品和目的地，塑造品牌形象，吸引用户的兴趣和关注。

旅游新媒体营销作为一种满足用户需求和提升营销效果的方式，注重与目标用户建立互动和关系，借助旅游新媒体平台发布有价值的内容，通过创意、故事、视觉等手段吸引用户的关注，以达到增加品牌知名度，促进旅游产品销售、提高用户参与度的目标。

（二）旅游新媒体营销的特点

（1）双向互动。传统媒体广告主要是单向传播，而新媒体营销强调与用户的互动和反馈。用户可以通过评论、分享、点赞等方式参与互动，从而增强用户对品牌的认知和信任。

（2）内容形式多样化。在旅游新媒体营销中，内容形式多样，包括文字、图片、短视频、直播等。通过丰富多彩的内容形式，吸引用户的兴趣，提高内容传播的效果。

（3）精准定位。新媒体平台具有用户数据收集和分析能力，可以实现更精准的用户定位。旅游机构可以根据用户的兴趣和偏好，投放定向广告和内容，提高营销效果。

（4）故事性营销。在新媒体营销中，讲述故事成为一种有效的营销手段。通过真实的故事和情感化的内容，吸引用户产生共鸣，进而增加品牌认知和好感度。

综上所述，旅游新媒体营销在旅游业新媒体平台上实施营销活动，通过内容创作和互动形式，吸引用户关注、增强品牌影响力，推广旅游产品和目的地，从而达到营销目标。这种营销方式将继续在旅游行业发挥重要作用，随着数字技术和互联网的不断进步，其形式和策略也将不断创新和完善。

[分组讨论]

尽管新媒体为旅游业带来了很多机会，但也带来了一些挑战，如信息过载、虚假信息传播、用户隐私保护等。可以小组为单位探讨如何应对这些挑战。

（三）旅游新媒体营销的优势

与传统媒体平台营销相比，新媒体营销具有更广阔的平台和受众。随着互联网技术的不断发展，新媒体营销也在不断革新和进步，越来越多的企业开始重视并投入资源部署自身的新媒体营销渠道。以下是旅游新媒体营销的优势。

（1）广泛的覆盖范围。新媒体的普及让全球的用户都能在触手可及的范围内，无论身在何处，只要有互联网，就能接触到旅游企业的营销信息。这为旅游企业打开了全球市场，带来了极大的商机。

（2）实时性和互动性。新媒体能够实时发布和更新信息，提供实时的旅游服务，如预订、咨询等。同时，新媒体的互动性也让旅游企业能够与消费者直接交流，了解其需求和反馈，从而提供更好的服务。

（3）个性化的营销。新媒体能够收集和分析用户的行为数据，以此为基础，提供个性化的营销信息和服务。例如，根据用户的搜索记录和浏览历史，推荐其可能感兴趣的旅游产品和目的地。

（4）高效的成本效益。相较于传统媒体，新媒体的营销成本更低。旅游企业可以利用新媒体进行精准营销，将营销信息直接送达目标消费者，提高营销效率。

（5）丰富的内容营销。新媒体提供了丰富的形式来分享旅游内容，如文字、图片、视频等。旅游企业可以通过创建有吸引力的内容来吸引和保持消费者的关注，提升品牌影响力。

（6）移动化趋势明显。随着智能手机的普及，移动新媒体为旅游营销提供了新的机遇。旅游企业可以通过开发移动应用，提供移动支付、定位服务等功能，从而进一步提升服务的便利性。总的来说，旅游新媒体营销以其广泛的覆盖范围、实时性和互动性、个性化的营销、高效的成本效益、丰富的内容营销可能，以及移动化的趋势，为旅游企业提供了强大的营销工具。

二、旅游新媒体营销的形式

旅游新媒体营销的形式多种多样，其中包括社交平台营销、内容社区电商平台营销、视频内容平台营销和知识平台营销等。旅游企业可以根据自身的实际情况和目标消费者的需求来选择和组合这些形式，从而形成完整的新媒体营销策略。

拓展知识1-2：
旅游目的地的营销形式

（1）社交平台营销。社交平台营销主要是通过社交媒体平台（如微信、微博、Facebook、Instagram 等）进行营销活动。旅游企业可以在这些平台上发布旅游信息，推广旅游产品，与消费者互动交流。此外，社交平台上的好友推荐、用户评论等功能也能进一步提升营销效果。

（2）内容社区电商平台营销。内容社区电商平台（如小红书、淘宝、京东等）结合了内容社区和电商的功能，旅游企业可以在这些平台上发布旅游产品的介绍和体验分享，引导消费者购买。同时，这些平台上的用户评价、晒单等内容也能为消费者的购买决策提供参考。

（3）视频内容平台营销。视频内容平台（如抖音、快手、YouTube 等）具有强大的视觉表达能力，是旅游营销的重要渠道。旅游企业可以制作和发布旅游目的地的风景视频、旅游产品的使用体验视频等，以吸引消费者的注意。此外，直播销售、短视频营销等新形式也为旅游营销带来了新的可能。

（4）知识平台营销。知识平台（如知乎、Quora 等）是用户进行知识分享和问题解答的平台，旅游企业可以在这些平台上解答用户的旅游问题，提供专业的旅游建议，以此来展示其专业性和可信赖性。同时，旅游企业也可以通过付费问答、专栏订阅等方式，进行知识付费营销。

拓展知识1-3：旅游企业的知识平台营销策略

三、旅游新媒体营销的策略

旅游新媒体营销是一种利用新媒体平台（如社交媒体、博客、社区论坛等）的方式来推广旅游目的地、服务和产品等内容的营销策略。其主要的优势在于可以直接接触到大量的潜在消费者，通过精心设计的活动和信息，引起其兴趣，鼓励参与，从而实现品牌推广和销售增长的目标。

（1）病毒营销。这种策略主要是通过制造和传播有趣、富有感染力的内容，引发广泛的共享和传播，就像病毒一样快速蔓延。在旅游新媒体营销中，可以通过创建独特的旅游体验视频，鼓励用户分享到其社交媒体网络中，从而提高品牌知名度，吸引更多的潜在顾客。

（2）口碑营销。口碑营销主要是通过满足客户需求和提供超越期待的服务，使客户成为品牌的传播者。在旅游业中，可以通过鼓励满意的客户在社交媒体上分享他们的体验，或者留下好评，以此增加品牌的信誉和吸引力。

（3）饥饿营销。饥饿营销主要是通过限制产品或服务的供应，来刺激消费者的购买欲望。例如限时抢购、限量发售等手法。这种策略在旅游营销中可以表现为限时优惠、限量提供特别行程等。

（4）软文营销。软文营销是一种通过发布看似非广告性质的文章或新闻，来隐性推广品牌或产品的策略。在旅游新媒体营销中，可以通过发布关于旅游目的地的故事、历史、文化等内容，潜移默化地吸引读者对旅游产品的兴趣。

（5）情感营销。情感营销主要是通过触动消费者的情感，建立品牌与消费者之间的情感联系，从而增加品牌的吸引力。在旅游新媒体营销中，可以通过分享动人的旅行故事、展示美丽的旅游景点图片等方式，唤起消费者的旅游欲望。

（6）知识营销。知识营销主要是通过提供有价值的知识和信息，帮助消费者解决问题，从而建立品牌的专业形象和信任度。在旅游新媒体营销中，可以通过提供旅游攻略、旅游小贴士等内容，帮助消费者解决旅游中的问题，提升品牌价值。

（7）互动营销。互动营销主要是通过与消费者的互动，了解他们的需求和反馈，从而提供更符合他们需求的产品或服务。在旅游新媒体营销中，可以通过社交媒体的问答、投票、直播等功能，与消费者进行互动。

（8）会员营销。会员营销主要是通过提供会员专属的优惠和服务，来增加客户的忠诚度和重复购买的可能性。在旅游新媒体营销中，可以设立会员系统，为会员提供优惠的旅游套餐、优先预订权等福利。

拓展知识1-4：山西省旅游新媒体营销的便捷化策略

这些策略可以单独使用，也可以结合使用，以提高旅游新媒体营销的效果。其使用的关键是要深入了解消费者的需求和行为，以提供符合其需求的内容和体验。

[实战训练]

实训目标：通过实际的讨论和实践，让学生理解和掌握旅游业新媒体营销的策略，并能熟练运用到实际工作中。

实训步骤：

①分组：将所有的学员分成若干小组，每个小组4~5人。

②主题介绍：对旅游业新媒体营销的概念和主要策略进行讲解，包括病毒营销、口碑营销、饥饿营销、软文营销、情感营销、知识营销、互动营销、会员营销等。

③任务分配：每个小组选择或被分配一个旅游目的地或一款产品，然后设计一份包含上述所有营销策略的新媒体营销计划。

④讨论与实践：每个小组内部进行深入讨论，根据选择的旅游目的地或产品的特点，针对性地设计营销计划。这个阶段需要学员积极参与、深入思考，并且积极尝试将所学知识运用到实际中。

⑤案例分享：每个小组完成营销计划后，向全体学员介绍并展示他们的工作。每个小组都需要解释他们如何使用新媒体营销策略，以及预期的效果。

⑥反馈与评价：其他小组和教师可以对每个小组的工作提出建设性的反馈和评价，以此帮助每个小组进一步改善他们的营销计划。

⑦修订与完善：据反馈和评价，每个小组修订并完善设计的营销计划。

[职业素养]

假定你是某大型旅游公司的新媒体营销经理，目前公司正在为一座新开发的自然风景区制定新媒体营销策略。这个风景区位于风景秀丽的乡村地区，包括山脉、湖泊、森林、野生动物等多种自然资源，还包括一些传统农家生活体验项目。但是由于是新开发的风景区，在公众中的知名度还不高。你的任务是设计并实施一套旅游新媒体营销策略，以提高风景区的知名度和吸引力，从而吸引更多的游客。

讨论：你会如何利用旅游新媒体营销策略提高风景区的知名度？你将如何引导和利用用户的口碑进行推广？你将如何利用新媒体平台提高与游客的互动性，增强其参与感？

[任务小结]

随着互联网和移动设备的广泛应用，旅游新媒体营销已成为旅游业必不可少的一部分，可以有效地提高旅游产品和服务的知名度，吸引和保留游客。旅游新媒体营销的形式主要包括社交平台营销、内容社区电商平台营销、视频内容平台营销和知识平台营销。旅游新媒体营销策略则包括病毒营销、口碑营销、饥饿营销、互动营销、情感营销、软文营销、知识营销和会员营销。这些策略都有其独特的优势和适用条件，需要根据具体的营销目标和旅游产品或服务的特性来灵活运用。

任务3 旅游新媒体营销思维

新媒体营销是借助新媒体平台，依托先进的互联网技术，运用创新的营销思维和策略，进行产品推广和品牌建设的过程。在旅游业中，新媒体营销思维主要涉及用户思维、大数据思维、跨界思维、极致思维和爆品思维等几个方面。

一、用户思维

用户思维是指始终以用户为中心，关注用户需求，提供可满足用户需求的产品和服务。在旅游新媒体营销中，应注重了解和分析用户的旅游需求、行为习惯和偏好，通过用户画像、个性化推荐等方式，提供用户所需的旅游信息和服务。同时，要重视用户的反馈和评价，及时调整和优化产品和服务，提高用户满意度和忠诚度。例如，旅游平台 Airbnb 以用户为中心，提供各类住宿选项以满足不同用户的需求，并根据用户的评价和反馈持续优化服务。它甚至引入了“体验”功能，让本地人组织和导游独特的活动，以满足用户寻求本地体验的需求。在旅游新媒体营销中，用户思维是一种以用户为中心的思考方式和行动指南。它强调的是对用户心理的深度理解，对用户需求的精准把握，以及积极引导用户参与的策略。

（1）研究用户心理。了解并研究用户心理是旅游新媒体营销的基础。这需要深入探索用户的旅游动机、旅游偏好、决策过程等，以揭示他们的内心需求和期望。例如，社交媒体上的用户行为数据（如点赞、评论、分享）和用户生成的内容（如旅游体验分享、评价）都是了解用户心理的重要信息源。此外，也可以通过调查、访谈、焦点小组等传统研究方法，更直接地了解用户心理。

（2）分析用户需求。基于对用户心理的理解，进一步分析用户的具体需求。在旅游新媒体营销中，这可能涉及用户对旅游目的地、旅游产品、旅游服务等方面的需求。一方面，需要识别用户的共性需求，为他们提供广泛适用的产品和服务；另一方面，需要注意用户的差异需求，为他们提供个性化的产品和服务。例如，通过数据挖掘和机器学习技术，构建用户画像，预测用户的旅游需求，从而实现精准推荐和个性化服务。

（3）引导用户参与。除了理解和满足用户需求，还需要积极引导用户参与到营销过程中来。在新媒体环境下，用户不仅是信息的接收者，也是信息的创造者和传播者。可以通过各种方式鼓励和引导用户参与，例如举办旅游摄影比赛、发起旅游体验分享活动、设置用户评论和打分机制等。用户的参与不仅可以提高他们对品牌的认同感和忠诚度，还可以产生口碑效应，扩大营销影响力。

二、大数据思维

大数据思维是指通过收集、分析和利用大数据，发现用户需求和市场趋势，以此制定和调整营销策略。在旅游新媒体营销中，可以利用新媒体平台提供的丰富用户数据，进行深度数据挖掘和分析，实现精准营销。比如，旅游搜索引擎 Skyscanner，通过分析用户搜索和预订行为的大数据，提供最佳的航班选择，推荐最热门的旅游目的地，实现精准的个性化服务。

在旅游新媒体营销中，大数据思维是运用大量信息资源去优化决策、发现趋势和提高效率的一种思考方式。大数据的运用可以让旅游企业更精准地理解旅游市场和客户，从而提升营销效果。这种思维主要可以从以下几个方面进行展开。

（1）用户行为分析。大数据能够详细记录每位用户的在线行为，包括他们搜索的目的地、浏览的旅游产品、预订的旅游服务等，这些数据可以帮助企业更深入地理解用户的需求和偏好，以便制定更有效的营销策略。例如，通过用户的搜索记录，旅游企业可以发现某个特定的旅游目的地或活动正变得热门，然后在此基础上制定相应的营销活动。

（2）精准营销。基于大数据的用户行为分析，旅游企业可以实现精准营销，即向有效用户推送他们感兴趣的产品和服务。例如，如果大数据显示一位用户对海滩度假感兴趣，那么旅游企业就可以向这位用户推送相关的度假产品信息。这样不仅可以提高营销的转化率，还可以增强用户的满意度。

（3）趋势预测。大数据可以揭示旅游市场的趋势和变化。例如，通过分析历史数据，旅游企业可以预测某个旅游目的地在特定的季节或时期可能会变得热门。在这些信息的指导下，企业可以预先做好准备，提前推出相应的营销活动，抓住市场机会。

（4）产品优化。通过大数据，企业可以收集到关于其产品和服务的大量反馈信息。这些信息可以帮助企业发现其产品或服务中存在的问题，然后进行改进。例如，如果大数据显示许多用户对某旅游产品的评价不高，那么企业就需要检查该产品，找出问题所在，然后进行优化。

三、跨界思维

跨界思维是指打破行业界限，融合不同行业的资源和优势，创新产品和服务。在旅游新媒体营销中，可以与餐饮、娱乐、零售、科技等行业合作，提供综合性的旅游服务，如旅游 + 美食、旅游 + 购物等，以满足用户多元化的旅游需求，提高旅游体验。如 Uber 在推出 UberEATS 后，与餐饮行业进行了跨界融合。对于旅游行业，一些酒店和旅游服务商与本地餐饮和零售商家合作，为用户提供“一站式”的旅游体验。

在旅游新媒体营销中，跨界思维主要是指通过打破传统的行业或领域界限，开展跨界融合创新，以实现更好的营销效果和业务成果。这种思维主要体现在以下三个方面的融合。

（1）旅游企业与消费者之间的融合。旅游企业可以通过新媒体平台与消费者进行更紧密的融合，开展共创和共享活动。例如，企业可以邀请消费者参与旅游产品的设计和改进，收集他们的建议和反馈，让他们成为产品和服务创新的一部分。同时，企业也可以通过分享消费者的旅游体验和故事，增强消费者对品牌的认同感和归属感。

（2）旅游企业与其他企业之间的融合。旅游企业可以与其他行业的企业进行合作，以拓展业务范围和提升服务质量。例如，旅游企业可以与航空公司、酒店、餐饮公司等进行深度合作，提供“一站式”旅游服务。此外，旅游企业也可以与电商平台、支付平台、物流公司等进行合作，实现线上预订、线上支付、线上购物等便捷服务。

（3）旅游企业与媒体之间的融合。旅游企业可以与媒体进行合作，以扩大营销影响力，提升品牌知名度。例如，旅游企业可以通过与电视台、电影公司、网络媒体等进行合作，制作和播放旅游节目、旅游电影、旅游视频等，从而吸引更多的观众和用户。同时，旅游企业也可以通过与社交媒体、论坛、博客等进行合作，发起和参与线上讨论、线上活动、线上分享等，从而加强与消费者的互动和联系。

四、极致思维

极致思维是指追求产品和服务的极致，力求在某一方面达到最优，以区别于竞争对手，吸引用户。在旅游新媒体营销中，可以选择某一旅游产品或服务，如特色旅游路线、高端酒店服务等，进行极致打磨和推广，建立品牌特色和优势。例如，悦榕庄酒店以其顶级的私人别墅、卓越的个性化服务和独特的旅游体验，赢得了全球高端旅游市场的认可。

在旅游新媒体营销中，极致思维是指企业追求每一处细节的完美，不断优化和提升自身的服务和产品，从而达到最好的营销效果。极致思维体现在以下三个方面。

（1）极致的用户体验。这是指企业需要通过持续改进，提供最佳的用户体验。这不仅涉及旅游产品或服务本身，还包括用户在选择、购买、使用过程中的体验。例如，旅游网站或应用应该有优秀的用户界面和用户体验，使用户能够轻松找到他们需要的信息，并轻松预订。此外，企业应确保服务人员的专业性和热情度，以及产品和服务的高质量和可靠性。

（2）极致的内容营销。旅游企业需要提供高质量、有价值和有吸引力的内容，以吸引和保持用户的注意力。这可能包括精美的图片和视频、有趣的故事、有用的信息等。内容应当尽可能精确、独特、引人入胜，以体现出企业对品质的追求。

（3）极致的服务精神。这是指企业在处理用户问题和投诉时，应以最高的专业水准和最诚挚的态度来对待。企业应始终以用户的满意度为最高目标，对任何问题进行快速、准确的回应，尽可能满足用户的需求。这种极致思维强调在所有方面都追求卓越，无论是产品、服务，还是与客户的关系。每一个环节、每一处细节，都需要追求最佳，这种态度将最终体现在客户的满意度和忠诚度上，从而帮助企业实现最佳的新媒体营销效果。

五、爆品思维

爆品思维是指通过创新设计和营销，制造热门产品，引发社会热议和关注，达到营销目的。在旅游新媒体营销中，可以利用热点事件、名人效应、网络话题等，推出旅游爆品，如主题旅游产品、特色旅游活动等，引发用户分享和传播，提高品牌知名度。例如，环球影城的哈利·波特主题公园，利用电影的广泛影响力和粉丝基础，吸引了大量的游客，成功打造了旅游爆品。

在旅游新媒体营销中，爆品思维是指企业为了达到营销目标，寻求创建和推广具有极大吸引力和影响力的产品或服务，使之在市场上迅速走红，引起大众的关注和追捧。这种思维体现在以下三个方面。

（1）创新产品设计。在旅游市场上，与众不同的、创新的产品常常能够引起消费者的注意。企业可以从消费者的需求出发，深入了解他们的喜好和期望，然后设计出独特的旅游产品或服务。例如，设计一种特别的旅行路线，或者提供一种独特的旅行体验，如无人机摄影旅游、深度探险旅游等。

（2）高效的推广策略。有了独特的产品，接下来就需要通过有效的营销策略将其推向市场，可利用社交媒体上推广、合作伙伴推广、关键词广告等方式进行营销。一种成功的爆品营销案例就是运用社交媒体上的 KOL 或者具有影响力的人士进行推广，通过他们的影响力将产品推向更广泛的受众。

（3）优秀的用户体验。即使产品设计创新、推广策略得当，如果用户的体验不佳，也无法形成爆品。因此，要创建爆品，必须确保产品和服务的质量，使之超出用户的期望，给用户带来令人难忘的体验。只有当用户真正满意并喜欢这个产品或服务，才会将其分享给他人，从而形成口碑传播，推动产品的爆发式增长。通过爆品思维，旅游企业可以创造出在市场上有巨大影响力的产品或服务，吸引大量用户的关注，从而实现出色的营销效果。

[实战训练]

实训目标：通过实训活动，理解并掌握用户思维、大数据思维、跨界思维、极致思维和爆品思维在旅游新媒体营销中的应用，并能运用所学知识进行实际旅游产品或服务的营销策划。

实训内容：涵盖以下五个部分。

①用户思维：分析用户需求，进行角色扮演，以使更好地理解用户的旅游需求和预期。

②大数据思维：分析真实旅游数据，了解如何利用大数据进行精准营销。

③跨界思维：分析现有旅游企业与其他企业合作的案例，讨论并提出新的跨界合作。

④极致思维：分析一款成功的旅游产品或服务，探讨如何实现极致的用户体验和内容营销。

⑤爆品思维：设计一款旅游爆品，并制定相应的推广策略。

实训方式：通过小组讨论、角色扮演、案例分析、数据分析、创意设计等多种形式进行，积极参与，主动探索。

评价方式：根据同学们的参与程度、思维应用、创意展现和项目完成情况进行评价。

实训报告：在实训结束后，以小组为单位，进行一个实际旅游产品或服务的营销策划，应用所学的五种思维，提出创新的营销策略和方案。

[职业素养]

假定你是一家旅游公司的新媒体营销团队负责人。为了提高公司旅游产品的知名度和销售额，你们决定运用新媒体营销思维来制定新的营销策略。

讨论：你将如何进行一次深度的用户需求分析，以确保公司的旅游产品和营销活动能够满足目标用户的需求和期望？你怎样利用公司收集的大数据，通过分析用户的行为和消费习惯，来优化营销活动的策划和执行？你将如何与其他行业的企业或品牌进行合作，以提供更丰富、更具吸引力的旅游产品和服务？你怎么能给游客提供便捷的预订服务或优质的客户服务？你将如何推出一款具有强烈吸引力和独特性的旅游产品，以吸引更多的用户关注和购买？

[任务小结]

旅游新媒体营销思维是推动旅游业持续创新和发展的关键驱动力。在用户思维、大数据思维、跨界思维、极致思维、爆品思维这五种思维中，用户思维强调深入理解和满足用户的需求和期望，始终将用户的体验和满意度作为工作的中心；大数据思维则着眼于利用海量的用户数据，通过精准的数据分析，提升营销策略的针对性和有效性；跨界思维鼓励打破传统的行业边界，通过与其他行业或领域的合作，创新旅游产品和服务，提供超越用户期望的体验；极致思维则注重在某一方面达到最优，无论是服务质量、产品特色还是用户体验，都追求达到业界的高标准；最后，爆品思维强调通过创新和独特性，推出有强烈吸引力的旅游产品，引爆市场的关注和讨论，实现快速的品牌传播和用户增长。这五种思维不仅独立存在，还相互影响、相互融合，共同推动旅游新媒体营销工作的全面发展。

任务4 旅游新媒体营销团队

一、旅游新媒体营销团队组建

（一）旅游新媒体营销团队构成

旅游新媒体营销团队的构成要素在于其多元化和专业化的角色设定。以下是旅游新媒体营销团队的主要构成。

（1）旅游新媒体营销经理：负责团队的整体运营和管理，设定和实现旅游新媒体营销的目标和战略。其需要深入理解新媒体平台的运行规则、旅游业的市场趋势，以及如何将这两者结合起来，形成有效的营销策略。

（2）旅游新媒体文案人员：负责创作符合品牌语境，且能够引起旅游消费者共鸣的内容。需要具备出色的写作能力和创新思维，能够熟练运用新媒体的语言，把握旅游业的热点话题，创造出有吸引力的营销文案。

（3）旅游新媒体数据分析师：负责收集、整理和解析旅游新媒体营销活动产生的数据，以便评估营销效果并为决策提供依据。需要具备数据处理能力、逻辑分析能力，以及对新媒体营销环境的理解。

（4）旅游新媒体广告设计师：负责设计旅游新媒体广告的视觉元素，以增强广告的吸引力和表达力。需要具备专业的设计技能，能够理解和运用旅游元素，创造出符合旅游品牌形象的设计。

（5）旅游新媒体运营人员：负责旅游新媒体平台的日常运营和维护，包括内容发布、用户互动、活动策划等。需要具备新媒体运营技巧，能够灵活应对各种运营情况，有效提高用户活跃度和黏性。

这些职位和角色根据实际情况可以增减或合并。关键是根据团队目标和业务需求，合理规划岗位、分配工作职责，以确保团队成员的专业性和协作性，实现全面且高效的旅游新媒体营销策略和活动。

[分组讨论]

5~6 人为一个小组，每个小组模拟一个旅游新媒体营销团队，拟定团队名称，并确定每位团队成员的角色。

（二）旅游新媒体营销团队组建步骤

组建一个高效的旅游新媒体营销团队需要考虑以下几个步骤。

（1）明确旅游新媒体营销目标。新媒体营销团队的成立首先需要一个明确的目标。这个目标可以是增加旅游目的地的知名度、提高预订量、推广特定的旅游产品或服务，或者吸引特定的目标客户等。目标将影响团队组成、策略选择以及成功的衡量标准。

（2）设计团队结构。基于目标，设计团队结构和角色。旅游新媒体营销团队可能需要包括新媒体营销经理、文案人员、数据分析师、广告设计师和运营人员等角色，每个角色都需要明确岗位职责和工作要求。

（3）招募合适的人才。在确立了团队的结构和角色后，进行专业人才的招募。需寻找具有新媒体营销经验、熟悉旅游行业、具有相关技能的人才。

（4）进行新媒体营销培训。为了确保团队成员熟悉旅游新媒体营销的具体操作，要对其进行相关的培训，包括新媒体平台使用、内容策划、数据分析、互动策略等。

（5）建立沟通与协作机制。旅游新媒体营销工作需要团队成员之间的紧密协作。建立有效的内部沟通机制，以确保团队成员对策略方向、工作进度、数据反馈等都能有清晰的了解和共识。

（6）制定旅游新媒体营销策略。围绕目标，制定具体的新媒体营销策略，包括内容创作、发布频率、目标受众定位、广告预算分配等。

（7）执行策略并监控结果。按照策略执行旅游新媒体营销活动，同时实时监控数据，包括点击率、转化率、用户反馈等，以评估活动效果。

（8）不断优化和调整。定期评估团队的工作效果和运作情况，根据市场和业务的变化不断优化旅游新媒体营销团队的组成、策略和运作方式。

以上是建立一个高效旅游新媒体营销团队的一般步骤，具体的组建过程还需要根据公司的实际情况和战略需求进行调整和定制。

二、旅游新媒体营销人员的基本素养

旅游新媒体营销从业人员的职业素养，是指在从事旅游新媒体营销工作中需要具备的专业素养和职业素质，以下是一些基本素养。

（1）对旅游市场的敏感度。团队需要对新兴的旅游目的地、热门旅游活动、游客的需求变化等有高度的敏感性。例如，疫情过后，如果团队能准确捕捉到人们对户外和自然旅游的需求增长，及时调整营销策略，将更有可能吸引潜在客户。

（2）熟悉新媒体平台运作规则。团队需要熟练掌握各种新媒体平台（如微博、抖音、Instagram 等）的运作规则和特点。例如，如果知道抖音用户更喜欢看有趣和富有创意的视频，就可以在这个平台上发布更多符合这种风格的旅游内容。

（3）旅游内容创作与策划能力。团队需要能够创作吸引人的旅游内容，如撰写精彩的旅游攻略、制作鲜活的旅游短视频等。例如，可以制作一系列介绍某个旅游目的地的特色美食视频，以引起游客的兴趣。

（4）数据分析与解读能力。团队需要收集和分析营销数据，根据数据调整营销策略。例如，如果发现某次推广活动的点击率低，就需要分析原因，是不是内容不吸引人，或者推广时间和方式不合适。

（5）精准定位与推广能力。团队需要能够精准地定位目标客户，并有效地向他们推广旅游产品。例如，如果目标客户是喜欢自由行的年轻人，就可以在他们常用的社交媒体上推广具有探险和自由元素的旅游产品。

（6）用户互动与服务能力。团队需要能够及时回应用户的评论和问题，提供优质的服务。例如，当用户在社交媒体上询问某个旅游产品的详细信息时，团队应及时提供准确的答案。

（7）危机应对能力。在新媒体上，信息传播快，一旦出现负面信息，团队要能够迅速应对。例如，如果有用户在社交媒体上对旅游产品提出负面评论，团队需要迅速回应，解释情况，稳定客户情绪。

（8）创新思维。在新媒体营销中，需要不断创新以吸引用户的注意力。例如，团队可以尝试使用 VR 技术，让用户在家就能体验旅游目的地的风光。

（9）项目管理能力。团队需要有能力高效地管理和执行多个旅游新媒体营销项目。例如，需要有良好的时间管理能力，确保各个项目按时完成。

（10）遵守道德和法律。团队需要遵守新媒体营销的道德规范和相关法律。例如，尊重版权，不发布虚假广告等。

这些职业素养将有助于旅游新媒体营销从业人员建立良好的职业形象，提高工作效率和质量，并在竞争激烈的市场竞争中取得成功。

[实战训练]

实训目标：对旅游新媒体营销团队的组建有清晰的认识，能找到自己的岗位定位，对岗位的入职门槛、晋升条件有清晰的职业规划。

实训要求：登录智联招聘网站，搜索旅游新媒体营销团队中你最感兴趣的职位，完成以下工作。

①收集、归纳整理最近 1 个月内的招聘信息（不低于 10 条）。

②职位的入职条件、岗位竞升时的职位要求以及管理者的职位要求。

③本人五年该岗位的职业规划。

④制定本企业旅游新媒体营销项目团队的组成框架，以及团队成员的工作任务和职责。

[职业素养]

假定你是一家旅游公司新媒体营销团队的一员。最近，公司决定推出一款新的旅游产品，希望能够在短时间内吸引大量的用户关注和购买。作为新媒体营销团队的一员，你需要运用你的专业技能和职业素养来参与和支持这次营销活动。

讨论：你将如何分析用户行为和消费心理？你将怎样和团队成员共同讨论

和制定营销策略？你能否想到新的思路和方法，以推动营销活动的创新和优化？作为新媒体营销人员，你如何做才能赢得用户的信任和公司的器重？

[任务小结]

旅游新媒体营销团队的组建是一个需要细心规划和实践的过程。首先，需要清晰定义团队的目标和职责。然后，通过筛选和选拔，找到拥有相应技能和经验的人才加入团队。此外，团队的持续发展和优化也是必不可少的环节。旅游新媒体从业人员的基本素养也需要通过不断的学习和实践来培养和提升。

总的来说，旅游新媒体营销团队的组建和新媒体从业人员的素养是相辅相成的。一个高效的团队需要由具备高素养的成员组成，而高素养的成员则需要在良好的团队环境中才能充分发挥其能力。因此，旅游公司需要在这两个方面同时下工夫，才能在新媒体营销领域取得成功。

知识与技能训练

一、单选题

1. 以下哪一项不属于新媒体的特征？（　　）

A. 即时性　　B. 互动性

C. 高度个性化　　D. 信息单向传播

2. 以下哪一项是旅游新媒体营销的主要形式？（　　）

A. 电视广告　　B. 杂志广告　　C. 博客营销　　D. 传单分发

3. 以下哪一项属于旅游新媒体营销策略？（　　）

A. 内容营销　　B. 饥饿营销　　C. App 营销　　D. 微信营销

4. 下面哪一项不属于旅游新媒体营销思维？（　　）

A. 用户思维　　B. 大数据思维　　C. 销售思维　　D. 爆品思维

5. 在组建旅游新媒体营销团队时，以下哪一项不需要考虑？（　　）

A. 团队成员的技能和素养　　B. 团队的规模

C. 团队成员的年龄　　D. 团队成员的责任和职责

二、简答题

1. 简述旅游新媒体的概念。

2. 简述旅游新媒体营销团队的构成。

3. 请列举并阐释旅游新媒体从业人员应具备的五种基本素养。

三、案例分析题

山西省的五台山是中国著名的佛教圣地，吸引了大量国内外游客。近年来，由于新媒体的快速发展，景区管理者决定运用旅游新媒体营销策略来提高景区的知名度和游客量。

首先，五台山景区开展了一场“我与五台山的故事”摄影比赛，鼓励游客上传他们在五台山的旅游照片并分享他们的旅行故事。优秀的作品将在景区的官方新媒体平台上分享，并有机会获得奖品。

其次，景区邀请了一些著名的旅游博主和意见领袖来五台山体验，他们的旅行报告将被分享在他们的社交媒体平台上，从而吸引更多的粉丝来五台山旅行。与此同时，五台山景区还推出了限时折扣票，只在某些特定的时间段出售，以此来刺激游客的购买欲望。

最后，景区开展了一系列关于五台山历史和文化的故事分享，以此让游客更好地理解和感受五台山的魅力，从而增强他们对五台山的情感连接。在这个过程中，五台山景区还在其新媒体平台上发布了关于五台山自然环境、历史文化、旅游活动等方面的知识，借此来提高游客对五台山的了解。

阅读案例后请回答以下问题：

1. 五台山景区运用了哪些新媒体营销策略？对于五台山的新媒体营销策略，你认为哪一种策略最为有效，为什么？

2. 除了以上几种新媒体营销策略，你还能想到哪些其他的新媒体营销策略可以被五台山景区采用？

3. 如果你是五台山景区的一名新媒体营销经理，你将如何评估这些营销策略的效果？

参考答案

项目二

旅游新媒体营销定位与策划

项目概述

旅游新媒体营销定位与策划是当今数字时代旅游行业发展的重要领域。随着互联网和社交媒体的普及，旅游营销方式发生了巨大变革，传统的广告和宣传手段已经不能完全满足市场需求，新媒体的兴起为旅游行业带来了巨大机遇。通过社交媒体平台、旅游微博和在线旅游平台等渠道，旅游目的地可以与潜在游客建立直接的互动关系，提供个性化的信息和体验，从而提高市场竞争力。因此，研究旅游新媒体营销定位与策划变得尤为重要。

学习目标

知识目标

1. 了解旅游新媒体营销用户定位的方法。
2. 熟悉旅游新媒体营销内容定位的方法。
3. 熟悉旅游新媒体平台的定位与选用。
4. 掌握旅游新媒体营销策划的模式和方法。
5. 掌握旅游新媒体营销策划方案的撰写与展示方法。

技能目标

1. 能够根据市场调查数据，精准定位目标用户群。
2. 能够进行合理的旅游新媒体营销内容定位。
3. 能够基于不同的新媒体平台进行营销策划。
4. 能够撰写并展示新媒体营销策划方案。

思维导图

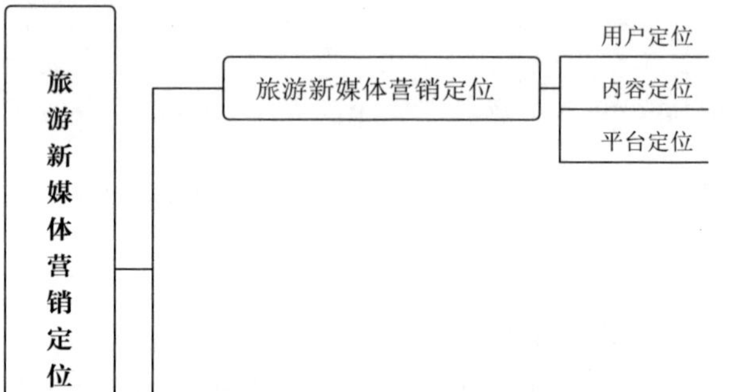

[引导案例]

美在身边近在眼前——山西文旅品牌新媒体营销

为进一步加快文旅行业复苏，山西因势利导启动实施了山西人游山西活动，举办“美在身边近在眼前”山西人游山西活动暨“七个一百”文旅计划启动仪式，发布了相关惠民政策、10大类主题微旅行产品、系列特色文旅活动、城际旅行直通车等利好消息，并且山西文旅相关部门采取多种新媒体营销策略，积极助推山西旅游。

主流媒体打响文旅品牌。山西文旅充分发挥财政资金杠杆作用，联合各市在央视播放宣传片，结合客源市场情况，在首都机场，北京高铁站，上海、广州、太原铁路局和省会城市重点街区投放山西文旅宣传广告。全省推送山西文旅稿件4000余篇，推出短视频千余条、直播百余场，开设各类专题近百个，集古建、非遗、壁画、演艺、民歌、诗词、文创、景观、网红打卡点、美食、自驾、游玩攻略于一体。

融媒体矩阵统筹发力。成立山西文旅融媒体中心，统筹协调驻晋媒体、省市县等各级各类媒体，统一宣推主题，加快推动内容、渠道等优质资源共享。全年发布融媒体产品3000余条，呈现了集视、听、鉴、感等多元形式的展示内容，形成了报、台、网、微、端等横向互通的融媒体矩阵，有效凝聚了全省文旅宣传营销合力。

把握流量时代裂变传播和快速转化等特点，优选头部新媒体平台，继续以海量集中化和系列化的内容、事件、话题营销等手段直达客群，提升山西文旅点击率。联动“游山西”官方智慧旅游服务平台和自媒体平台，有效促进线上营销向线下客流的转化。适时举办数字文旅品牌创新大会，整合抖音、头条、火山视频、西瓜视频等平台，实施新媒体高位宣传。发布山西文旅专属活动贴纸、背景乐曲和省市文化标识，跨界营销，以“文旅＋国风”助力山西文旅“出圈”。

分析与思考：在互联网新媒体时代，营销方式层出不穷，深受各行各业的青睐。新媒体即时、双向、复合、精准等优势，是创新激活文化资源，推动文化和旅游深度融合、讲好山西故事的有力工具。

任务1 旅游新媒体营销定位

一、用户定位

（一）目标群体属性定位分析

著名营销学者菲利普·科特勒在其代表著作《营销管理》中指出：定位是设计公司产品的核心，是在目标市场消费者心目中占据独特位置的一种行为，其目标是将品牌留在消费者心中，以实现公司的潜在利益最大化。用户定位是指通过市场调查和分析，针对特定的目标客户群体进行细致的划分和定位，以便更好地了解他们的需求、喜好、行为模式和心理特征，从而以更加精准的方式进行产品设计、新媒体营销和提供服务。

旅游新媒体营销定位源于用户需求，需要细分目标用户群体，有针对性地分析用户的个人属性，即性别、年龄、职业、风格、价值观等方面，注重用户对旅游的独特视角和体验需求。从根源上把握人性需求，才能使旅游产品更好地发挥商业价值。

1. 性别

不同性别的用户，消费心理和显现的消费特征各有不同，如男性和女性对于旅游动机、基础设施、目的地气候状况等方面的出行决策存在显著差异。随着大数据与旅游企业的深度融合，各大企业对性别差异的用户消费行为及动机有了区别辨析，其中女性消费者群体占消费群体的一半以上，她们消费范围广、消费能力强，对企业的经营具有重大意义。产品研发应注重消费者的情感需求，从人性和人情的角度出发，拉近与消费者的距离。

2. 年龄

消费者客群年龄可以采用不同的划分方法，其中标准各不同，目前尚没有一个统一的说法。根据商业的消费习惯，可将旅游消费客群划分为四类客群，即少年、青年、中年和老年，以下加以具体说明。

（1）儿童少年消费者客群：由 0~14 岁的消费者组成。消费市场将这类消费客群根据年龄特征分为儿童消费者客群（0~11 岁）和少年消费者客群（11~14 岁）。其中，儿童的消费心理多受感情支配，尚没有独立的经济行为，购买行为受父母的影响较大；少年消费者具有半儿童半成人的特点，购买心理和行为常发生矛盾，但购买行为趋于稳定，从受家庭影响转向受社会影响。

（2）青年消费者客群：指 15~35 岁的消费客群。这一年龄阶段的消费者人口基数大，具有独立购买能力且购买力强，注重情感、直觉选择，一般冲动型消费多于计划型消费，因此他们也是新产品和时尚旅游产品的带头人和推广者。

（3）中年消费者客群：一般指 36~60 岁的消费客群。中年消费者是家庭消费的决策者，由于子女尚未独立，父母已步入老年，因此更注重旅行产品的实用性、便利性，他们的消费行为计划性强，且理性消费多于冲动消费。

（4）老年消费者客群：指 60 岁以上的消费群体。随着人口老龄化不断发展，银发旅游市场成为全世界都关注的市场。老年人的生理、心理需求与成年人不同，他们已经成为一个具有独特需求的群体，爱好和兴趣不易改变，对品牌、商标的忠诚度高。

3. 个性特征

消费者的个性是指个人心理活动稳定的心理倾向和心理特征的综合。个性倾向性表现在需要、动机、兴趣、爱好、态度、理想、信念和价值观等方面。个性心理由三部分组成，即气质、性格和能力。这些特征在消费者身上都显现出不同的内容和表现，直接影响消费者的消费行为。

（1）气质特征。气质是人生来具有的心理活动特征。它表现了心理活动的速度、强度和灵活性。不同的气质类型表现出不同的行为特点，如表 2-1 所示。

表 2-1　气质类型

气质类型	气质特点
多血质	反应迅速、有朝气、健谈机敏、适应能力强
黏液质	沉着冷静、踏实、灵活不足
胆汁质	精力旺盛、表里如一、刚强、易感情用事
抑郁质	有孤独感、不爱与人交往、动作深沉

（2）性格特征。性格是指一个人对客观事物的态度和社会化的行为方式所表现出来的稳定倾向，是个性中最主要的心理特征。性格有不同的分类标准和原则，根据心理机能，可以将性格分为理智型、情结型、意志型；根据心理活动倾向，可以分为内倾型、外倾型。比如，理智型消费者在购买旅游产品时表现沉着，懂得权衡利弊，选择最优项，如表 2-2 所示。

表 2-2　不同性格类型及消费特点

性格类型		消费特点
根据心理机能划分	理智型	权衡利弊，通过周密思考理智地做决定
	情绪型	购买行为带有浓重的感情色彩，容易受销售现场的各种因素影响，感情反应强烈
	意志型	目标明确，积极主动按自己的意图确定产品，购买决策果断、迅速
根据心理活动倾向划分	外倾型	外向，易受到广告宣传、他人购买行为及销售人员的影响，乐于与销售人员交流信息
	内倾型	少言寡语，行动反应迟缓，内心活动丰富而不露声色，面部表情如一

（3）消费能力。消费能力的差异，使消费者在消费过程中表现出不同的行为特点。从购买行为来看，可以将消费能力划分为成熟型、熟练型、平常型、缺乏型这四种类型，如表 2-3 所示。

表 2-3　不同性格类型及消费特点

性格类型	消费特点
成熟型	有长期的消费习惯与经验，有明确的购买目标，对产品的性能、价格、质量等信息非常熟悉

续表

性格类型	消费特点
熟练型	在消费过程中有明确的购买目标，能准确表达自己的购买需求，但决策过程易受销售影响
平常型	有大致的购买目标，消费经验较少，了解产品程度不深，购买动机受销售及购物环境等因素影响
缺乏型	缺乏相关商品知识，没有购买和体验经验，易受广告宣传、销售等因素的影响，容易产生后悔心理；销售要实事求是地介绍产品，以满足其需求

了解、分析目标客群的年龄、性别、个性特征等方面的喜好，可以为企业提供明确的目标。总之，对消费者进行分类和细化，有助于企业根据旅游资源和市场潜力定制旅行产品，这样既能为消费者提供匹配需求的产品，也能降低运营风险。

（二）目标群体用户画像分析

1. 用户画像的内涵

用户画像（Profile）的概念最早由“交互设计之父”Alan Cooper 提出：“Personas are a concrete representation of target users”，意指真实用户的虚拟代表，是建立在一系列属性数据之上的目标用户模型。随着互联网的发展，我们现在说的用户画像又包含了新的内涵，即基于用户在系统中产生的真实数据，根据用户人口学特征、网络浏览内容、网络社交活动和消费行为等信息，通过数据计算和数据统计的一个标签化系统或抽象出的一个标签化用户模型。

旅游新媒体中的用户画像是指通过对特定群体或个人的描述，包括他们的特征、兴趣、行为习惯等，给用户各类特征进行标示，并贴上各类标签，据此将用户分为不同的群体，以便对不同群体分别进行产品 / 运营营销。

构建用户画像的核心工作，主要是利用存储在服务器上的海量日志和数据库里的大量数据进行分析和挖掘，给用户贴“标签”，而“标签”是能表示用户某一维度特征的标识。简单来说，就是根据用户的社会属性、生活习惯和消费行为等信息而抽象出一个标签化的用户模型，也就是将用户信息标签化。

2. 用户画像的目的

从宏观上来讲，用户画像可以帮助企业制定战略，进行产品定位和竞争分析，明晰市场趋势；从中观上来讲，能帮助企业优化运营，包括功能优化、增长用户、个性化推荐、量化风控以及精准营销；从微观上来讲，能帮助企业发现价值，例如进行用户需求分析、基础信息构建、用户特征识别等。

旅游企业还可以利用用户画像对服务或产品进行私人定制，即个性化地服务某类群体甚至每位用户。例如，某旅行社想面向家有5~10岁的父母推出一款亲子游产品，通过用户画像进行分析，发现"目的地=主题公园""价格区间=中等"的偏好比重最大，这样就给新产品提供了非常客观有效的决策依据。

总的来说，用户画像可以帮助企业形象地了解目标用户的行为特征，提高运营效率，助其精细化运营。所以用户画像被广泛应用在推荐系统、广告系统、商业分析、数据分析、用户增长、数据运营、精准营销、量化风控等领域。

3. 用户画像标签分类

一般地，可以将用户数据划分为静态信息数据、动态信息数据两大类，如表2-4所示。

表2-4　用户标签分类

分类	标签类别	标签内容
静态	人口标签	性别、年龄、地域、教育水平、出生日期、职业
	社会特征	婚姻状况、家庭情况、社交/信息渠道偏好
动态	兴趣特征	兴趣爱好、使用App/网站、浏览/收藏内容、互动内容、品牌偏好、产品偏好
	消费特征	收入状况、购买力水平、已购商品、购买渠道偏好、最后购买时间、购买频次

（1）静态信息数据。静态信息数据是用户相对稳定的信息，主要包括人口属性、商业属性等方面的数据。静态信息标签是构成用户画像的基本框架。在运营工作中，可以参考成熟企业的静态信息模型，更快地帮助完善画像维度。

（2）动态信息数据。动态信息数据是用户不断变化的行为信息，亦是用户的网络行为，主要包括搜索、浏览、注册、登录、签到、发布信息、收藏、评论、点赞、分享、加入购物车、购买、使用优惠券、使用积分等一系列的行为。在运营工作中，动态信息往往能带来更为有用的关键信息。

4. 用户画像的原则

（1）有效性。能有效地刻画用户的需求。

（2）真实性。用户画像是真实的用户数据，而不是想象的伪需求画像。

（3）独立性。标签的语义是相互独立的，有区分度。

（4）全面性。收集数据的覆盖面很广。

（5）统一性。用户标签与运营的新媒体平台标签要统一，要双向匹配用户画像的流程。

二、内容定位

随着互联网和社交媒体的普及，消费者接收信息的方式发生了巨大变化。为了吸引目标受众的注意力并建立品牌形象，企业需要精确地定位营销内容。内容定位在旅游新媒体营销中至关重要。但好的内容选题不是拍脑袋得出来的，爆款文章也不是单方面冥思苦想所能完成的，需要大量的数据调研、分析和总结。运用数据思维来分析自己和读懂用户，可以帮助新媒体营销人员挖掘有价值的内容。

（一）分析自己，用数据思维指导内容定位

这是一个了解自己的过程，需要对自己有足够的认识和定位。分析自己指的是通过了解自己和团队的特点，以及对已有账号的历史数据进行深度挖掘，来确定自己和团队能够做什么内容，并擅长做什么内容。

拓展知识2-1：
主流媒体引导力

1. 对自己或者团队进行分析

可通过以下 5 个问题来了解自己或者团队能做什么。

（1）我能提供什么产品或内容——写下自己会的东西，可以做成内容图谱。

拓展知识2-2：
内容风险管控的一些难点

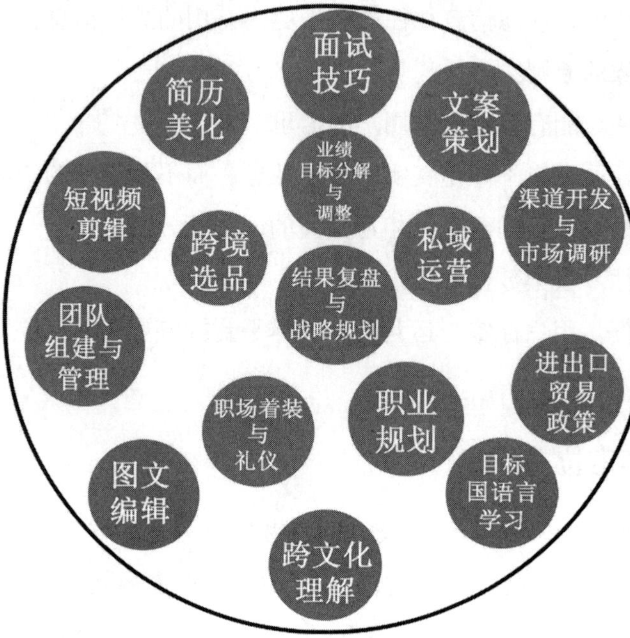

图 2-1　内容图谱

（2）归类——将可以归到一起的内容分为一类。

表 2-5　内容归类

分支主题 1	分支主题 2	分支主题 3	分支主题 4
团队组建与管理	职业规划	进出口贸易政策	文案策划
业绩目标分解与调整	简历美化	目标国语言学习	短视频剪辑
渠道开发与市场调研	面试技巧	跨文化理解	图文编辑
结果复盘与战略规划	职场着装与礼仪	跨境选品	私域运营

（3）我的产品和内容为哪些用户服务——对应内容面向的人群。

表 2-6　内容对应的人群

电商运营管理	求职者	出口贸易商	新媒体人
团队组建与管理	职业规划	进出口贸易政策	文案策划
业绩目标分解与调整	简历美化	目标国语言学习	短视频剪辑
渠道开发与市场调研	面试技巧	跨文化理解	图文编辑
结果复盘与战略规划	职场着装与礼仪	跨境选品	私域运营

（4）我是谁——命名自己的角色。

表 2–7　角色命名

电商运营管理	求职者	出口贸易商	新媒体人
团队组建与管理	职业规划	进出口贸易政策	文案策划
业绩目标分解与调整	简历美化	目标国语言学习	短视频剪辑
渠道开发与市场调研	面试技巧	跨文化理解	图文编辑
结果复盘与战略规划	职场着装与礼仪	跨境选品	私域运营
电商管理层	面试专家	跨境电商运营	新媒体运营

（5）复核＋选择。自己的角色清晰后，个人擅长的部分就非常明了了，选择一个自己最擅长的重点作为目标。

2. 对已有账号的历史数据进行分析

（1）分析账号的历史发文数据。通过统计账号过往的历史文章和视频数据，如不同内容方向的点赞量、评论量、分享量、收藏量、打开率、分享率、完播率、推送时间等，分析得出哪些内容类型在哪些方面取得了比较好的效果。把这些结果做成详细表格，便于以后的测试和优化。

表 2–8　历史发文数据分析

类型	旅游新媒体选题方向			
打开率高	选题方向 1		选题方向 3	……
转发率高		选题方向 2		……
收藏量高	选题方向 1		选题方向 3	……
点赞量大				……
分享量大		选题方向 2		……
完播率高		选题方向 2	选题方向 3	……
评论量大			选题方向 3	……
……				

（2）挖掘用户的真正需求。除历史数据外，还要发动用户获得更多新数据。可以通过多种方式了解用户喜欢什么，比如，可以在后台让粉丝投票选择感兴趣的选题类型，可以让用户留言讨论，可以通过在线问卷平台进行调查，

可以在粉丝群里询问了解，可以一对一深入沟通等。总而言之，面对新的选题，可以通过和用户互动的方式挖掘真正需求，同时将用户感兴趣的选题方向做成详细表格。

表 2–9　用户感兴趣的选题方向调查表

类型	旅游新媒体选题方向			
投票	选题方向 1	选题方向 2	选题方向 3	……
问卷	选题方向 1	选题方向 2	选题方向 3	……
粉丝群了解	选题方向 1	选题方向 2	选题方向 3	……
核心粉丝私聊	选题方向 1	选题方向 2	选题方向 3	……
后台数据	选题方向 1	选题方向 2	选题方向 3	……
评论消息	选题方向 1	选题方向 2	选题方向 3	
……				

（二）读懂他人，用行业优质内容和发展趋势指导内容定位

寻找与自己有相同目标用户群和品牌调性的、具有优质内容的账号，通过分析这些账号进一步确定被用户认可、传播力强的新媒体选题方向以及行业发展趋势，这个过程包含以下两个方面。

1. 寻找目标账号

借助新榜等第三方平台找到相关行业的爆文，然后找到对应账号，或者直接锁定榜单。

图 2–2　第三方平台榜单搜索

2. 分析选题方向

确定目标账号后，对这些账号进行内容选题分析。通过长期的跟踪、观察和统计分析，将传播效果好的选题以可视化的方式呈现。

表 2-10　目标账号选题分析

类型	新媒体选题方向			
账号 1	选题方向 1	选题方向 2	选题方向 3	……
账号 2	—	选题方向 2	选题方向 3	……
账号 3	选题方向 1	选题方向 2	—	……
账号 4	选题方向 1	—	选题方向 3	……
账号 5	—	选题方向 2	选题方向 3	……
账号 6	选题方向 1	选题方向 2	选题方向 3	
……				

[分组讨论]

请仔细查阅巨量算数公开发布的分析报告，以小组为单位，讨论思考以下问题：

1. 什么类型的旅游企业适合在抖音平台上进行推广？

2. 什么类型的旅游产品适合在抖音平台上进行推广？

3. 最好在什么时段投放短视频？

三、平台定位

如今各个新媒体平台的功能能够有所重叠，但是仍然有各自特有的语言、文化、氛围、风格和规则，形成很大的差异。不同平台的分发机制和算法也各有不同。因此，企业营销人员必须深谙不同的新媒体平台的特点和风格，才能选择适合自身需求和调性的平台来进行营销策划。

根据层次和重要性不同，将主流新媒体平台划分为视频平台、社交平台、自媒体平台以及其他平台。

拓展知识2-3：
内容风险管控平台
应具备的特质

拓展知识2-4：
内容风险管控平台
应秉持的原则

（一）视频平台

视频平台是指提供在线视频播放和分享服务的网站或应用程序。这些平台允许用户上传、观看和分享各种类型的视频内容，包括电影、电视剧、音乐、纪录片、短视频等。一些知名的视频平台包括抖音、优酷、爱奇艺等。视频平台又可分为直播平台、短视频平台、长视频平台。

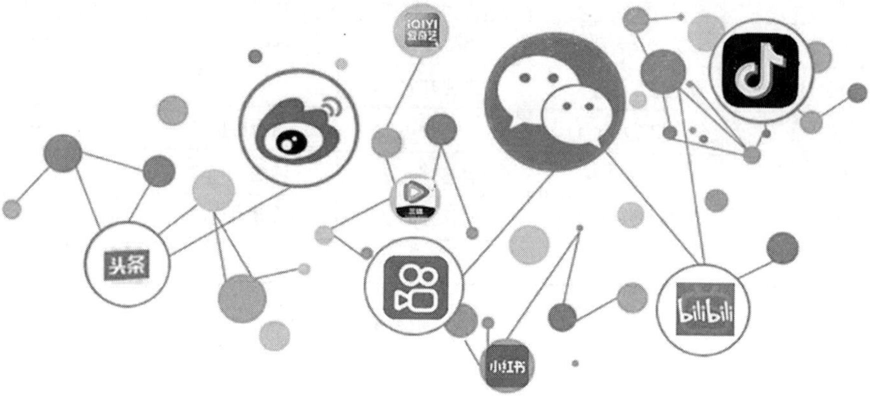

图 2-3　主流新媒体平台

1. 直播平台

直播平台是指提供实时在线直播服务的网站或应用程序。这些平台允许用户通过摄像头和麦克风等设备，即时将自己的声音和图像传输到互联网上，供其他用户实时观看和互动。直播内容可以包括个人日常生活、游戏实况、音乐表演、教育培训、新闻报道等各种形式。一些知名的直播平台包括斗鱼 TV、虎牙直播、哔哩哔哩直播等。第 52 次《中国互联网络发展状况统计报告》显示，截至 2023 年 6 月，我国网络直播用户规模达 7.65 亿人，较 2022 年 12 月增长 1474 万人，占网民整体的 71.0%。其中，电商直播用户规模为 5.26 亿人，较 2022 年 12 月增长 1194 万人，占网民整体的 48.8%；游戏直播用户规模为 2.98 亿人，较 2022 年 12 月增长 3188 万人，占网民整体的 27.6%；真人秀直播用户规模为 1.94 亿人，较 2022 年 12 月增长 657 万人，占网民整体的 18.0%；演唱会直播用户规模为 1.87 亿人，较 2022 年 12 月减少 2066 万人，占网民整体的 17.3%；体育直播用户规模为 3.23 亿人，较 2022 年 12 月减少

5072 万人，占网民整体的 29.9%。

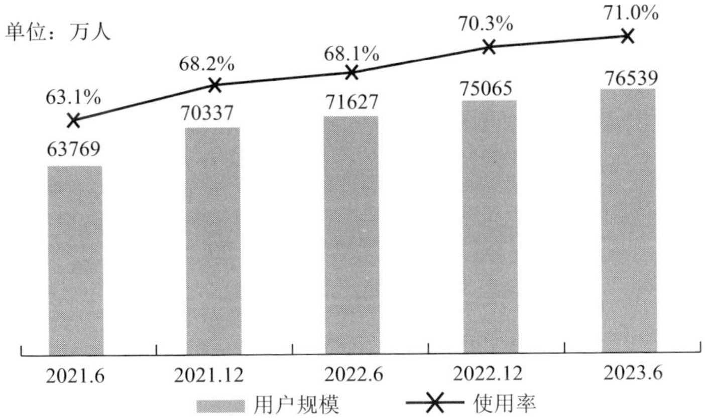

图 2–4　网络直播用户规模及使用率

图片来源：第 52 次《中国互联网络发展状况统计报告》

2. 短视频平台

短视频平台是指提供用户上传、观看和分享短视频内容的网站或应用程序。短视频通常是指时长较短的视频片段，一般在几秒到几分钟之间。这些平台通过简单易用的用户界面和强大的视频编辑工具，让用户可以快速拍摄、编辑和发布自己的短视频作品。一些知名的短视频平台包括抖音、快手、火山小视频等。第 52 次《中国互联网络发展状况统计报告》显示，截至 2023 年 6 月，网络视频用户规模为 10.44 亿人，较 2022 年 12 月增长 1380 万人，占网民整体的 96.8%。其中，短视频用户规模为 10.26 亿人，较 2022 年 12 月增长 1454 万人，占网民整体的 95.2%。

3. 长视频平台

长视频平台是指提供用户上传、观看和分享较长时长视频内容的网站或应用程序。视频内容来源主要有用户上传原创内容、向专业影像生产机构和代理机构购买版权内容以及网络视频企业自制内容三种主要渠道，涉及电影、电视剧、综艺节目、体育赛事等文化内容产品的生产与传播。

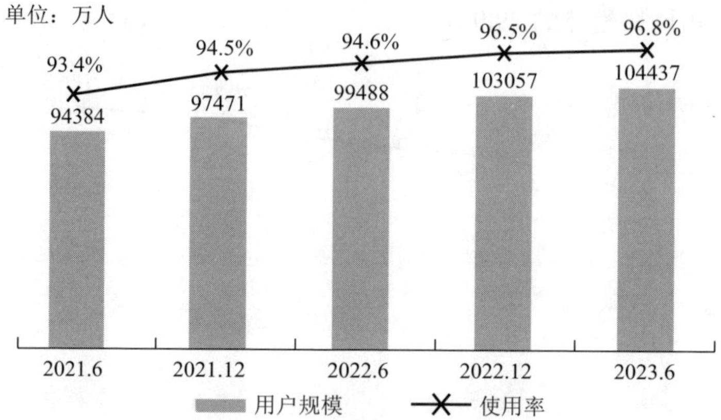

图 2-5 网络视频用户规模及使用率

图片来源：第 52 次《中国互联网络发展状况统计报告》

一些知名的长视频平台包括爱奇艺、腾讯视频、优酷等。这些平台提供了大量的长视频内容，用户可以通过搜索、推荐算法或者按照不同的分类进行浏览和发现感兴趣的长视频内容。长视频平台通常提供高清或超高清的视频播放质量，支持多种设备和平台的观看，如电脑、手机、智能电视等。一些平台还提供了订阅付费服务，用户可以通过订阅会员享受无广告观看、独家内容、离线下载等特权。

（二）社交平台

社交平台是指提供用户之间相互连接、交流和分享的网站或应用程序。这些平台允许用户创建个人资料，添加朋友或关注其他用户，并通过消息、评论、分享等方式与他人进行互动。

一些知名的社交平台包括 Facebook、Twitter、微信、QQ、微博等。这些平台提供了各种功能，如发布动态状态、分享照片和视频、发送私信、创建群组和页面等。用户可以通过浏览动态、点赞评论、分享内容等方式与其他用户进行互动，也可以利用平台提供的搜索和推荐功能来发现新的朋友和感兴趣的内容。

1. 微信平台

微信是腾讯公司于 2011 年 1 月 21 日推出的一个为智能终端提供即时通信

服务的免费应用程序，提供了多种功能，包括文字、语音和视频聊天，发送图片、视频和文件，分享动态状态，创建群聊和公众号等。用户可以通过手机号码注册微信账号，并添加其他用户为好友，以便与他们保持联系和互动。除了个人用户之间的交流，微信也被广泛应用于商业领域。许多企业和商家利用微信建立了自己的公众号，用于推广产品、提供服务、发布新闻和活动等。微信还提供了支付功能，允许用户进行在线支付、转账和购物等操作。

微信也有一些特色功能，例如朋友圈，允许用户分享照片、文字和视频动态，供好友浏览和评论。此外，微信还提供了小程序平台，允许开发者创建轻量级应用程序，用户可以在微信内部直接使用这些应用，无须下载和安装。

微信在人们生活中扮演着重要的角色，已成为日常生活中沟通、社交和商业活动的重要工具。

2. 微博平台

微博，是基于用户关系的社交媒体平台，用户可以通过 PC、手机等多种移动终端接入，以文字、图片、视频等多媒体形式，实现信息的即时分享、传播互动。微博基于公开平台架构，提供简单、前所未有的方式使用户能够实时公开发表内容，通过裂变式传播，让用户与他人互动并与世界紧密相连。

任何事物都具有两面性，利用微博平台进行营销有优点也有缺点。

微博的营销优点和自身特点紧密相关。首先，微博能在移动平台发布，操作简单，信息发布快捷。其次，微博的互动性很强，作者能与粉丝即时沟通，及时获得用户反馈。再次，微博营销的成本低。做微博营销的成本比做博客营销或是做论坛营销的成本低。最后，微博营销的针对性较强。能关注企业或者产品的粉丝大都是本产品的消费者或是潜在消费者，企业可以对他们进行精准营销。

微博营销也存在自身的缺点。首先，关注度和浏览量是微博营销的基础，有足够的粉丝才能达到传播的效果，而要做到这一点需要时间的累积和资金的投入。其次，由于微博里新内容产生的速度太快，信息在不断地更迭，如果粉丝没有及时关注发布的内容，就很有可能被埋没在海量的信息中。再次，微博的传播力是有限的。由于一条微博文章字数有限制，所以其信息的深度和广度不够，而且只能在平台上传播，很难像博客文章那样，被大量转载。最后，微博缺乏足够的趣味性和娱乐性，很难被大量转帖。

（三）自媒体平台

自媒体平台是指允许个人用户或机构以自身名义创作、发布和传播内容的网站或应用程序。这些平台允许用户成为自己的媒体，通过文字、图片、视频等形式来表达观点、分享知识和经验，吸引和影响其他用户，例如小红书、今日头条等。

1. 小红书

小红书于 2013 年由毛文超和瞿芳始创于上海。在小红书上线之初，得益于其精准的市场定位与极具特色的内容，备受年轻用户的喜爱。随着用户分享生活领域信息以及了解生活的欲望越来越强，小红书为了满足用户需求开始进行精准营销，并及时扩充分享内容，从单一的海外购物分享发展到覆盖美食、旅游、学习、育儿、美妆在内的各类生活方式分享平台，年轻人也被这样的分享内容吸引，在“明星效应”的带动下小红书改变了初期广告零投放模式，在综艺、安卓用户及下沉市场的大力推广中，小红书迎来新一轮的用户增长。

小红书营销方式分为明星泛推、头部 KOL 泛推、腰部 KOL 精推、素人粗推和 CPC（Cost Per Click，效果广告）四种。

表 2–11　小红书营销方式

方式名称	具体方式
明星、头部 KOL 泛推	通过明星效应快速引爆话题，给用户冲击性的感知，带来对产品 / 品牌的进一步理解
腰部 KOL 精推	通过细分领域专业内容深度种草，引导粉丝购买，因更精准垂直，也能为品牌广告投放提供素材
素人粗推	通过素人推荐，提高用户对品牌的信任及热度感知，助力产品销售
CPC	CPC 是小红书的效果广告，通过信息流广告助推优质笔记，聚焦流量；通过搜索广告获取需求人群的持续流量，精准触达，提升销量

2. 今日头条

今日头条是北京字节跳动科技有限公司开发的一款基于数据挖掘的推荐引

擎产品，为用户推荐信息、提供连接人与信息服务的产品。今日头条是一种内容聚合平台，通过多维渠道聚合行业各类信息源，利用智能算法，根据用户偏好进行个性化推荐。

（1）今日头条广告营销。今日头条的广告模式主要有三种：第一种是开屏广告。用户打开 App 时，以静态、动态或视频的形式展现的广告，显示几秒就会跳转到首页页面；第二种是信息流广告，穿插在用户所接收的信息流当中，根据用户地域、年龄、性别、兴趣等因素主动推送给用户的广告；第三种是详情页广告，此类广告需要用户进入内容阅读界面才能看到，大多位于整篇资讯内容文章结尾处，或者位于视频播放界面的下方，以卡片的形式展示。通过算法和智能分发向用户投放广告，同时开拓开屏、信息流、详情页三大点位，配合技术性运用以及内容式的展现技巧，以完美的形式包装最大限度地消除了用户对于广告的排斥感。

（2）今日头条巨量引擎带动内容矩阵。目前，今日头条孵化出了 10 多个独立产品，如头条号、微头条、西瓜、火山、抖音等，打造全品类产品矩阵。短视频 + 智能社交 + 问答社区为头条的系列内容提供了支撑，而巨量引擎则打通了内容矩阵。

（四）其他平台

1. 音频平台

音频平台，又名网络电台，是指通过网络向听众提供包括在线收听、下载、播客上传与 RSS 等多样服务的一种新型广播形态。伴随着移动互联网技术的发展与自媒体的活跃，兼具广播和网络优势的网络电台开始逐渐得到网民的关注并取得了快速发展。随着智能手机、平板电脑等移动终端的普及，用户碎片化生活的习惯加深，以网络电台为代表的移动音频媒介迎来了爆发式增长，喜马拉雅、蜻蜓 FM、荔枝 FM、企鹅 FM 等一批移动网络电台的应用如雨后春笋般涌现。

2. 知识问答平台

随着用户对知识的需求日益增长，知识问答型产品乘风而起，市场上竞争者众多，涉及范围广泛，从最早的大众化内容，到更加垂直深入的专业性知识在某种程度上承担了部分科普与教育的功能。其中，有像维基百科、百度百科等图文形态的网络百科全书，还有像知乎、新浪爱问等问答形态的知识平台。从内容上看，知识问答平台呈现出精品化、专业化的特征；从商业模式上看，也在广告、用户付费之外探索了更多的营销商业化路径。

案例分析：大唐不夜城的新媒体营销

[实战训练]

实训背景：在新媒体几大主流平台上，一些旅游类达人粉丝具有非常高的知名度，请以某位旅游达人为例，分别打开抖音、小红书、微信公众号三款App，查找该达人账号在三个平台的粉丝量、创作内容、排名等情况。

实训要求：请大家查找后，分析以下问题：

1. 同一个达人账号在三个平台上的粉丝量、创作内容及排名是否有差异？
2. 试着分析引起这些差异的原因有哪些？

[任务小结]

旅游新媒体营销定位可以帮助企业准确地定位目标市场，根据市场需求制定相应的品牌定位和推广策略。通过本任务的学习和实践，学生应了解目标群体属性定位分析、目标用户画像分析、内容定位、主流新媒体平台定位等旅游新媒体营销定位的相关内容，并能够加以熟练应用。

任务2 旅游新媒体营销策划

一、事件营销策划

事件营销是指企业通过策划、组织和利用具有名人效应、新闻价值以及社会影响的人物或事件，引起媒体、社会团体和消费者的兴趣与关注，以求提高企业或产品的知名度、美誉度，树立良好品牌形象并最终促成产品或服务销售目的的手段和方式。

（一）事件营销策划的主要模式

1. 借力模式

所谓借力模式，就是将组织的议题向社会热点话题靠拢，从而实现公众对热点话题的关注，向组织的议题关注的转变。要实现好的效果，必须遵循相关性、可控性和系统性原则。相关性就是指社会议题必须与组织的自身发展密切相关，也与组织的目标受众密切相关。可控性是指事件营销的发展能够在组织的预期和把控范围内。系统性是指组织借助外部热点话题必须策划和实施一系列与之配套的公共关系策略，整合多种手段以实现结合与转化。

2. 主动模式

主动模式是指组织主动设置一些结合自身发展需要的议题，通过传播使之成为公众关注的热点。主动模式遵循创新性、公共性及互惠性原则。创新性是指组织设置的话题必须有亮点，只有这样才能获得公众的关注。公共性是指设置的话题必须是公众关注的。互惠性是指要想获得人们持续的关注，必须要双赢。

（二）事件营销策划步骤

1. 建立营销目标

任何事件营销都有相同的营销目标，那就是：实现尽可能多的曝光；引起指定群体的注意；改变指定群体的想法。其中，前两点都是为第三点服务的，第三点是核心目标。当营销目标建立以后，所有的计划和执行都将围绕这个目标展开。

2. 实现预期效果

企业需要通过内容制作、传播渠道打造、官方媒体主动发声、网方评论控制来实现预期效果。在事件营销后期，还需要通过官方活动主动推广、促销来促成广大消费者的订单转化，此时企业与消费者发生直接的利益关系。

3. 进行内容制作

内容是传播的主体。企业围绕事件营销的核心目标，根据自己的消费者分析结果和预期效果进行内容制作。

4. 规划传播渠道

通过消费者分析，企业很容易推测出目标受众，并获取相关信息的平台和渠道。通过对渠道归类和有目的地利用其主要特性，企业可以很好地传播其想要推广的内容。

5. 部署项目执行

事件营销的项目执行有制作内容并投放至指定社区、发布评论任务形成讨论环境、联系社区版主登入热门版块、联系网站编辑撰写新闻稿件、联系新闻记者进行新闻报道、联系自媒体人进行事件传播、官方表态直接回应参与互动、持续控制讨论环境互动氛围、进行事件升级或颁布新活动等步骤。

在项目执行过程中，为了吸引更多流量，有时需要在自媒体、门户网站、新闻媒体、社区评论上投入适当的营销公关成本。

二、裂变营销策划

营销的目的是获取新用户，社交媒体营销的本质是裂变。裂变营销是利用每个人的社会关系来放大影响力，激发增长，俗话说：一生二二生三，三生万物。简单来说，社会裂变的主要核心是利用利益驱动用户，通过他们的社交关系，以最低的成本实现用户量的最大增长。

旅游裂变营销是一种基于用户社交网络的营销方式，在加强旅游传统营销的基础上，整合关系营销、内容营销以及会务营销，增强深度用户的转化率，利用这部分用户影响其所处的社交链，实现旅游产品信息裂变式传播，最终达到营销目的。

（一）主流裂变激励政策

1. 现金类奖励政策

目前市面上大多数营销活动实际检验的结果中，现金奖励是见效最快速的激励措施，例如拉新、消费返佣金、分享奖励、任务奖励。

2. 实物类奖励政策

市面上常见的许多奖励政策为做任务赢取某种实物，比如新款手机等。需要注意的是线下活动更适合使用实物奖励政策，因为线下活动将实物奖品堆放在一起可形成视觉冲击，让参与用户能更加直观地感受到人气，提高其参与意愿。

3. 权益类奖励政策

用会员制度来将用户分层是如今较为普遍的方式之一。不同等级的会员享有不同的权利，这是把会员分层权利作为一种奖励发放给用户。

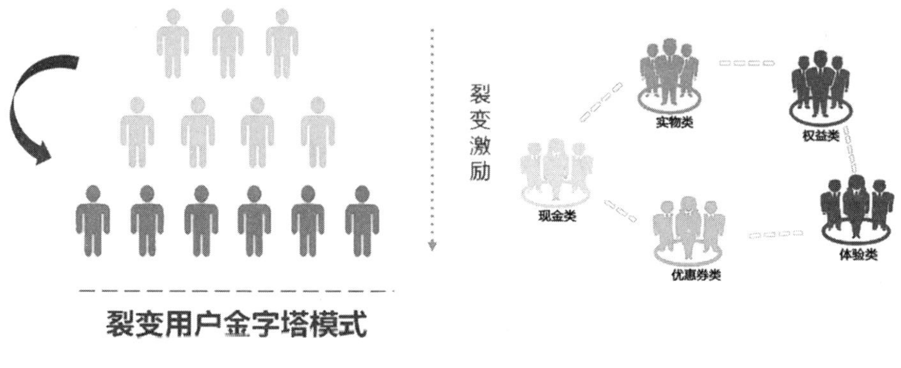

图 2–6　主流裂变激励政策

4. 体验类奖励政策

用户如果参加某项活动，完成后可以获得 1~3 个月的会员限时免费体验。同样的方式也可以应用到其他场景，比如酒店、餐厅、游乐场等。

5. 优惠券类奖励政策

这类奖励是历经多年实践现在依然有效使用的，其特点是成本比较低，但用户接受度较高，主要有门票类奖励、优惠券类奖励、积分类奖励等几种方式。

（二）关键设计环节

1. 三大节点

目前旅游裂变活动主要使用的平台是微信群和 QQ 群，这两者性质类似，所以在设计裂变活动时均需要注意以下三大节点。

（1）渠道宣发。指通过公众号、微信群、朋友圈等社交平台，利用权益吸引用户扫码关注或者进群。

（2）群内促活。指给群内用户分发任务和物料，让他们转发起到用户间传播的裂变。

（3）裂变循环。指不断有新用户通过老用户的传播任务关注公众号或者进群，可以再次将制作好的物料，例如海报发到群内，让新用户变成新一轮的传播者，如此往复，不停地进行裂变循环。

以上是对于设计裂变活动关键环节的解释，因为微信群与 QQ 群类似，设计步骤也类似，所以这里只详述微信群裂变。

2. 六大步骤

（1）明确价值。想要让用户自发转发形成裂变趋势，首先要明确产品的价值。换句话讲就是你的产品能够为用户带来什么价值？帮他们解决了什么样的问题？解答了这两大问题后，既明确了产品价值，又有理由让用户帮助宣传产品。如果产品无法给出用户充足的理由，可以根据上述奖励机制，利用趋利心理形成传播。

（2）前期准备。需要事先准备一篇详细介绍裂变活动规则的文章，并在明显位置放出参与的入口链接；制作裂变海报，海报设计可以从产品名、购买理由、权威机构 / 名人信誉背书、人物或者产品照片、促销信息、活动入口二维码、产品详细介绍这七个元素着手；推送裂变文案，这是搭配裂变海报在推送时使用的，可将编辑好的话术和海报同时进行推送；结合裂变工具，使用微信群作为裂变平台；备好气氛组小号，刚开始进群用户数量少，需要有人烘托氛围，所以需要准备至少 5 个左右的微信号，在群里当气氛组带动氛围或者化解不可控问题。值得注意的是在裂变工具初次设置完成后，一定要记得进行多次反复的测试和调试。

（3）渠道宣发。指在公众号、个人账号、微信群等不同渠道宣传发布本次裂变活动。需要注意的是一定要将参与活动入口设置得明显些，且流程要简单，尽量不要超过三个步骤，否则会大量流失潜在用户。

（4）实时监控。从活动开始直到结束需要全程实时监控，一旦出现问题可及时调整。有三个方面属于主要监控范围，即裂变工具、广告效果以及应急处理。对于裂变工具的监控主要在活动前期，虽然经过调试，但实际运营中有些工具还是会有稳定性问题。比如二维码扫描失败、无法自动发布任务等。

（5）权益给予。权益给予指有些裂变活动会承诺用户完成传播任务后，可以领取某些有价值的实物、现金或资料等。在设定返还权益物时一定要考虑如何转化成二次裂变的资源，尽可能最大化活动效果。

图 2–7　微信群裂变的六大步骤

（6）衔接运营。裂变活动结束后需要衔接运营，但不要立即推送商品让用户购买，因为裂变活动想要做得好一定是依靠口碑宣传与用户建立起信任感后再做转化的。可以用柔和的话术，在活动后的一周衔接期内推出一款高性价比的爆款产品进行转化，以增加用户黏性。

以上就是设计裂变活动的三大节点和六大步骤，在实施时一定要注意流程之间的先后关系，做到层层递进、环环相扣。

（三）"老带新"裂变营销活动

"老带新"活动主要基于互联网各类社交平台，目的是利用老顾客的分享行为获取更多的新顾客，实现用户增长的目标。平台利用一系列的权益作为激励手段，刺激老用户通过将订单活动等分享到其社交网络平台上与潜在用户建立关联，不断吸引潜在用户注册成为新用户。当新用户顺利注册，并且帮助老用户完成分享的订单、活动等任务后，平台会把约定好的权益发放给完成任务的新老用户。这种活动被称为基于权益奖励机制的任务系统流程，而老用户将任务分享到社交平台与新用户产生互动并完成任务的过程，可以被称为裂变营销活动。

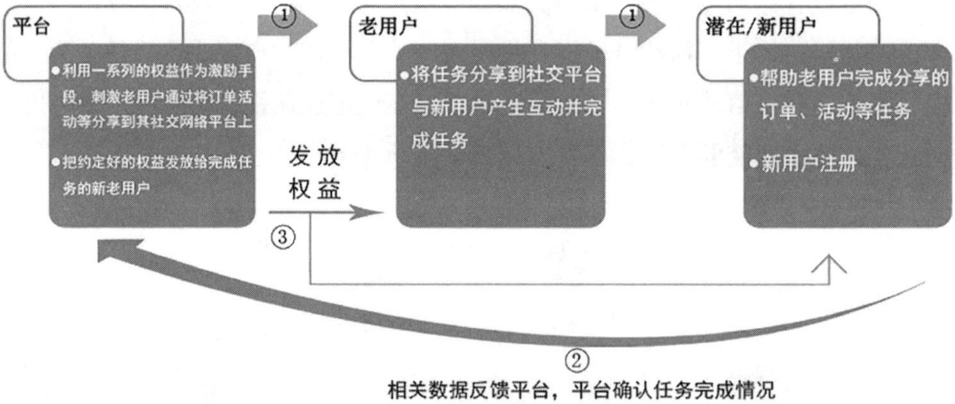

图 2-8 "老带新"裂变营销活动流程图

综上所述，"老带新"裂变营销活动的核心目标是提高用户增长总量，参与人员是老用户和新用户，关键节点是任务设定与发放、给予的权益设定以及分享渠道设定。

（1）核心目标。实现提高用户增长总量是活动的核心目标，包括拉新、激活、留存、转化到自传播这五个阶段。所以单纯的 App 下载数量增加或者是新用户账号注册数量增加，都只是停留在第一个阶段——拉新。运营团队在了解了真正的用户增长这一概念之后，便能够在任务设置上作出相应的变化，比如拉取新客户后，需要针对这个群体设计相应的任务从而使这些客户留下来。

（2）参与人员。活动中的主要参与人员是老用户和新用户，针对这两类不同人群所做出的决策也不一样。老用户是已经接纳并认可平台的用户，起到承上启下推动的作用，所以需要制定合理的给予权益以激发他们的分享热情。

三、社群营销策划

社群是一种特殊的社会关系，包含社群精神和社群情感。只有通过媒介才能使这种特殊的社会关系得以连接。同时，媒介在不断地进化，这种连接的方式也一直在改变。

社群之间沟通的媒介有书信、电报、广播、电话、邮件、QQ 群、微信群等。显而易见，社群是一群有相互关系的人形成的网络，当人们产生交叉的关系和深入的情感连接，才能被看作社群。

（一）社群要素

（1）同好性。所谓同好，是指对某种事物或行为的共同认可。一个社群可以因为某个产品或某种爱好而聚到一起。可以基于某个产品，比如平板、电脑、耳机等；也可以基于某个行为，比如爱户外、爱游戏；可以基于某个标签，比如八卦、购物；也可以基于某个空间，比如业主群等；也可以基于某种情感，比如校友会；也可以基于某种观念，比如二次元等。

（2）结构性。结构决定社群的存活。很多社群为什么很快消亡，是因为最初就没有对社群的结构进行有效的规划。这个结构包括组织成员、交流平台、加入原则、管理规范。只有这四个组成结构做得好，社群才有可能长久。

（3）输出性。输出性决定了社群的价值。没有足够价值的社群迟早会被社群成员所遗弃。好的社群一定要能给群员提供稳定的服务输出，这是群员加入该群、留在该群的价值。

（4）可运营性。可运营性决定了社群的寿命。一般来说，通过运营要建立以下“四感”：其一，仪式感，比如加入要通过申请，入群要接受群规，行为要接受奖惩等，以保证社群规范；其二，参与感，比如通过有组织地讨论、分享等，以保证群内有话说、有事做、有收获的社群质量；其三，组织感，比如通过对某主题事务的分工协作、执行等，以保证社群战斗力；其四，归属感，比如通过线上线下的互助、活动等，以保证社群凝聚力。

（5）可复制性。可复制性决定了社群的规模。一个社群如果能够复制出多个平行社群，会形成巨大的规模。当然，在复制之前需要考虑是否具备充足的人力、物力、财力，是否形成一种群体沟通的亚文化，使得大家聊天的语气、表情、风格一致。

社群营销是基于社群的一种新的营销模式，其核心是“社群”，主要通过网络高强度的传播效应，利用受众对社群的需求和情绪，从而让受众对社群产生归属感和认可度，通过社群营销活动增加良性互动，增加群员之间的凝聚力和归属感，从而达到让群员自发传播品牌，直接购买产品的目的。

图 2–9　社群营销要素

（二）社群营销类型

1. 产品型社群

产品型社群是互联网社会组织结构的新模式，是家庭、企业之外的另一种联系方式。产品型社群有几个重要的特征：中间利润为零，利润递延；功能成为必需，情感成为刚需；个人异端化，组织社群化。产品型社群想要运营成功需要两个前提条件，即情怀和势能。

2. 兴趣型社群

兴趣型社群是大家有共同兴趣和爱好的一个群体。群体成员之间相互交流共同的兴趣和知识。兴趣型社群是较为常见的，比如车友会、驴友社群、骑行社群、游戏社群、运动社群等。兴趣型社群形成的关键是“同好”。大家在社群中有收获、有分享，还会出现大量的粉丝。

3. 品牌型社群

品牌型社群是产品型社群的一种延伸。品牌型社群以用户对产品的情感利益为联系纽带。用户基于对产品的特殊感情和认知，认为品牌能体现自身的体验价值和形象价值。用户认为这种品牌价值符合他们的人生观和价值观从而产生心理上的共鸣。

4. 知识型社群

知识型社群是兴趣型社群的另一种延伸。知识型社群成员乐于分享自己的经验、知识和成果。社群成员之间相互交流和学习，并从中得到相互的肯定和尊重。因为群员在社群活动中自发地交换意见和观点，所以知识型社群经常会出现思想上的激烈碰撞。

5. 工具型社群

工具型社群一般指社交软件 App，有社交平台、即时语音、即时文字、直播等类型。各种社群软件和社群应用为人们进行社群交流提供了基础性工具，从社群渗透到社群成员个体的工作生活中。社交工具日常应用让社群成员在现实社群和网络社群两种状态下相互交叉。工具性社群具有应用性、场景性和灵活性等特点，可以完全服务于用户特定的场景沟通需求。

（三）社群营销实施步骤

1. 构建社群

（1）寻找群员共性，明确建群目的。确定核心人群，找到群员共性，才能确定经营产品、规划社群输出内容。所以，建群首先要保证群员有共性，也就是对产品有需要或者感兴趣。

（2）建立社群的组织架构和规则。在社群的结构方面，有两个主要组成部分，即一个是“成员结构”，另一个是“社群规则”。一般来说，成员结构根据成员属性功能不同，主要分为创建者、管理者、参与者、开拓者、分化者、合作者和付费者七种。社群规则按照社群的发展分为五类，即门槛规则、人群规则、交流规则、分享规则和淘汰规则。

（3）选择恰当的载体。常见的社群营销载体主要有 QQ、微信群、微信公众号社区与论坛等。具体用哪种社群运营载体更好，要根据社群的定位和运营规则来确定。

2. 保持社群活跃度

社群活跃度可以通过社群分享、社群讨论、社群打卡、社群福利、建立强关系等方式来保持。

3. 组织社群线下活动

在社群运营过程中，要营造社群成员的归属感，产生自己人效应，除了线上的互动，线下的活动也分外重要。真实的接触，更能激发那些源自热爱的、自由人之间的联合。

4. 打造社群团队

为了促进社群的发展壮大，需要考虑如何培养新人，如何发挥核心成员的能力，如何开展绩效考核等。培养社群运营新人，有一定规模的社群运营团队要定期引入新人，新人对社群活动的积极性高，时间投入多；留住团队核心成员，核心成员是社群的管理者和运营者，他们熟悉社群的流程和制度，投身于社群运营的日常工作中，维系社群的正常运转；开展社群绩效评价，在一个组织的价值创造过程中，存在“二八”规律，即 20% 的人创造组织 80% 的价值。在每位团队成员身上，“二八”规律同样适用，即 80% 的工作任务是由 20% 的关键行为完成的。因此，必须抓住 20% 的关键行为，对之进行分析和衡量，抓住业绩评价的重心。

5. 完成社群商业变现

社群产品开发应以特定的社群产品特性、社群群体或者产品消费群体为基础设计产品信息，进而在群里自由传播并引发讨论，从而实现产品的销售。社群的整体方向要符合产品的用户需求。

（1）定价策略

社群产品的定价策略是“免费产品和服务 + 付费产品和服务”，用户也就自然被分成了免费用户和付费用户两类。

（2）社群变现模式与方向

①社群变现模式：社群变现有的是现金类的变现，有的是非现金类的变现。现金变现是直接获取利润；非现金变现是从建群、互动、评论、分享干货链接到转发、资料共享、邀请好友进群，也就是任何有益于这个社群的行为。从另一个角度划分社群变现还可以分为直接变现和间接变现。直接变现即通过社群营销可以直接带来收入的变现模式，如收取会费、广告费、加盟费，产生购买行为等。而间接变现模式是把社群当作一个媒体平台，用来维护粉丝关系，而不是直接产生利益。

②社群变现方向：a. 营销变现类。社群营销直接变现的最便捷、有效的手段就是针对社群用户直接销售，让品牌粉丝在社群中直接完成购买交易。b. 分销代理类变现。旅游产品可以借助社群的力量，让社群成员成为分销代理人，直接架起开发商与潜在客户之间的桥梁。c. 会员收费类变现。收费制度的建立，让社群有了资金储备，就可以定期举办活动、建设更高档次的平台、引进高素质的管理团队、邀请高档次的嘉宾等。

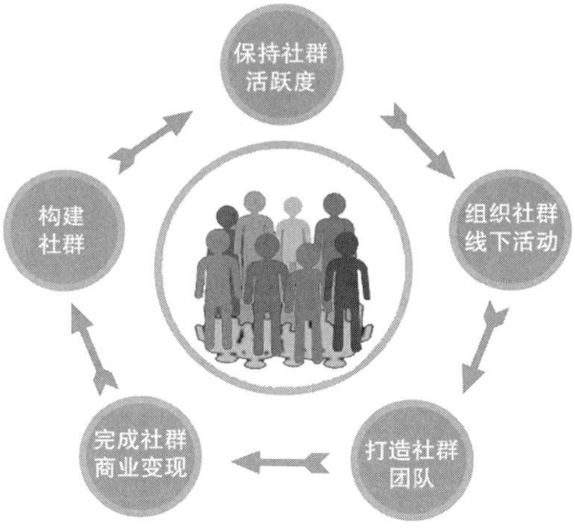

图 2-10　社群营销输出传递

[分组讨论]

以小组为单位，按照旅游新媒体营销策划内容的不同，搜集宣传自己家乡旅游的案例。

[实战训练]

实训背景： 山西有着独特的地域文化和灿烂的建筑遗存，是我国文化旅游资源大省。2022 年以来，山西充分整合传统媒体、新媒体、自媒体传播渠道，打造立体多元的文旅宣传矩阵，文化旅游营销既有统一的宣传主题，又有风格各异的内容和表现形式，触达的受众面更广、更精准，推动山西文旅驶入高声量宣传、强势级宣推、高品质服务的快车道。

百个旅游目的地、百位文旅星推官、百名非遗传承人、百种特色美食、百个网红打卡地、百件文创好物、百个乡村旅游示范村……2022 年 5 月以来，山西"七个一百"文旅计划火热开展，吸引省内众多金牌导游、非遗匠人、优质景区工作者等以直播互动、短视频等形式宣传家乡美景特产、风土人情，进一步扩大山西文化遗产游的知名度和影响力，挖掘资源禀赋，讲好山西故事。

实训任务： 作为山西人，通过已经掌握的新媒体营销策划方案的相关内容，讲好家乡故事，厚植家国情怀。

①分组进行：每 3~5 人为一组，选取一名当组长。

②实训内容：通过调研、讨论，选取自己所在家乡的一处知名旅游景点开展营销策划，撰写一份旅游新媒体营销策划方案，完成 PPT 汇报。

实训步骤：

①以景点背景为依据，组内确定新媒体推广的目标和对象。

②小组成员集思广益，讨论推广主题、渠道、具体形式和具体时间。

③整合信息，完成一份旅游新媒体营销策划书的填写。

④提交策划书并完成 PPT 汇报。

[任务小结]

旅游新媒体营销策划需要结合市场环境和目标群体的特点，制订全面的策划方案，并不断优化和改进，以达到最佳的营销效果。通过本任务的学习和实践，学生应了解事件营销策划、裂变营销策划、社群营销策划的相关内容，从而能够以小组为单位设计完整的、可行的旅游新媒体营销策划方案。

知识与技能训练

一、单选题

1. 旅游新媒体营销定位源自（　　），需要细分目标用户群体。

A. 用户需求　　B. 用户群体　　C. 体验需求　　D. 商业价值

2. 用户画像可以帮助企业形象地了解目标用户的（　　），提高运营效率，助其精细化运营。

A. 用户增长　　B. 行为特征　　C. 精准营销　　D. 基础信息

3. 视频平台分为：直播平台、短视频平台和（　　）。

A. 社交平台　　B. 长视频平台　　C. 自媒体平台　　D. 传统平台

4. 社交媒体营销的本质是（　　）。

A. 需求　　B. 营销　　C. 信息　　D. 裂变

5. 所谓（　　），是指对某种事物或行为的共同认可。这类群体可以因为某个产品或某种爱好而聚到一起。

A. 喜爱　　B. 偏好　　C. 同好　　D. 喜好

二、多选题

1. 个性心理由三部分组成，即（　　）。

A. 气质　　B. 性格　　C. 能力　　D. 年龄

2. 动态信息数据主要包括（　　）。

A. 搜索　　B. 浏览　　C. 注册　　D. 签到

3. 寻找与自己有相同目标用户群和品牌调性的、具有优质内容的账号，通过分析这些账号进一步确定被用户认可、传播力强的新媒体选题方向以及行业发展趋势，这个过程包含以下两个方面（　　）。

A. 寻找目标账号　　B. 长期地跟踪

C. 精准选题　　　　　　　　　　D. 分析选题方向

4. 事件营销策划主要有以下哪两种模式？（　　）

A. 借力模式　　B. 主动模式　　C. 被动模式　　D. 协议模式

5. 一个完整的社群包括同好性、（　　）几个要素。

A. 结构性　　B. 主动模式　　C. 可运营性　　D. 可复制性

三、判断题

1. 短视频通常是指时长较短的视频片段，一般在几秒到几分钟之间。（　　）

2. 通过微信群开展各类促销活动的宣传会事半功倍。（　　）

3. “老带新”活动基于互联网各类社交平台，主要目的是利用老顾客的分享行为获取更多新顾客，实现用户增长的目标。（　　）

4. 群变现有的是只有现金类的变现。（　　）

5. 旅游产品可以借助社群的力量，让社群成员成为分销代理人。（　　）

四、实训题

（一）实训背景

俗话说，酒香也怕巷子深，山西文旅宣传推介主动拥抱“互联网 +”，触及潜在消费者。山西文旅厅成立山西文旅融媒体中心，入驻 B 站、抖音、小红书等新媒体平台，积极尝试以时尚新潮的短视频吸引网民目光。2023 年山西省政府工作报告提出，“做好文旅推广营销，让三晋大地成为游客向往的旅游胜地！”

（二）实训要求

请查阅相关资料，选取某处山西旅游景点，从营销模式、内容创意、推广方式等方面来分析该景点的新媒体营销策划。

参考答案

项目三

旅游新媒体营销文案创作

项目概述

旅游文案是旅游新媒体的重要组成部分，它能为旅游者提供有用的旅游信息，帮助他们更好地了解旅游目的地的文化、历史和自然景观。好的旅游文案不仅能够吸引更多的游客，还能够提高旅游者的满意度和重游率，进而增加旅游收入。随着网络营销的发展，借助新媒体进行销售推广已经成为旅游行业普遍选择。旅游管理人员、营销人员、运营人员等从业者必须了解旅游新媒体文案的特点和类型，掌握旅游新媒体文案的创作思维和流程，加强对旅游新媒体文案创作要点的把握，以形成各自领域新媒体文案的写作策略，进而提高旅游行业的宣传推广力度。

学习目标

知识目标

1. 了解旅游新媒体营销文案概念、特点与类型。
2. 了解旅游新媒体文案创作流程。
3. 掌握旅游新媒体文案创作要点。
4. 掌握旅游新媒体文案创作方法。

技能目标

1. 能够建立旅游新媒体文案创新思维。
2. 能够撰写旅游产品营销文案。
3. 能够撰写旅游新媒体营销活动推广文案。
4. 能够为景区、主题乐园、酒店等自建新媒体平台撰写推广文案。

思维导图

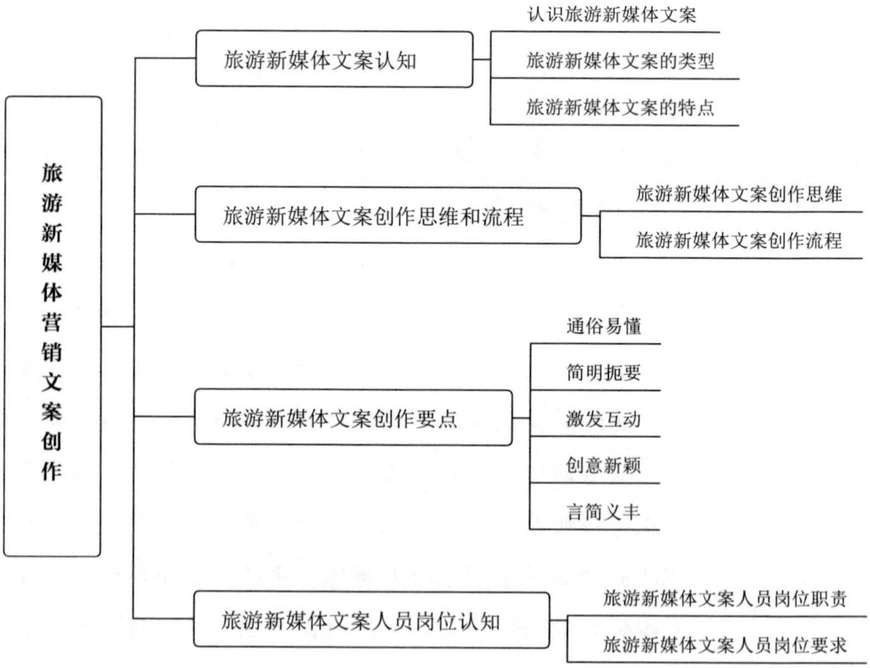

[引导案例]

东方甄选－山西站文案

时间好像偏爱山西这片土地，于是在这里留下了许多它走过的痕迹。

……小巷深处飘香的清冽汾酒，是时间和酒曲的奇妙相遇；家家户户桌上浓郁的陈醋，是时间与高粱的长久封印；为十四省带去良夜和暖冬的乌金，是时间给予土地的馈赠。纵跨各个时期的地上建筑，见证着5000年华夏文明走过的痕迹：我在西侯度的动物烧骨里，与180万年前的古人类相遇在云冈大佛的琉璃双眸下，目睹北魏工匠的一钎一斧在永乐宫近一千平方米的壁画前，赞叹元代色彩艺术的精妙绝伦；在香烟缭绕的五台山顶，被响彻百年的钟声穿透心灵……历经千年的晋国宗祠，是记录历史变迁的艺术载体；雄伟壮阔的应县木塔，用榫卯结构，封印了中国建筑史的奇迹；城墙斑驳的平遥古城，彰显了晋商汇通天下的卓越功绩；巍峨陡峭的太行山脉，见证了千百年来民族的融合与统一。表里山河，伟岸气魄的三晋大地，散落着先人灿若繁星的智慧，也凝结着无数文明传续的印记。这一站，让我们一起走进山西吧，翻开这一本记录了历史的书籍。

资料来源：东方甄选山西站直播

分析与思考：上面的案例是2023年5月20日，东方甄选举办山西专场的部分旅游新媒体文案，当日全网播放超3亿次，首日带货7500万元，100多种山西特产几乎售罄。这次的山西之行，东方甄选的主播董宇辉还介绍了博物馆、云冈石窟等，金句频出，多次登上热搜，带动了山西文旅新媒体的发展。

那么，什么是旅游新媒体文案？旅游新媒体文案的创作思维和流程是怎样的？如何进行旅游新媒体文案的创作？本项目将分任务详细加以介绍。

任务1 旅游新媒体文案认知

一、认识旅游新媒体文案

新媒体传播具有传播速度快、信息量大、表达空间相对自由、语言新颖丰富的特点，旅游媒体文案作为旅游新媒体传播的主要表达方式，多用于辅助旅游实体实现营销目的，旅游市场对新媒体的传播需求量日渐增加，对旅游新媒体文案也提出了更高要求。

（一）新媒体文案的概念

文案一词来源于广告行业，是“广告文案”的简称，由 copy writer 翻译而来，多指以词汇或语言进行广告信息内容表现的形式。广义的广告文案包括标题、正文、口号的撰写和对广告形象的选择搭配；狭义的广告文案则包括标题、正文、口号的撰写。

新媒体文案是以互联网媒体为载体，依托互联网和互联网平台的交互性，输出广告信息以帮助企业或产品实现营销目的一种内容形式。

（二）旅游新媒体文案的内容

旅游新媒体文案指在旅游市场中，使用新媒体，依托互联网的特性为旅游企业或旅游产品输出广告信息从而实现旅游产品营销的一种形式。旅游新媒体文案主要工作包括：编辑旅游播报；撰写旅游报纸广告、旅游杂志广告、旅游景区海报；撰写旅游企业样本、旅游 IP 样本、旅游产品目录；撰写旅游目的地宣传单页、各类旅游宣传小册子；撰写 DM 直邮广告，包括信封、邮件正文；撰写旅游电视广告脚本，包括分镜头、旁白、字幕；撰写旅游电视专题片脚本；撰写旅游电视广告的拍摄清单；撰写旅游广播广告；将海外版旅游广告文案进行汉化（翻译）；撰写旅游广告歌词，或汉化（翻译）外文歌词；撰写各种形式的旅游网络广告；为旅游类网站栏目命名；撰写网站内部文案；撰写手机短信广告；撰写各类旅游广告作品的创意阐述；撰写旅游广告口号；撰写旅游产品包装文案，包括品牌名、使用说明、产品成分等；为产品或品牌命名，并作创意阐述；为路演或活动命名，并作创意阐述；撰写旅游类活动请柬及活动现场宣传品上的文字；为各种礼品命名，并作创意阐述；为专卖店命名，并作创意阐述；撰写旅游商店的橱窗或店内 POP 物料文案；撰写出行软文，可采用新闻式、故事式和评论式；撰写旅游项目策划书，或协助策划人员优化、润色方案文字；协助客户企业编辑内刊，提供主题方向、审核文字。不同的环境对文案撰稿人有不同的锤炼要求。

图 3-1　2023 年山西太原晋祠发布的中国传统二十四节气闪图

[分组讨论]

参考以上山西太原晋祠发布的中国传统二十四节气闪图，以小组为单位，按照旅游新媒体文案内容的不同分类搜集案例并分析不同文案的特点。

二、旅游新媒体文案的类型

旅游文案创作一直是旅游行业中的专业技能之一，无论是在传统的媒体时代，还是在今天新媒体的环境下，旅游文案在旅游项目的宣传活动中都占有重要的地位。

旅游新媒体文案按旅游企业的广告文案可分为旅游销售商品文案和旅游品牌传播文案；按旅游文案篇幅的长短分为旅游长文案和旅游短文案；按旅游广告植入方式划分则分为旅游软广和旅游硬广；按旅游文案投放渠道的不同则可分为旅游景区官方文案（包括官网文案、微信公众号软文、第三方旅游平台文案）、朋友圈营销文案、微博文案、App 文案等；按表现形式的不同又分为纯旅游文字文案、旅游广告图文案、旅游视频文案等。

（一）按旅游新媒体文案的目的分类

根据旅游新媒体文案不同的写作目的，文案形式也有所区分。例如旅游产品销售文案，指文案发布后能够直接促进旅游商品销售的文案，如借助新媒体介绍旅游商品信息的销售页文案，为了提高旅游商品销售量而制作的引流广告图等。旅游产品销售文案的目的是打动消费者或潜在消费者，刺激或创造消费者的购买欲望，引导消费行为。旅游品牌传播文案是指能推广旅游品牌或旅游产品，从而达到扩大旅游品牌影响力的文案。如利用旅游企业官方网站、App、小程序、公众号、微博等新媒体传播渠道发布旅游企业形象广告、旅游景区主题日或节假日情怀营销文案等。

不同的旅游新媒体文案类型，写作创意方法也有不同。如销售文案需能够立即打动人，并促使人们立即行动；而品牌传播文案则侧重于是否能够引起人的共鸣，引发受众自发传播。

（二）按旅游新媒体传播渠道分类

根据新媒体文案的传播渠道不同，旅游新媒体文案表现形式也不同。例如第三方旅游平台文案创作，需以旅游者分享角度撰写，文案创作立意主要以旅游体验、旅游产品质量、寻求建议及信息传播、社交互动、情感表达、利他主义研究等方面为主。微博文案的撰写，大多选择以旅游图文或旅游视频为主；

微信文案大多选择微信小程序、微信公众号或微信朋友圈进行传播，撰写立意又各有不同。其中，微信小程序以功能性解决旅游消费者在消费实施中的问题，微信公众号则采用旅游产品图片、文字、视频、语音等形成组合呈现，篇幅稍长，微信朋友圈则基于消费者的分享行为进行营销；旅游企业或旅游景区自身平台（如官网或各平台账号）的文案则更注重品牌的塑造和传播；直播文案则更注重场景和互动性。

（三）按旅游新媒体文案篇幅长短分类

根据旅游新媒体文案篇幅长短，可分为长文案（1000 字以上）和短文案（1000 字以内）。常规来说，文案人员在创作长文案时，多采用图文结合的形式构建大的情感场景。在创作短文案时多结合视频或图片，凝练语句表达核心信息，力求快速触动读者。在旅游新媒体文案创作中，往往会根据不同传播途径确定创作长文案还是短文案。

（四）按旅游广告的植入方式分类

根据广告植入方式的不同，旅游新媒体文案可分为新媒体旅游软广和硬广。其中，新媒体旅游硬广是指直接介绍旅游商品或旅游服务内容的广告，属于传统形式的广告形式，虽然通过新媒体的传播手段进行广告宣传，但广告形式较直白，如景区在自己的官网首页设置广告牌或在短视频平台播出旅游商品等进行宣传。

而新媒体旅游软广则是指旅游企业或旅游景区通过策划，利用新媒体传播宣传载体上刊登的、可以提高旅游企业品牌形象和知名度，或可以促进企业旅游产品销售的宣传性、阐释性文章，包括特定的新闻报道、深度文章、付费短文广告、案例分析、情景剧、旅游故事等。新媒体旅游软广不直接介绍旅游产品或服务，而是将其巧妙地植入情感故事、旅游体验或游记分享中，力求将旅游产品的商业性隐形，产生一种“润物细无声”的营销效果。

三、旅游新媒体文案的特点

在传统媒体时代音视频制作技术的发展上，旅游广告在产品宣传方面的作用依旧存在，广告文案在广告中占有很重要的成分，精彩的广告文案写作能抓住观众的眼球，使广告发挥本身的作用。但由于广告文案属于幕后工作，导致多数人只专注广告制作技术的提升而忽略了文案写作技术的提升。

现代社会，随着新媒体的不断发展，对文案的创作也产生了深远的影响。新媒体时代，文案的作用受到了前所未有的重视，新媒体简短且传播迅速的特点更加凸显了文案创作的重要性。旅游新媒体文案主要具有以下特点：

1. 旅游新媒体文案发布成本低、定位精准

在旅游行业采用传统营销方式，广告成本往往居高不下，而借助新媒体开展旅游营销，信息发布成本更加合理。新媒体传播裂变式的传播路径较为广阔，营销形式更贴合现阶段消费者的需求，文案可以借助不同形式进行发布，受众网络口碑传播和旅游者的分享行为都会产生良好的营销效果。除此之外，新媒体也可以在不增加成本的基础上，通过大数据技术将文案以“千人千面”的形式精准推送给受众，以达到更好的营销效果。

2. 旅游新媒体文案互动性强、推广效果好

旅游新媒体文案多发布于社交、娱乐及资讯性平台，受众可使用手机随时随地进行操作。这种文案不再是单向的传播，而是多向的沟通与交流，“互动性”的推广效果远优于单向传播。如旅游企业借助微信平台推广文案，其文案常会收到受众评论、点赞或转发，互动性强，能较好地维持与受众之间的关系，增加受众对品牌的亲切感。

旅游新媒体文案可以促进受众与品牌之间从浅层互动到形成共鸣，有助于培养消费者的忠诚度，最终使品牌成为受众生活的一部分，并且在互动中，文案可以激发受众的参与热情，使旅游者主动形成口碑传播仪式和分享行为。

相较于传统旅游文案推广简单、连接受众和品牌两端的模式，旅游新媒体文案的传播形式更灵活，便捷性与传播多元化特点更突出。在旅游商品推广中，旅游新媒体文案除了可以引起受众的阅读兴趣，还能刺激受众主动转发，向他人分享，这就增强了传播效果。尤其是近几年，人们多使用移动端设备查看旅游新媒体文案。因为移动终端设备多是触摸屏，按键灵敏，操作起来十分方便，这就使得旅游新媒体文案推广效果更好。

3. 旅游新媒体文案传播渠道及形式多样化

旅游新媒体文案区别传统文案主要在于传媒方式的不同，传统文案因为形式相对单一，必然会影响旅游服务受众的接受，而旅游新媒体文案传播渠道及形式更多样。对旅游服务受众来说能够快捷方便地接收信息，传播手段借助视频、声音、图像使人们更加乐于接受，也增加了信息的可信度，对旅游行业尤其是旅游营销发展起到了推动作用。

4. 旅游新媒体文案容易被用户再创作后传播

随着互联网运用的发展，网络用户的交互作用得以体现，用户既是网络内容的浏览者，也是网络内容的创造者。所以最初用户创作被称为 UGC（User generated Content），也就是用户生成内容。最早来源于互联网用户将自己原创的内容通过互联网平台进行展示或者提供给其他用户。随着网络个性化主要特点的兴起，用户创作也被称作 UCC（User-created Content）。这并不是某一种具体的业务，而是一种用户使用互联网的新方式，即由原来的以下载为主变成下载和上传并重。

旅游新媒体文案在写作上有很多不同之处。这是因为旅游新媒体文案与传统文案在受众阅读习惯、推广传播渠道的媒体特征方面存在不同。旅游新媒体文案是在当代社会环境的变革下发展而成的一种文案类型，它更符合人们现在的阅读习惯，也更能适应媒体传播的需要。

在旅游行业，存在旅游者网络搜索旅游商品（如旅游景区、酒店）信息的偏好，也存在已游览旅游者分享意愿的行为。旅游新媒体文案更乐于让每个目标人群都能进行二次创造，并鼓励用户分享再创作内容。

[实战训练]

实训背景：

晋祠，位于山西省太原市晋源区晋祠镇，原名晋王祠，初名唐叔虞祠，是为纪念晋国开国诸侯唐叔虞（后被追封为晋王）及母后邑姜后而建。晋祠是我国现存最早的皇家祭祀园林；是中国古代建筑艺术的集约载体。

晋祠，是集中国古代祠祀建筑、园林、雕塑、壁画、碑刻艺术于一体的珍贵的历史文化遗产，也是世界建筑、园林、雕刻艺术中7世纪至12世纪间极为辉煌壮美、璀璨绚烂的篇章。晋祠文化遗存极为丰厚，有宋、元、明、清时期的殿、堂、楼、阁、亭、台、桥、榭等各式建筑100余座，宋元以来雕塑100余尊，铸造艺术品30余尊，历代碑刻400余通，诗文匾联200余副，古树名木96株，其中，上千年古树30株。1961年，晋祠被国务院公布为第一批全国重点文物保护单位；2001年被国家旅游局评定为第一批国家4A级旅游景区。

图3–2　山西太原晋祠

实训要求：请同学们以山西太原晋祠景区为例，按照所学旅游新媒体分类形式分别说说不同文案的分类依据和表现形式并填写下表。

表3–1　旅游新媒体文案的类型

文案类型	分类依据	表现形式
营销文案		
品牌宣传文案		
长文案		
短文案		
旅游硬广		

续表

文案类型	分类依据	表现形式
旅游软广		
微信文案		
微博文案		
第三方旅游平台文案		
……		

[职业素养]

某景区在新媒体文案撰写中，夸大了景区的游玩便利性，实际上景点陈旧，服务能力差，游玩难度比较大。游客对此感到失望，在旅游者口碑传播和分享行为中给予大量差评，影响极坏。

讨论：虚假行为是否违法？文案撰写要注意哪些要点？诚信为什么是旅游新媒体人的必备素质？

[任务小结]

新媒体文案主要是基于新型媒体（移动互联网建议媒体）而重点输出广告内容和创意，以达成商业目的的一种表现形式。

旅游新媒体文案发展的趋势是：从旅游目的地单一广告宣传到人人自媒体；从传统渠道投放广告到新媒体传播；从语言规范到与语言时尚多元；从长文到按不同形式长短不一。目前旅游新媒体文案的创作引起了旅游行业企业的普遍重视，所以理解旅游新媒体文案，掌握其特点和类型，是利用旅游新媒体文案服务旅游行业的基础。

任务2 旅游新媒体文案创作思维和流程

一、旅游新媒体文案创作思维

新媒体时代，旅游文案具有强大的传播力，即可以在较少旅游营销成本的投入下获取较好的推广效果。而旅游文案的创意和创作思维是保证旅游新媒体文案获取商业价值的前提。随着旅游受众鉴赏力和阅读层次的提高，吸睛文案必须同注意力的“稀缺”相博弈。写出具有新媒体思维的旅游文案可从以下七个维度进行解析。

（一）旅游用户思维

在进行旅游产品消费过程中，消费者考虑问题时习惯以自我为中心，这是每个人的本能。当外界消息与自己无关时，人的大脑会自动进入屏蔽状态，只有与自身有关的信息才能引起人的注意，自然旅游消费者也不例外。所以旅游新媒体文案人员在创作时需从用户视角出发，站在用户的角度思考文案的切入点，设计用户感受，利用多媒体融合方式使读者得到更多的信息和体验，通过文案影响消费者的感知。在新媒体写作中，可运用多种形式的媒体，如图片、视频、声音等，来增强故事的吸引力和感染力。还可选择在旅游景区设计新媒体营销的效果评价指标体系，抓取和分析旅游景区网络口碑传播热度和共享情况，得出旅游者的旅游信息分享行为及其影响因素。根据以上情况掌握消费者感受，再从消费者视角撰写文案，进而影响消费者决策或分享行为。

（二）简约思维

好的旅游文案能改变消费者对旅游产品的观感，进而引发尝试消费的冲动。文案以销售为目的，重点在于在消费者脑中留下印象，以实现传播进而影响消费者购买行为。所以，旅游新媒体文案使用语言的重点在于——简约，也就是要在表达中去抽象化，给用户提供简单的产品，设置简单的选择，尽量使用具体的词汇表述，必要时也可以通过数字来表达产品的特点。用简约的语言进行信息描述再加可视化的表达，往往可以为信息的传递增色。

人很难理解抽象的事物，比如在位于山西省朔州市应县城西北佛宫寺内的佛宫寺释迦塔（俗称应县木塔）是由辽兴宗的萧皇后倡建，作家庙之用，彰显家威，并有礼佛观光和登高瞭敌的用途，是目前世界上现存最古老最高大之木塔。但在宣传文案中，不妨利用简约思维从塔的高度和保存完整性进行描述："2016 年，应县木塔获吉尼斯世界纪录认定，为世界最高的木塔。其与意大利比萨斜塔、巴黎埃菲尔铁塔并称'世界三大奇塔'。"

图 3–3　山西朔州应县木塔

（三）极致思维

从新媒体文案的角度讲，写出最容易传播的内容是基本要求。在创作中极致思维十分重要。做小而美的文案，谈“情怀”、做垂直领域、事件营销、热点营销都是极致思维的表现形式。通过情感化的语言和表达方式，让读者更容易产生共鸣。例如，在描述旅游目的地美好场景时，以故事贯穿其中，爱听故事是人的天性，故事的代入容易使消费者经历思维复述——角色代入——投入感情，这样一个心理过程很容易激发人脑中与之相关的区域，进而实现消费者的“角色转换”，从而增强文案的吸引力和说服力。所以，近几年很多景区在利用新媒体营销时常利用旅游目的地场景拍摄主题故事，也说明了极致思维的重要性。

（四）迭代思维

消费者在进行旅游产品选择时往往面临选择，即在不同的旅游产品之间作出决定。但由于旅游市场上同样存在产品同质化严重的问题，这就制约了消费者的快速选择。旅游新媒体文案应对这一问题时往往采用迭代思维。迭代是重复反馈过程的活动，其目的通常是为了逼近所需目标或结果。每一次对过程的重复称为一次迭代，而每一次迭代得到的结果会作为下一次迭代的初始值。重复执行一系列运算步骤，从前面的量依次求出后面的量。旅游新媒体也很少有一蹴而就的文案，其迭代思维就是利用初发布的文案，重复旅游用户的反馈过程，发布—改进—再发布，结合利用不同的平台，全面撒网，重点捕捞，通过自下而上的改革，不断迭代描述语言，甚至迭代旅游产品。

（五）旅游数据思维

旅游新媒体文案的创作离不开数据的分析和应用，数据思维是其写作的核心。数据思维是指将数据作为决策的基础，善于通过数据分析、挖掘和应用，发掘潜在商机，提升市场占有率。旅游新媒体营销需要对数据敏感，并能够发现其中的规律，结合旅游用户画像和市场情况进行数据分析，从而优化营销策略和运营效率。

（六）旅游社会化思维

旅游社会化思维方式是旅游新媒体时代最具代表性的思维方式之一。社会化思维是利用社会化工具、社会化媒体、社会化网络重塑企业和用户的沟通关系，以及组织运作和商业运作模式的思维方式，它也是关于传播链和关键链的思维方式。我们所面对的用户其实是一个网状结构。每一个用户都是一个节点，任何信息都会在这个网中流通。我们需要通过社交媒体等渠道，与旅游消费者进行互动和交流，塑造旅游企业或者旅游产品和用户的沟通。

通过旅游消费者的反馈和意见，我们能够更好地了解其需求和期望，从而提高文案的质量和受众度。也可以通过研究旅游消费者的旅游信息分享行为及其影响因素，满足参与者参与、分享、传播、奉献、被欣赏等深层次心理需求。如将文案的创作点建立在旅游产品，旅游用户，旅游传播渠道，旅游内容基础上的营销“关键点上”。利用文案侧重培养“铁杆粉丝”和“社群营销”。

（七）平台跨界思维

大数据平台跨界思维是开放、共享、共赢的思维。平台模式的精髓在于打造一个多主体共赢互利的生态圈。大型旅游组织常规围绕打造“内部平台性组织”，中小型旅游组织不具备构建生态型平台实力，往往采用利用现有网络平台发布旅游文案或销售旅游产品。

跨界营销是一种营销方式。跨界营销的思维和方法是由产品中心向用户中心转移，找出双方品牌的共鸣点，通过资源匹配，提升用户体验。跨界思维是用多角度、多视野看待问题并提出解决方案的一种思维方式，它代表着一种新锐的世界大眼光，思维特质。培养跨界思维可以通过多学习一些成功的跨界思维运作的案例，仔细分析其成功运作原理，了解其运作规律，并进一步打开自己的视野宽度和思维宽度。基本通过找到价值点，实现立足；建立核心优势，扩展平台；衍生更多服务，构建生态圈；平台战略升级，巩固生态圈等步骤实现。

案例分析3-1：
“山西古建奇谭”
集章本活动

[分组讨论]

旅游新媒体文案人员要靠思维而不是技能的说法对吗？为什么？

二、旅游新媒体文案创作流程

旅游新媒体文案创作是一项系列工作，需要扎扎实实地按照规定的步骤来进行，这样才能写出符合市场需求的文案。

1. 确定创作目标

即文案能够完成的任务，以及要达到的目的。这一步对于正确引导文案创作，起着至关重要的作用。如针要进行营销的旅游产品或旅游品牌，要怎样讲故事，选取哪些场景等等。

2. 组织材料

在开始新媒体文案的创作之前，有必要收集相关信息，了解新媒体的特性，研究市场的情况，同时也要了解渠道的素材，利用这些信息，才能更快更准地完成文案的创作。如针对旅游产品或旅游品牌采用发散思维收集相关信息，选取旅游数据，研究市场情况等。

3. 构思创意、形成框架

在收集信息的基础上，分析市场和受众信息，盘点旅游产品或旅游品牌的核心卖点，进行创意联想。然后构思文案的主体架构，即思考文案的结构，厘清文案的思路，形成一个文案的水平架构。接着，对文案的主体架构进行具体的内容创作，根据文案的目标和思路，营造有趣的口气，灵活运用语言，利用新媒体的特性，创作出有趣而富有现实感的文案。

4. 文案复盘

即审核与编辑，完成文案的创作之后，需要进行审核与编辑，将文案根据新媒体的特点，编辑成符合新媒体文案格式的作品，这一步也是新媒体文案创作中的核心。文章发出前要集思广益检查文案细节，文案发出后要根据数据总结修改。

拓展知识3-1：
旅游推广文案技巧

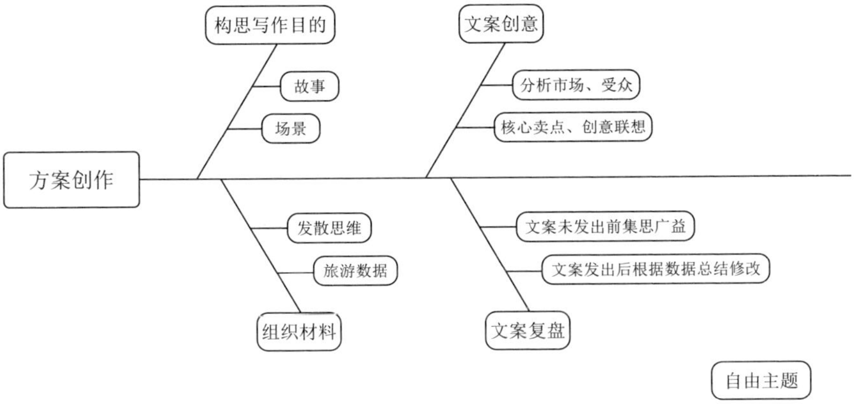

图 3-4　旅游新媒体文案的创作流程

[任务小结]

旅游新媒体文案的写作思维方式在数字时代是挖掘好故事的关键。我们需要充分运用旅游用户思维方式、简约思维方式、极致思维方式、迭代思维方式、旅游数据思维方式、旅游社会化思维方式、平台跨界思维方式，为旅游消费者提供更好的阅读体验，以推动旅游产品的销售。

而旅游新媒体文案的创作中，其文案的强情感和强兴趣才能促使受众产生分享和传播的欲望。所以，用精准的文字、创作策略和渠道，创作出能精准抵达受众心里的文案才是旅游新媒体文案发展的初心。

任务3 旅游新媒体文案创作要点

新媒体文案是受众与商家或品牌之间进行交流的渠道，优秀的新媒体文案总是赏心悦目的。它们或洞悉人心，或短小精悍，或独具创意，或图文精美……总之都能够给人留下深刻的印象，在不知不觉间向受众渗透其中的道理使受众对产品和品牌产生好感。优秀的新媒体文案不只具有可读性，还能提高产品的关注度。

要想写出有感染力的文案，其内容必须具备一定的创意，而产生创意往往需要运用不同的思维方法。通常，新媒体文案要求通俗易懂、简明扼要，且创意新颖、言简意赅，还能引发与受众的互动。

一、通俗易懂

旅游新媒体文案的基本要求是通俗易懂，网友碎片化的阅读习惯对方案的创作有一定要求，与其将文案写得文艺十足，让受众摸不着头脑，还不如将其写得简单通俗一些，让每个受众都看得明白。在众多互联网文案中，越是平实的文字，其宣传效果就越好。通俗易懂的互联网文案写作通常要求语言表达要规范和完整，避免语法错误；语言描述应该准确，避免产生歧义或引发误解；符合语言表达习惯，不可自己生造词语，还要避免使用生僻或过于专业化的词。

二、简明扼要

在新媒体环境下，受众对一篇文案的平均关注时间是非常短暂的。因此，对于互联网文案而言，在有限的篇幅及低效的浏览方式下，要尽快吸引受众的注意力，关键是要以精练的文字传递文案信息。为了实现广告信息传播的有效性，要以尽可能少的文字表达出产品的特点；为了方便受众迅速记下广告信息，需要在文案中使用简明精练的文字；为了方便受众阅读和理解，文案应言简意赅。

三、激发互动

在互联网中，文案不只是文字，还是创意与观念的载体，能够激发互动互联的兴趣，才能取得较好的传播效果。新媒体文案的受众不再只扮演围观者这一角色，他们也将成为内容的生产者和供应者。优秀的文案是时尚潮流的风向标，能够激发受众创作出更多有创意的内容，这些创意内容会通过二次传播吸引更多的关注，提高产品和品牌的知名度。想要激发互动，创作文案时要考虑如何引发或制造话题。例如，张家界的品牌推广文案："邀你踏歌山水来，起舞张家界。"就引发了受众的诸多话题。

四、创意新颖

创意是一种通过创新性思维，挖掘和激活资源组合方式进而提高资源价值的方法，它既是个性化思维的表现，也是对生活感悟的精练总结与阐释。在广告、设计、写作等行业，创意是基础。人们总是对新鲜的事物感兴趣，好的文案创意不仅令人印象深刻，还能取得更好的传播效果。

创意的本质是按照某种逻辑重新连接，创造出不一样的内容。互联网文案创意的关键是要摆脱惯性思维，用全新的思维解读事物、联系事物、表达事物。

五、言简义丰

言简义丰，即用尽量少的文字表达丰富的内涵，这是写作互联网文案时的一项指导准则。无论是对专业的文案创作者还是对普通的受众，一个好的文案并不一定需要辞藻华丽。很多经典的文案其实都很简单，其画面清爽干净、内容简约精彩。对于文案创作来说，往往越是简约的文案越不简单。简约的文案要想出众，文案创作人员必然要经过大量的资料研

案例分析3-2：
山西云岗石窟

读、反复的策略思考，才能找出最佳的创意表达形式。

[实战训练]

实训背景： 五台山，位于山西省忻州市五台县，是中国佛教中心之一，也是中国历史文化名山之一。作为全国重点风景名胜区，五台山是一个值得游人前去的地方。为了更好地宣传五台山旅游，制定一套适合的旅游宣传语，可以说十分重要。以下是某职业学院文旅相关专业同学拟定的五台山旅游宣传语的相关内容。

图 3–5 五台山万佛琉璃塔

1. 概述五台山旅游资源

五台山旅游宣传语要突出展示五台山的旅游资源。五台山雄伟壮观、山川秀美，有丰富的自然和人文景观资源，包括自然风光、名刹古迹等，如："中国佛教胜地、国家重点风景名胜区，五台山美不胜收，充满神秘之美。""五台山，山水秀美，气势磅礴，邀您来一场壮观的视觉盛宴。""五台山，中国佛教宝地，拥有盛名天下的名刹古迹，让您体验千年文化历程。"

2. 突出五台山佛教文化

五台山作为中国佛教中心之一，有重要的佛教文化遗产，是有名的宗教朝圣地。通过宣传五台山佛教文化，能够为该地的文化旅游产品提供强大的支撑，如：“走近五台山，迎接您的将是一场与内心对话的穿越之旅，感受佛教文化的精髓。”“五台山，佛光璀璨，让您深刻感受佛教文化的博大精深。”

实训要求：请你根据旅游新媒体文案的创作要点为五台山拟定文案内容，并提炼出言简义丰的品牌推广文案。

[职业素养]

适逢暑期出游旺季，为提升海内外旅客旅游体验，香港旅游发展局21日举行《专业优质旅游服务承诺》启动仪式，召集近百名来自航空、酒店、餐饮、零售等八大旅游相关行业代表，率先许下承诺，以期共同打造更优质的香港旅游环境。

香港旅游发展局主席彭耀佳表示，当前伴随旅客对旅游的需求越来越高，旅游服务水平的提升和保障显得尤为重要。对此，香港旅游发展局推出《专业优质旅游服务承诺》，鼓励旅游业界精益求精，让旅客踏足香港之时，便能感到宾至如归。据悉，《专业优质旅游服务承诺》分别从专业知识、诚信可靠、优良品质、卓越效率、聆听沟通这五大重点方面阐述各行各业应如何在不同岗位中为旅客提供最佳体验。

（资料来源：人民网）

讨论：香港旅游发展局为什么要推出《专业优质旅游服务承诺》？为什么说专业优质的服务向来是旅游业发展的成功要素之一？请针对以上材料讲讲你的观点。

[任务小结]

在写作旅游新媒体文案时，文案人员应该熟悉写作步骤，掌握创作要点，了解常用的创意思路、写作思维，掌握基本的写作方法。

任务4 旅游新媒体文案人员岗位认知

新媒体文化产业的快速发展对人才的需求也提出了更高的要求，尤其是内容创作方面，需要大量各种类型的内容制作，包括文字、图片、视频等，因此拥有相关专业背景和良好的创作能力是必不可少的。

从旅游新媒体行业工作分工来看，内容创作往往由旅游新媒体文案人员负责，在进行内容创作时往往需要具备创意和多元化的思维能力，能够将信息加工处理成有趣且易于理解的内容。下面我们来梳理一下关于旅游新媒体文案人员的岗位情况。

一、旅游新媒体文案人员岗位职责

旅游新媒体文案人员的工作职责不仅是相关旅游文案的写作与投递、内容的策划与编辑，还包括渠道的运营与推广等。例如，在山西晋祠景区，景区网站内容策划或活动策划、广告宣传、品牌推广、新媒体运营、受众数据分析、产品卖点的梳理及美术设计等，都是与文案宣传、推广、营销相关的工作内容。综合各大旅游景区新媒体文案人员的具体岗位职责，汇集如下。

①负责第三方平台，如抖音、快手、知乎、哔哩哔哩等平台的内容传播、软文推广。

②负责自媒体平台（微信、微博等手机客户端为主）的日常运营及推广。

③挖掘和分析受众使用习惯、情感及体验，及时掌握新闻热点，高效完成旅游专题策划活动。

④根据企业的品牌定位及产品风格，对产品进行创意思考及文案策划。

⑤抓住卖点，跟进热点，编写能突出产品特点、展现产品价值、使受众产生强烈购买欲的产品描述。

⑥进行产品、广告、品牌宣传、活动文案等各类营销文案的写作。

⑦熟练掌握和运用软文营销等推广方式和手机 App 等推广渠道。

[课堂讨论]

（1）旅游新媒体文案人员应该如何加强自己的文案创作能力？

（2）新媒体文案岗位职责与传统文案岗位职责有何差别？

二、旅游新媒体文案人员岗位要求

新媒体文案人员的工作因除了涉及文案内容外，还涉及策划、运营等多种角色，且在工作内容中需与多方进行沟通，沟通对象包括但不仅限于图片设计师、上级领导、相关部门领导及同事、各媒体负责人等，所以除专业能力外，新媒体文案人员还需具备较强的资源统筹分配能力、问题解决能力和沟通协调能力，以及基本的职业素养，如对工作的责任感，爱岗敬业、诚实守信。

因为旅游新媒体文案岗位工作具有复杂性、多样性，所以要想成为一名合格的旅游新媒体文案人员，需要拥有以下能够胜任该岗位的能力。

1. 高度的责任感

旅游从业人员要按照"不忘初心、牢记使命"的总体要求，强化担当作为，以高度的责任感和使命感做好文化和旅游市场工作，要有爱岗敬业、诚实守信的工作作风和严谨踏实的工作态度。

2. 学历及专业要求

一般来说，招聘旅游新媒体文案人员，倾向于选择如网络营销、新媒体运营、中文、广告、新闻等相关专业的学生，学历要求一般在大专以上。但由于新媒体文案为新兴岗位，要求可放宽，如个人对于新媒体文案或对应行业有独到的见解并具有文案功底，企业也会择优录取。

3. 协调合作能力

因旅游新媒体文案写作涉及的范围较广，需要与各部门的工作人进行协调与沟通，所以从业人员要具备良好的协调合作能力。

4. 敏锐的市场洞察力

旅游新媒体文案人员看待事物的角度和方法，要有多样性，如在收到一个文案写作的任务时，脑海中可立即触发多个写作方案及不同的联想，并能够思考出最适合的且具有创意的解决方案。所以，从业人员要具备能够快速并准确捕捉产品要点，并对受众进行深入分析的能力。

5. 扎实的文字功底

拓展知识3-2：新媒体文案人员工作能力

新媒体文案人员撰写的文案首先要流畅，其次要把握遣词造句的技巧，文案的风格和情感要能够打动目标人群，同时还要掌握各种文案的写法，如海报主题、商品介绍、新闻稿等。另外，文案从业人员还要具备优秀的文案资料搜集、整理、组合、编辑的能力，写作语言要流畅、有技巧，能够打动目标受众。

表 3–2　旅游新媒体文案人员需要具备的知识列表

知识选项	是否需要，认为需要的打勾（√）
旅游类专业知识	
新媒体运营知识	
文学知识	
广告学知识	
消费心理学知识	
传播学知识	

[实战训练]

实训背景： 鹳雀楼，是国家4A级景区，位于山西省运城市永济市蒲州镇，在东经110°15′00″~110°45′33″和北纬34°44′50″~35°04′50″之间，总建筑面积33206平方米，总重量58000吨。鹳雀楼始建于北周时期，在金元光元年（1222年）遭大火焚毁。1997年12月，鹳雀楼重建，2002年10月1日，正式对游客开放。鹳雀楼为高台式十字歇山顶楼阁，外观3层4檐，内部为9层使用空间，并设置电梯、楼梯组织垂直交通。整座楼阁分为台基和楼身两部分，总高度达73.9米，是四大名楼中最高的一座，是中国仿造楼中较为精致的。鹳雀楼整个的油漆彩画，是国内失传的唐代彩画艺术，经过国家文物局的专家多方考察抢救，重新创作设计，乃国内唯一采用唐代彩画艺术恢复的唐代建筑。2003 年，鹳雀楼获中国建筑工程质量最高奖——鲁班奖。2004 年，鹳雀楼获中国土木工程詹天佑奖（建筑业科技创新工程奖），同年被评定为建设部科技示范工程。

实训任务：运用旅游新媒体文案创作流程分析景区鹳雀楼并选择某个平台为其写一篇旅游推介文案。

实训步骤：

①列举鹳雀楼的旅游新媒体文案创作流程。

②选择新媒体平台，写一篇旅游推介文案。

[职业素养]

旅游新媒体文案职业目标的达成意味着完成工作能力和职业素养的培养，新媒体文案人员的工作与职业素养对文案的质量起着决定性作用。只有具备文案相关的知识与能力，才能更好地解决文案工作中的各种问题。所以，旅游新媒体文案人员要储备大量的专业知识，如掌握互联网文案的含义、特点；掌握各类型新媒体文案的写作技巧；学习广告学和传播学知识，让文案的营销效果更好；了解各种创意思考策略和文案生成的方法；注重积累，博览群书，学习别人的创意和经验；了解旅游行业知识及具体的产品特性、功能等，使文案更具针对性；了解受众的消费心理与行为，让文案更具沟通性；学会不同的切入技巧；明确写作禁忌与误区。

[任务小结]

随着新媒体的迅猛发展，尤其是旅游行业依托新媒体营销以来，各旅游企业也将其作为品牌宣传、营销推广的重要阵地，由此也催生了新的旅游岗位——旅游新媒体文案人员。新媒体文案人员的工作职责包含但不限于新媒体渠道的文案写作及投放、内容策划及编辑、热点事件跟进，大部分企业还会赋予新媒体文案人员更多的工作要求，如策划（对活动策划、品牌推广的策划人）、具体渠道的运营及推广等。因此，一名全面多能的新媒体文案人员承担了内容策划、内容编辑、运营等相关角色，虽然各企业根据具体的工作内容对新媒体文案人员有不同的岗位称呼，但工作内容大多大同小异。

知识与技能训练

一、单选题

1. 下列不属于旅游新媒体文案发展趋势的是（　　）。

A. 从旅游目的地单一广告宣传到人人自媒体

B. 从传统渠道投放广告到新媒体传播

C. 从语言规范到时尚多元

D. 从长文到短文

2. 按旅游营销目的划分，新媒体文案可分为（　　）。

A. 旅游销售文案和旅游品牌传播文案

B. 长文案和短文案

C. 新媒体旅游软广和新媒体旅游硬广

D. 第三方平台文案和旅游企业或旅游景区自身平台文案

3. 旅游新媒体文案人员在创作时须从（　　）出发，站在用户的角度思考文案的切入点，设计用户感受，通过文案影响消费者的感知。

A. 用户视角　　B. 游客视角　　C. 企业视角　　D. 品牌视角

4.（　　）的思维和方法是由产品中心向用户中心的转移，找出双方品牌的共鸣点，通过资源匹配，提升用户体验。

A. 社会化营销　　B. 个性化营销　　C. 跨界营销　　D. 数据营销

5. 选出为旅游新媒体文案的创作流程排序正确的一项。（　　）

①确定创作目标，即文案能够完成的任务，以及要达到的目的。

②组织材料，在开始新媒体文案的创作之前，收集相关信息，了解新媒体的特性，研究市场的情况。

③文案创意、构思框架。

④文案复盘，即审核与编辑，完成文案的创作后需要进行审核与编辑。

A. ④②③①　　B. ①②③④　　C. ①③②④　　D. ④③①②

二、多选题

1. 下列属于旅游新媒体文案特点的是（　　）。

A. 旅游新媒体文案发布成本低、定位精准

B. 旅游新媒体文案互动性强、推广效果好

C. 旅游新媒体文案传播渠道及形式多样化

D. 旅游新媒体文案容易被用户再创作后传播

2. 下列描述属于旅游新媒体文案创作要点的是（　　）。

A. 通俗易懂　　B. 简明扼要　　C. 创意新颖　　D. 言简义丰

3. 下列属于旅游新媒体文案人员岗位要求的是（　　）。

A. 高度的责任感　　B. 敏锐的市场洞察力

C. 扎实的文字功底　　D. 研究生以上学历

4. 下列对于旅游新媒体文案人员职业素养描述正确的是（　　）。

A. 旅游新媒体文案人员要储备大量的文案类专业知识

B. 掌握各类型新媒体文案的写作技巧就可以，旅游行业知识不太重要

C. 旅游新媒体文案人员除了应具有写作能力外，还须具备基本的软件操作能力

D. 旅游新媒体文案人员要具备一定的审美能力和分析能力

5. 下列属于旅游新媒体文案主题确定角度的是（　　）。

A. 旅游文案主题应该与日常生活相关联

B. 文案主题应该与受众人群相关联

C. 文案主题应该与热点事件相关联

D. 文案主题不应该考虑受众的社会角色

三、判断题

1. 每一篇旅游新媒体文案都有自己的受众。（　　）

2. 新媒体文案是以互联网媒体为载体，依托互联网和互联网平台的交互性，输出广告信息以帮助企业或产品实现营销目的一种内容形式。（　　）

3. 在新媒体环境下，受众对一篇文案的平均关注时间是非常长的。（　　）

4. 旅游新媒体文案的创作离不开数据的分析和应用。（　　）

5. 张家界的品牌推广文案：“邀你踏歌山水来，起舞张家界。”属于文案创作中迭代思维的应用。（　　）

四、案例分析题

（2023 年）今天是 5 月 18 日，是第 47 个国际博物馆日。我国一共有 204 个一级博物馆，其中有 6 个就位于我们要看世界的下一站——山西。

了解一座城市，要从参观它的博物馆开始。山西博物院外形方正，如斗似鼎，逐层外挑，体现着古人“如鸟斯革、如翚斯飞”的审美情趣。从 180 万年前的西侯度文化到 10 万年前的丁村人；从新石器时代的彩陶罐到隋代虞弘墓汉白玉石棺；从北朝的壁画到明清的瓷器；文明的痕迹犹如宝石，历久弥新，熠熠生辉。大同市博物馆线条柔和，以螺旋形空间结构环绕中央大厅，馆内 17 万余件的文物随着历史的转轮向前拨动了千余年。北魏在这里建都，成就了这座城市的厚重与辉煌。辽金在此设立陪都，成为了当时重要的军事基地。明清也在此设立边防重镇，成为了晋商崛起的策源地。它经历了烽火连天的战争，当然也参与了商贸交融的和睦往来。朝代的更迭没有浇灭它的初心，时光流转，它浩然长存。中国煤炭博物馆是全国煤炭行业的历史文物，是标本、是文献、是资料的收藏中心。走进模拟矿井，聆听一块煤，诉说它的前世今生。听它是如何燃烧自己，给这片土地上辛勤劳作的人们带来温暖与富足；听它是如何凭一己之力，架起地球上的交通网络，穿越亿万斯年，造就伟大时代。东方甄选看世界，我们一起去山西追溯千年的华夏文明。

（资料来源：2023 年 5 月东方甄选山西之行博物馆推介文案）

以上是 2023 年 5 月东方甄选山西之行推介博物馆的文案。请阅读案例，结合旅游新媒体文案的创作思维分析并回答以下问题。

1. 该文案运用了新媒体文案创作中的什么思维并解释。

2. 结合案例说说旅游新媒体文案的创作要点。

参考答案

项目四

旅游新媒体图文营销

项目概述

在旅游新媒体营销中，图文营销是至关重要的一环。通过优秀的图文创作、精心的图文排版和有效的图文推广，旅游品牌和机构能够吸引更多目标受众，提升用户体验，增加转化率。本项目将重点学习图文营销的三个关键方面：图文创作、图文排版和图文推广。通过学习，打造出成功的旅游新媒体图文营销策略。

学习目标

知识目标

1. 认识图文营销在旅游新媒体营销中的作用。

2. 掌握图文创作的基本要素，包括图像选择和处理、文字创意和表达等。

3. 掌握图文创意策划的方法和技巧，以增强图文内容的吸引力和表现力。

4. 了解不同社交媒体平台的特点和用户群体，选择合适的图文排版风格。

技能目标

1. 能够制作符合目标受众需求的图文内容，通过精美的图文创作吸引用户的关注和参与。

2. 能够根据不同社交媒体平台的特性，灵活调整图文排版风格，提高内容在各平台上的传播效果。

3. 具备数据分析与优化的能力，能够通过数据评估推广效果并进行图文内容和推广策略的优化。

4. 能够通过增加互动元素，提高用户参与度，吸引用户转发、分享和参与。

思维导图

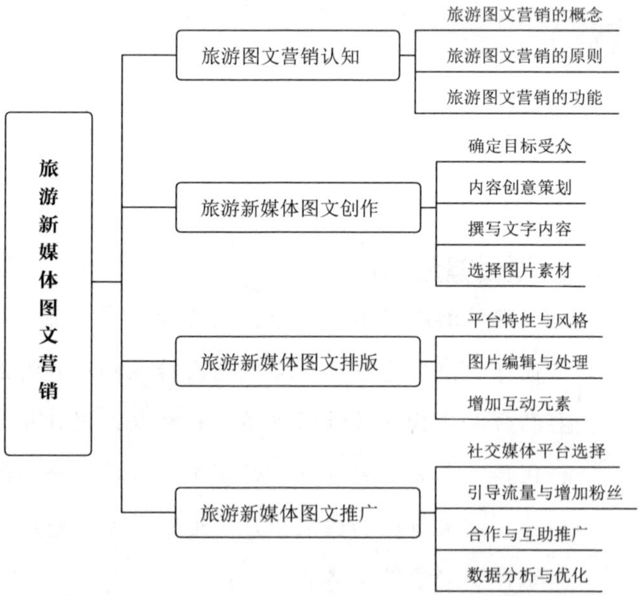

[引导案例]

发现古韵平遥

欢迎来到中国的历史宝库——平遥！在这个神奇的古城，时光仿佛静止，古韵尽显。曾是明清时期的贸易繁荣之地，平遥如今沉淀了千年文明，散发着古老而神秘的魅力。目前，尽管平遥拥有悠久的历史文化和独特的古建筑，但在旅游市场上的知名度相对较低，需要更好地展现其独特魅力，吸引更多游客的关注。

作为一名旅游营销策划师，你受邀参与规划平遥的图文营销活动。你的任务是通过图文营销，为平遥打造一个精彩的故事，以文化解读和历史故事为引，通过各种创意的图文内容，呈现平遥的古朴韵味和风土人情，让游客仿佛穿越时空，感受千年岁月的温柔。

图 4-1　沉淀了千年文明的平遥古城（古德提供图片）

分析与思考：这是一个职业模拟的案例，请你代入角色，思考应该如何完成上述任务。同时思考，什么是旅游图文营销？为什么旅游图文营销对于旅游行业至关重要？带着问题和任务来学习本项目的内容，有助你做出一个完整且优秀的图文营销活动。

任务 1 旅游图文营销认知

一、旅游图文营销的概念

旅游新媒体营销中的图文营销是指通过图像和文字内容，利用各种新媒体平台和社交媒体，向目标受众传递旅游产品、旅游目的地、旅游体验和旅游活动的信息，从而吸引用户的关注、提高用户参与度，促进旅游产品销售和旅游目的地的知名度。

二、旅游图文营销的原则

（1）突出目标受众。旅游的目标受众自然是特定的游客群体，旅游图文内容应该根据目标游客的兴趣、需求和特点来设计，吸引其关注和参与。比如针对喜欢自然风光的游客，可以利用景区山清水秀的图片和诗情画意的文字来吸引他们，从而达到宣传景区和吸引游客前来的目的。

旅游图文赏析4-1

（2）强调特色和差异化。图文创作要通过旅游目的地或旅游产品的自然风光、人文环境、地域特点等方面突出其特色和卖点，与其他旅游景区或产品产生明显差异化，用其不可替代性吸引游客来打卡旅游。

旅游图文赏析4-2

（3）文化解读和故事化。通过准确无误的文化解读和生动有趣故事化表达，将旅游目的地的历史、传统和文化内涵深入展现，丰富景区内容。尤其针对喜欢人文景区的游客，可以大大提高景区的吸引力。

（4）适应不同平台。当下流行的社交媒体平台和旅行推广与服务的 App 非常多，要对各平台都有所了解并针对不同平台的用户特点和需求，量身定制内容，吸引目标游客，以增加内容传播效果，提高图文营销效率。

（5）有趣的互动。在旅游图文策划中要合理设计有趣的互动元素，比如嵌入二维码，通过扫描可以参与投票、参与抽奖、查看行程、活动报名、VR 游览景区等。此外，媒体平台的评论区也是和游客互动的重要途径。丰富图文内容，增加有趣互动，从而更好地吸引目标游客，提升他们的参与意愿与分享意愿，这样可以更深入更有效的对旅游产品进行宣传推广。

旅游图文赏析4-3

旅游图文赏析4-4

三、旅游图文营销的功能

（1）增强品牌形象。通过优质的图文内容，可以塑造旅游品牌的形象，提高品牌知名度和美誉度。

（2）吸引目标受众。图文内容能够吸引目标受众的兴趣，增加对旅游产品或目的地的好奇和欲望。

（3）增加用户参与度。有趣的图文内容和互动设计可以增加用户的参与度，让用户更主动地参与到旅游活动中。

（4）提高转化率。通过引导流量、增加分享和互动，图文营销可以提高转化率，将潜在客户转化为实际游客。

（5）加强用户体验。通过文化解读和故事化表达，图文内容可以增强用户对旅游目的地的体验感和情感共鸣。

[分组讨论]

以小组为单位，通过互联网搜索山西旅游相关的图文营销案例，讨论和分析不同图文的特点和吸引大家的地方。

任务2 旅游新媒体图文创作

一、确定目标受众

旅游产品的目标受众是指特定的游客群体，旅游企业或目的地希望吸引和影响的人群。在图文创作中，确定目标受众是十分重要的，因为只有了解并准确定义游客人群，才能针对其需求和兴趣，创作具有吸引力和价值的旅游产品及内容。

（一）目标旅游用户画像分析

（1）开展市场调研。通过问卷调查、访谈等方法了解潜在游客和现有游客的特点、行为习惯、出游喜好和购买行为等信息。

（2）收集数据与分析。运用各种分析工具和数据收集方式，如搜索引擎、社交媒体统计等，对目标游客的在线行为和互动进行分析，得出关键特征。

（3）创造旅游人物。基于收集到的数据和信息，创造虚拟的旅游产品购买者人物，即"用户画像"，包括年龄、性别、职业、兴趣爱好、家庭状况等。

（二）确定关键游客群体

（1）分析用户数据。根据用户画像和市场调研结果，将用户划分为不同的群体，例如年轻游客、家庭游客、商务旅行者等。

（2）确定主要目标群体。在众多受众群体中，确定主要关注的目标受众，他们可能在市场中占据较大比例，且有较高的购买意愿和忠诚度。

（3）细分客户。在确定主要目标群体的基础上，进行更精细化的细分，针对不同细分群体提供更个性化的内容。

（三）了解目标游客的需求和痛点

（1）调查和观察目标游客。通过与目标受众的交流、关注社交媒体上的讨论、参与相关活动等方式，了解他们的需求、兴趣和痛点。

（2）关注客户反馈和用户行为。关注用户的反馈和行为，分析其在网站、社交媒体上的互动和搜索行为，从中获取对产品和服务的反馈。

（3）分析竞争对手。了解竞争对手在目标受众中的表现和反应，找到其未满足的需求，为图文创作提供参考。

（四）创作个性化的文旅图文

（1）创作针对性内容。根据目标受众的特点和需求，创作针对性强的内容，使其与受众产生共鸣，增强亲和力和品牌认同感。

（2）解决问题。关注目标受众的痛点和问题，通过图文内容提供解决方案，增加内容的实用价值。

（3）引发情感共鸣。通过情感化的表达方式，让目标受众感同身受，增加内容的影响力和传播力。

（五）不断优化图文创作成品

（1）监测反馈。持续跟踪用户反馈和行为数据，了解目标受众对图文内容的评价和反应，发现不足和改进的空间。

（2）A/B 测试。在图文创作中尝试不同的创意和内容形式，通过 A/B 测试比较不同版本的效果，找到最优的创作方式。

（3）持续改进。根据数据分析和用户反馈，持续改进图文创作策略，使内容更符合目标受众的期望和需求。

通过以上步骤，可以更加深入地了解目标受众，为图文创作提供更有针对性和吸引力的内容，从而在旅游图文营销中取得更好的效果。

二、内容创意策划

图文内容指在旅游新媒体营销中使用的图像和文字的组合。其中，图像可以是图片、照片、插图、GIF 动图等，文字可以是标题、副标题、描述、故事、引导语等。优秀的图文内容应该能吸引游客眼球，具有吸引力和表现力，可生动传达旅游信息。而图文内容创意策划是指为图文内容制订创意和计划，以吸引目标受众的关注和参与，增加内容的传播效果和影响力。

（一）创意方法和技巧

采用合适的创意方法和技巧，能够为内容带来新颖、有趣、独特的元素，增强图文内容的吸引力和表现力，吸引目标受众的关注和参与。

1. 头脑风暴

（1）团队成员多样性。组织一个多样性的团队，包括不同背景、角色和思维方式的成员，以获得更丰富的创意资源。

（2）创意不设限制。在头脑风暴阶段，不对创意设定任何限制，鼓励团队成员提出大胆和奇思妙想的想法。

（3）确保记录一切。确保记录下所有的创意，即使有些看起来不切实际或荒谬，它们也可能会激发其他有价值的创意。

2. 故事性营销

（1）讲述品牌故事。用故事情节来传达品牌的核心价值和独特性，让受众更容易理解和认同品牌。

（2）体现情感。创造感人的故事情节，引发受众的情感共鸣，增加内容的吸引力和分享性。

（3）刻画角色。通过故事中的角色刻画，让受众产生共鸣，使内容更具情感和人性化。

3. 惊喜元素

（1）添加惊喜元素。在图文中添加令人惊喜的元素，能够吸引受众的好奇心和兴趣，增加内容的分享和传播。

（2）突破常规思维模式。挑战常规的思维模式，提供独特的观点和创意，让受众感到新鲜和惊喜。

4. 用户参与

（1）互动式内容。设计互动性强的内容形式，如投票、问答、有奖活动等，增加用户的参与感和黏性。

（2）用户生成内容。鼓励用户参与创作，如分享旅行照片、留言分享旅游体验等，增强用户参与感。

5. 关注时事热点

（1）敏锐把握热点。关注时事热点和社会热议话题，及时融入内容创意，吸引受众的关注和参与。

（2）把握时机。确保及时发布与时事热点相关的内容，增加内容的传播效果和关注度。

旅游图文赏析4-5

6. 适应平台特点

灵活运用新媒体平台，根据不同社交媒体平台的特点和用户习惯，调整创意策略和内容形式，使其更适应该平台的受众。

以上创意方法和技巧可以单独使用，也可以相互结合，可根据不同情况灵活运用，以达到最佳的图文创作效果，吸引目标受众的关注与参与，增强旅游及景区品牌影响力和传播效果。同时，在创作时需要注意以下几点：首先，创意要与品牌定位要一致，内容创意应与品牌的定位和核心价值相符，保持品牌形象的一致性和稳定性；其次，要不断检测数据和用户意见，通过数据分析和效果评估，了解内容创意的传播效果和影响力，及时调整策略，确保创意的有效性；最后，要不断尝试和创新，保持新鲜感，持续吸引用户的注意力和兴趣。

（二）突出旅游产品特色

在图文创作中，突出旅游产品特色是至关重要的，这可以帮助目标受众更好地了解和认知旅游产品，并增加他们的兴趣和购买欲望。可以通过以下技巧在图文创作中突出旅游产品特色。

（1）展示旅游景区的文化。将旅游景区相关的真实故事或唯美传说等内容融入图文，通过生动的描写和情感化的表达，让游客身临其境，感同身受，产生情感共鸣。

（2）引用真实游客评价。引用满意游客的评价和真实体验，以第一人称的方式讲述他们在使用产品时的感受和收获。鼓励游客分享他们的旅行照片并融入营销图文里，增加内容的真实性和可信度。

（3）突出优势。与竞争对手相比，强调旅游产品的独特优势和特色，如价格优势、服务特色、景点独特性等。

（4）重点展示亮点。突出旅游产品吸引人的亮点和卖点，如特色行程、独特体验、专业导游等，让受众一目了然。

（5）利用视觉展示。通过高质量的图片和精美的视觉设计，突出旅游产品的特色，让受众通过视觉感知产品的价值。

（6）联动合作。与旅游景点、酒店、航空公司等合作，共同推广旅游产品的特色和优势，增加内容的曝光度和传播力。

总之，通过恰当的方法和技巧进行创意，并恰到好处地突出旅游产品特色，可以创作出符合营销目标的图文内容。但是，在创作过程中，一定要确保内容真实、客观，避免夸大或虚假宣传。

三、撰写文字内容

在旅游图文营销中，图文创作中的文字内容是吸引目标受众的重要元素。优质的文字内容可以让游客更深入地了解旅游产品或目的地，产生兴趣和共鸣，从而促使其采取进一步行动，比如点击链接了解更多信息或预订旅游产品。

（一）标题设计与吸引力

标题应简短明了，突出核心卖点，避免使用过于晦涩的词汇，吸引目标受众的注意力。可使用疑问句、反问句或诱人的描述，激发受众的好奇心，使其想要了解更多内容。突出旅游产品或目的地的独特亮点，让受众一目了然，增加点击率。

（二）内容结构与层次

内容划分为多个段落，每段表达一个独立的主题或亮点，使内容结构清晰易读。使用标题、小标题和重点标注，使受众能够快速浏览，获取信息，同时也增加内容的可读性。

（三）语言风格与表达技巧

（1）目标受众。针对目标受众的年龄、性别、兴趣等特点，选择适合的语言风格，与其产生共鸣。

（2）生动形象。使用生动的词语和形象的比喻，让文字更具感染力和表现力。

（3）描述与体验。通过详细的描述和情感化的表达，让受众能够在脑海中形成旅游产品或目的地的真实体验。

（4）情感共鸣和故事性营销。运用情感化的词汇和表达方式，引发受众的共鸣，激发情感反应。通过讲述真实或虚构的故事情节，将目标受众融入其中，让他们与故事主角产生情感连接。

（5）清晰的呼吁与行动。在内容中明确告诉受众期望他们采取的具体行动，如点击链接、预订产品或分享内容等。激励受众采取行动，可以提供优惠、奖励或限时特价等，增加行动意愿。

旅游图文赏析4-6

（6）语法与拼写检查。在发布之前，务必进行语法和拼写检查，确保内容无错误，提升专业度和可信度。若目标受众跨越不同地域或语言，要适应不同受众的表达方式和用词。

（7）优化搜索引擎关键词。在文字内容中合理运用相关的关键词，提升内容在搜索引擎上的排名，增加流量和曝光。

（8）提供有价值的信息。确保提供有价值的内容信息，满足受众的需求，解答其问题或提供有用的建议。对于涉及时事或热点话题的内容，确保及时发布，增加内容的实用性和关注度。

通过以上方法和技巧，可以在图文创作中编写出有吸引力、情感化且有价值的文字内容，有效吸引目标游客，增加产品内容的传播效果和旅游品牌影响力。

四、选择图片素材

图片素材的选择至关重要，要确保图片内容与旅游产品或目的地特色相符，图片素材应具有高质量、高分辨率、明确版权等特点。优质的图片能够直观地吸引目标受众，增加内容的吸引力和分享性。

（1）图片质量高与专业性强。要选择分辨率高且清晰的图片，确保在不同设备上都能展示出良好的效果，不模糊或失真。若有条件，尽量选择专业摄影作品，使图片更加精美、真实，并突显产品或目的地的专业性。

（2）图片与目标受众相关。要了解目标受众的兴趣和需求，选择与其相关的图片素材，增加受众的共鸣和关注度。如果是特定地区的旅游内容，要选择体现该地域特色的图片，让受众更好地了解该目的地。

（3）图片要生动而真实。选择展现真实旅游体验的图片，使受众能够感受到旅游产品或目的地的真实魅力。另外，选择生动活泼的图片，展示旅游产品的活力和魅力，吸引受众的兴趣。

（4）图片的故事性和情感。选择能够讲述故事的图片，通过情节和场景，将受众带入其中，产生情感共鸣。另外，要选择能够表达情感的图片，如幸福、兴奋、惊喜等，让受众与图片产生情感联系。

（5）图片选择与品牌的一致性。要确保选择的图片风格与品牌形象一致，使图文创作在整体上显得统一和专业。若有必要，可以将品牌标识或水印添加到图片上，提升品牌曝光度和辨识度。

（6）图片版权合法。确保所选图片具有合法的版权，避免因侵权问题导致法律风险。如果使用免费图片素材网站，请仔细阅读使用条款，确保图片可用于商业用途。

（7）图片可适应不同平台。根据发布平台的要求，选择适应不同尺寸的图片，确保图片在各个平台上都能够展示良好。

（8）A/B 测试。在图文创作中尝试不同风格和类型的图片，通过 A/B 测试比较不同版本的效果，找到最佳图片效果。

通过以上方法和要点，可以选择优质、相关、生动且真实的图片素材，增加图文创作的吸引力和可信度，吸引目标受众的关注和参与，提升旅游新媒体图文营销的效果。

[分组讨论]

以小组为单位，讨论并确定国内三个较为经典的旅游景区，通过互联网搜索相关的精美图片（要注意图片来源），并为其搭配恰当的文本内容。

任务3 旅游新媒体图文排版

旅游图文营销中的图文排版是指将文字和图片等元素合理地组织和呈现，以形成整体的图文内容。良好的图文排版能够增强内容的可读性和美观性，提高用户的阅读体验。通常，图文排版的要素如下表所示。

表 4–1 图文排版的要素

要素名称	排版要求	注意事项
标题	准确概括内容主题	精心设计，吸引读者注意力
段落	将内容分为适当的段落	每段只包含一个主题，段落之间明显分隔
字体	选择适合主题和风格的字体	确保字体大小和样式易读且一致
图片	高质量的图片素材	与文本内容呼应，增强内容的表现力和吸引力
视觉	图标、箭头、装饰线等	增加内容的可读性和吸引力
引用	引用或引号	标明来源并使用引用样式，使其与正文区分开
列表	使用项目符号或编号	将信息整理成有序或无序的列表，使内容更清晰易读
链接	设置链接内容	使用超链接或按钮样式，方便读者点击跳转
强调	使用加粗或其他特殊样式	强调关键信息或重要观点
字间距和行间距	调整合适的字间距和行间距	使排版更美观，读者更易于阅读
背景	背景色和背景图	提升视觉效果，但要确保不影响文字可读性
多媒体	根据需要，嵌入视频、音频等多媒体元素	增加内容的多样性和吸引力

续表

要素名称	排版要求	注意事项
社交	加入社交分享按钮	方便读者将内容分享至社交媒体平台
版权	添加版权声明	若使用他人图片或素材，务必确保遵守相关法律规定

一、平台特性与风格

图文排版的平台特性和风格是指根据不同社交媒体平台的特点和用户习惯，对图文内容的组织和呈现进行调整，以适应各个平台的要求和受众偏好。不同平台对图文排版有不同的要求和限制，因此需要灵活调整排版风格。

（一）不同平台的特点

以下是几种常见社交媒体平台的图文排版特性和风格。

1. 微信公众号

（1）特性：微信公众号是国内最常用的信息发布平台之一，用户更倾向于深度阅读长文。

（2）风格：较为正式，适合较长的图文内容，重点在于内容的质量和深度，适度使用标题、副标题、段落、引用等结构。

2. 微博

（1）特性：是以短文本和图片为主的社交平台，用户更喜欢简洁、轻松易读的内容。

（2）风格：简洁明了，重点在于标题和简短的文本，配以有趣、吸引人的图片，让内容一目了然。

3. 抖音

（1）特性：抖音是短视频平台，内容时长通常为 15 秒至 60 秒，用户更喜欢快节奏、有趣、有创意的内容。

（2）风格：注重视觉冲击力，选择有趣、引人入胜的图片或视频素材，并使用简洁明了的字幕或说明，吸引用户的关注。

4. 小红书

（1）特性：小红书是以美妆、时尚、旅行等内容为主的平台，注重用户生成内容（UGC）。

（2）风格：注重真实、有趣的用户生成内容，使用生活化的图片和有情感的文字描述，引起用户共鸣。

此外，国内几大旅游推广应用，例如去哪儿旅行、携程旅行、同程旅行等，也有其各自的图文排版特性和风格，但基本大同小异，主要特性是集中以旅游产品为主，除了基础的旅游攻略、景点介绍外，提供了机票、火车票、酒店、景区门票预订等服务。在风格上则利用大量的旅游目的地宣传图片和游客真实照片及详细的出行攻略等吸引受众群体。

（二）适应平台风格的排版

根据各平台的特性和用户习惯，对图文内容的组织和呈现进行调整，以确保内容在不同平台上能够最大程度地吸引目标受众的关注和参与。以下是针对常见社交媒体平台的排版适应方法：

1. 微信公众号

（1）长文本排版：适合较长的图文内容，可以使用标题、副标题、段落、引用等结构，保持内容的层次清晰，方便读者阅读。

（2）插图和插入视频：插入图片或视频可以增加内容的吸引力，同时可以更好地展示旅游产品或目的地的特色。

（3）强调重点：使用粗体、斜体或引用等方式，突出重要信息和亮点。

2. 微博

（1）简洁明了：由于文本长度限制，内容应简洁明了，重点突出。

（2）图片为主：配以有趣、吸引人的图片，图片应当清晰、质量高，能够直观地表达旅游产品或目的地的特色。

（3）使用话题和热点：结合热门话题或热点，增加内容传播度和关注度。

3. 抖音

（1）快节奏：由于视频时长限制，内容应精练、快节奏，吸引用户关注。

（2）引人入胜：图文或视频内容有趣且有创意，能在短时间内吸引用户。

（3）添加背景音乐：选择适合主题的背景音乐，增强图文或视频表现力。

4. 小红书

（1）注重用户生成内容：小红书用户更喜欢真实、有趣的用户生成内容，可以加入生活化的图片和个人体验。

（2）故事性：通过图片和文字，讲述产品或目的地的故事，增加内容的情感共鸣。

此外，针对旅游推广的平台用户，也要追求真实有趣、丰富有效的图文内容，增加游客旅行记录、旅游故事，提供景区游玩攻略等。

总的来说，不同平台的图文排版应根据平台特性和受众喜好进行调整，但都应注重内容的质量、视觉效果和与目标受众的契合度，并合理运用标题、段落、图片、字幕等元素，使图文内容更具吸引力和表现力，以提升旅游新媒体营销的效果和传播力。

[课堂讨论]

上网搜集各类社交平台关于旅游的图文案例，并一起分析讨论每个图文的特点及它们之间的共性和区别。

二、图片编辑与处理

图片编辑与处理是指对图片素材进行编辑和处理，以提高其质量和吸引力。图片编辑可以包括裁剪、调色、添加滤镜等。优质的图片可以增加内容的吸引力和传播效果，而合理的图片处理能使图片更加符合排版要求，提升内容的美观性和可读性。

（一）图片尺寸与格式

图片排版中，图片尺寸与格式是关键因素，它们影响着图片在不同平台上的显示效果和加载速度。不同社交媒体平台对图片尺寸和格式有不同的要求，因此需要根据不同平台进行适当的调整，以下是一些常见社交平台对图片尺寸与格式的要求。

表 4-2　常见社交平台的图片尺寸与格式要求

社交平台	图片尺寸要求	图片格式要求	文字内容要求
微博	封面图：920 × 300 像素； 正文图片：550 像素宽	JPEG、PNG、GIF 根据图片内容选择合适的格式	单条微博文字限制 140 字，配图文字说明
微信公众号	封面图：900 × 500 像素； 正文图片：900 像素宽	JPEG、PNG 保持图片质量的同时，尽量减小文件大小	正文字数没有限制，图片配文说明
抖音	视频封面：1080 × 1920 像素； 视频最佳比例：9 ∶ 16	JPEG、PNG 以图文形式发布视频	视频时长限制在 1~5 分钟，可配文说明
快手	视频封面：720 × 1280 像素； 视频比例：9 ∶ 16	JPEG、PNG 以图文形式发布视频	视频时长限制在 15 秒至 3 分钟，可配文说明
小红书	封面图：1080 × 720 像素； 详情页图片：720 像素宽	JPEG、PNG 保持图片质量的同时，尽量减小文件大小	正文字数没有限制，图片配文说明

此外，国内几大旅游类社交平台，例如去哪儿旅行、携程旅行、同程旅行、马蜂窝等，图片尺寸要求普遍为：封面图——1080 × 608 像素，详情页——750 × 420 像素，图片格式要求是 JPEG、PNG。

在进行图片排版时，需要根据不同平台的要求和排版风格选择合适的图片尺寸和格式。另外，要确保图片质量不受损，同时尽量减小文件大小，以提高图片加载速度，提升用户体验。要定期检查平台规则的变化，并根据需要对图片进行调整，保持图文内容在各个平台上的最佳表现，并获得更好的用户体验。

（二）调色与滤镜处理

调色与滤镜处理是常见的图片编辑方法，能够增强图片的视觉效果，使其更具吸引力和独特性。以下是关于调色和滤镜处理在图片排版中的应用。

1. 调色处理

（1）色彩平衡：调整图片的色彩平衡，增强或减弱红、绿、蓝三种颜色通道的值，使图片色彩更鲜艳或更柔和。

（2）色调饱和度：调整图片的饱和度，使颜色更加鲜艳或更加柔和，增强视觉冲击力。

（3）亮度对比度：调整图片的亮度和对比度，使图片更明亮、清晰，突出主题或细节。

2. 滤镜处理

（1）黑白滤镜：将图片转换为黑白效果，营造出古典、复古的氛围。

（2）褪色滤镜：使图片呈现出褪色的效果，增加怀旧感和艺术氛围。

（3）光晕滤镜：为图片增加光晕效果，增强视觉冲击力和柔和感。

（4）镜像滤镜：创建镜像效果，使图片更具视觉吸引力。

（5）其他滤镜：如今，各大平台滤镜样式丰富，根据营销要求及旅游产品特色，可选择适合的滤镜，增加视觉效果，吸引目标受众。

调色和滤镜处理可以通过图像编辑软件来实现。不过，在进行调色和滤镜处理时，需要注意以下几点：

• 保持真实：调色和滤镜处理应尽量保持图片的真实性，避免过度处理，影响图片的真实表现。

• 符合品牌风格：确保调色和滤镜处理符合品牌风格和整体视觉形象。

• 考虑受众：根据目标受众的喜好和习惯，选择合适的调色和滤镜效果。

调色和滤镜处理是一种有效的方式，可以使图片更具视觉吸引力，提升图文内容的品质，进而增加旅游新媒体营销的效果和受众的体验。

（三）图片与文字的协调排版

图片与文字的协调排版指将图像和文字在视觉上进行协调排版，使它们相互补充，形成统一的视觉效果，提高内容的表现力、吸引力和可读性，更有效地传达信息和营销目标。

以下是一些关于图片与文字协调排版的方法。

（1）标题与配图：标题是吸引读者注意力的重要元素，应与配图相呼应，形成整体视觉效果。标题应准确概括内容，字体和颜色要与图片相协调。

（2）图片与副标题 / 描述：在配图下方或旁边添加简短的副标题或图片描述，帮助读者快速了解图片内容，增强图片的表现力。

（3）图文并茂：在文字内容中嵌入相关图片，使内容更具可读性和吸引力。图片可以是插图、图表或其他视觉元素。

（4）图片作背景：将文字放置在图片上方，把图片作为背景，增强文字内容的表现力。文字的颜色、大小和字体要与图片协调，确保文字清晰可读。

（5）图片与引用：如果有引用，可以将文字内容与相应的图片相互关联，增强内容的说服力和可信度。

（6）文字排版：文字排版要整齐、美观，段落之间要有适当的间距，保持内容结构清晰。段落与图片之间的距离要适度，不要过于拥挤或分散。

（7）字体选择：选择与图片风格相符的字体，确保文字与图片相协调，同时要注意字体大小，保持可读性。

（8）图片选择：选择与文字内容相关的图片，能够准确表达文字信息。图片的色调和风格要与文字内容相符合，形成一致的视觉效果。

（9）色彩协调：确保图片和文字的颜色搭配协调，避免出现不和谐的色彩组合，影响视觉效果。

优秀的图文协调排版能够提升图文的整体质量和吸引力，使旅游图文营销的内容更具影响力和传播力。在进行图文排版时，要充分考虑图片和文字的关联，使它们相互强化，共同传递旅游产品的营销信息。

总而言之，在进行图片编辑与处理时，应根据具体排版需求和目标受众的喜好来选择合适的编辑方法，同时保持图片的真实性和美观性，避免过度修饰和失真。图文排版中的图片处理应与整体内容相协调，以提升旅游图文营销的效果和用户体验。

三、增加互动元素

（一）GIF 动图的应用

GIF 动图是一种有趣且有吸引力的元素，可以在图片排版中增加动态效果，增强内容的表现力和传播效果。以下是在旅游产品的图文营销中应用 GIF 动图的场景和方法。

（1）展示旅游目的地：创建一段旅游目的地的 GIF 动图，展示不同景点的美景，如夕阳下的海滩、山川风光等，以吸引读者的眼球。

（2）产品展示：通过 GIF 动图展示旅游产品的特色和亮点，例如酒店设施、度假活动等，让读者更直观地了解产品优势。

（3）体验活动：制作旅游体验活动的 GIF 动图，如漂流、潜水、登山等，展示刺激有趣的活动，吸引受众参与。

（4）旅行路线：用 GIF 动图展示旅行路线的线路图和途经的景点，增强线路的可视化效果，让读者更好地规划旅程。

（5）节日庆典：制作节日庆典的 GIF 动图，展示当地的传统文化和庆祝活动，吸引游客参与节日庆典。

（6）背景图与文字结合：将文字和图片结合成 GIF 动图，增加视觉冲击力，吸引读者的关注，并传达信息。

（7）人物动作：制作具有趣味性和表现力的人物动作 GIF 动图，如游客在美景前的欢笑、跳跃、摆 POSE 等，增加趣味性和互动性。

（8）环境变化：通过 GIF 动图展示目的地的环境变化，如日出、日落、四季更迭等，营造出自然景观的变幻魅力。

同时，在应用 GIF 动图时，需要注意以下几点：

- GIF 动图要简洁明了，不要过于复杂，以确保读者的关注和理解。
- GIF 动图文件大小要适中，不要过大，以免影响加载速度和用户体验。
- GIF 动图的内容要与目标受众喜好和兴趣相契合，增加互动和转发效果。

通过巧妙应用 GIF 动图，可以为图文内容带来更多的趣味性和吸引力，增加受众的参与度和互动性，提升内容的传播效果。

（二）制作图文表格与投票

这是一种有效的设计方式，可以增加内容的可读性和互动性。

1. 制作图文表格

（1）决定表格类型：根据内容需要，选择适合的表格类型，如对比表格、数据表格、时间表格等。

（2）选择排版工具：使用图像编辑软件或办公软件中的表格功能，例如 Microsoft Word、Excel 或者在线图文编辑工具。

（3）设计表格样式：根据品牌形象和排版风格，设置表格的样式、颜色和字体，保持一致性和美观性。

（4）填入内容：将表格需要呈现的内容填入相应的单元格，确保数据的准确性和清晰度。

（5）插入配图：如果需要，可以在表格上方或下方插入与内容相关的配图，增加表格的吸引力。

（6）调整排版：调整表格和文字排版，确保表格与其他内容整体布局协调。

（7）导出图片：将制作好的图文表格导出为图片格式，以便在新媒体平台上发布。

2. 制作投票

（1）选择投票平台：选择适合的投票平台，如微博投票、微信投票、问卷星等，根据目标受众的常用平台做出选择。

（2）设定投票主题：明确投票主题和目的，确保投票与旅游产品内容相关。

（3）设置选项：投票平台上设置投票选项，确保选项的明确性和全面性。

（4）设计投票样式：根据旅游品牌形象和排版风格，设计投票样式，保持一致性和吸引力。

（5）设置投票时间：确定投票的时间范围，让受众在指定时间内参与投票。

（6）宣传投票：通过其他媒体渠道宣传投票，如微信公众号文章、微博推文等，增加投票的参与度。

（7）分析结果：投票结束后，分析投票结果，了解受众的喜好和意见，为后续旅游产品推广提供参考。

图文表格和投票是增加互动性和参与度的有效手段，在旅游产品的推广中，它们可以帮助吸引目标受众的关注，提供更多互动和交流的机会，增加图文内容的传播效果。

（三）用户参与的互动设计

用户参与的互动设计可以吸引用户的关注和参与，增强内容的传播力和营销效果。以下是一些用户参与的互动设计方法。

（1）问答互动：发布旅游知识问答、旅行体验问答等，鼓励用户参与回答问题，增加用户的参与度和互动性。

（2）图片投稿：鼓励用户分享自己的旅行照片或旅游经历，可以在文章中展示用户投稿的精彩图片和故事。

（3）用户故事分享：邀请用户分享自己在旅行中的故事和经历，可以通过评论、私信或社交媒体与用户互动。

（4）评论互动：回复用户的评论，与用户建立互动，解答其疑问，增加用户参与的积极性。

（5）投票和调查：发布投票和调查，让用户参与选择以了解用户需求。

（6）用户生成内容（UGC）活动：举办 UGC 活动，鼓励用户创作相关内容，如游记、旅行视频等，可以设置奖励机制增加参与度。

（7）抽奖和赠品：开展抽奖活动或提供赠品，鼓励用户参与分享，增加内容的传播范围和受众触达机会。

（8）用户提问：鼓励用户在文章下方或私信提出问题，可以通过回复或专门的问答文章进行解答。

（9）签到打卡：鼓励用户在旅行中打卡分享，增加目的地的曝光率和社交媒体互动。

（10）用户评价：邀请用户评价旅游产品或目的地，了解用户的反馈和需求，进一步优化营销策略。

通过以上的用户参与互动设计，可以有效地吸引用户的关注和参与，增加内容的互动性和用户参与感，提升旅游新媒体营销的效果和用户体验。同时，要及时回复用户的互动，与用户保持良好的沟通和互动，建立良好的用户关系。

[分组讨论]

接任务二的分组讨论内容，各小组对其负责的三个旅游景区的图文内容进行排版，并在其中加入用户参与互动设计。

任务4 旅游新媒体图文推广

在旅游图文营销中，图文推广指的是通过图片和文字搭配的形式在各种新媒体平台上进行产品、目的地或旅游活动的推广和宣传。图文推广是一种视觉化的营销手段，通过吸引人们的眼球和情感，传达旅游产品的特色和优势，吸引潜在客户的兴趣，提升品牌知名度，增加转化率。

图文推广可以采用不同的形式，如单张图片、图文集、幻灯片等，通过图文的精美和吸引力，引起潜在客户的兴趣，激发他们进一步了解和参与的欲望。图文推广的关键是要选择高质量的图片素材，并结合吸引人的标题和文案，以及适合目标受众的平台和时间进行发布，以达到最好的推广效果。

一、社交媒体平台选择

（一）主流社交平台

在图文营销中，主流的社交平台涵盖了不同的受众群体和特点，选择合适的平台进行推广是非常重要的。目前，国内几大主流平台包括以下几种：

微信公众号：中国最大的社交平台之一，拥有庞大的用户群体。旅游机构和目的地可以在微信公众号上创建自己的公众号，发布旅游资讯、攻略、活动等内容，与用户进行互动和交流。微信公众号适合发布长文本内容和图片集，也可以通过 H5 页面进行更丰富的互动。

微博：中国另一个流行的社交平台，特点是信息传播速度快，内容形式多样。在微博上发布短文和图片，可以通过有趣、吸引人的内容，吸引大量用户的关注和转发。

抖音：短视频分享平台，特点是内容简洁、有趣。在抖音上发布旅游相关的短视频，可以吸引年轻用户的关注和分享，增加内容的传播范围。

小红书：以生活方式和旅行游记为主要内容的社交平台，吸引了大量年轻女性用户。在小红书上发布高质量的旅游游记和目的地介绍，可以吸引潜在客户的关注和点赞。

选择主流社交平台时，要根据目标受众的特点、平台的特点以及推广内容的形式进行综合考虑。同时，要保持品牌形象的一致性，在不同平台上保持稳定的推广策略和风格，以提升营销效果和品牌认知度。

此外，去哪儿旅行、携程旅行、同程旅行、大众点评等应用软件是中国较为知名的旅游类社交平台，它们提供了多种旅游服务和功能。这些应用都在中国拥有大量的用户基础，提供了丰富的旅游服务和信息，是用户规划旅行、预订机票酒店等的重要工具。对于旅游相关企业，与这些应用合作或进行推广合作，可以有效地增加产品曝光和销售机会。同时，这些应用也是旅游营销的重要渠道之一，通过在这些平台上发布相关内容和广告，可以吸引更多目标受众的关注和参与。

（二）平台特点与用户规模

不同的旅游营销平台具有各自的特点和用户规模，这些平台可以根据目标受众和推广需求来选择。

表 4–3　社交平台特点与用户规模

平台	特点	适用对象	用户规模（截至2023年）
微博	十分活跃的社交媒体平台，以文字为主	大众用户	5 亿用户
微信公众号	适合长文推送，可定向粉丝推送	商家、自媒体	12 亿活跃用户
抖音	短视频为主，吸引年轻用户	年轻用户	8 亿用户
快手	短视频平台，内容广泛多样	年轻用户	7 亿用户
小红书	以生活方式和美食为主题，用户黏性高	年轻女性用户	3 亿用户
知乎	知识分享社区，适合专业领域推广	知识爱好者	2 亿用户
QQ 空间	老牌社交平台，重点是社交关系网络	大众用户	5 亿用户
美拍	短视频平台，注重才艺展示和创意内容	年轻用户	3 亿用户

表 4-4 国内几大旅行 App 特点与用户规模

旅行 App	特点	适用对象	用户规模（截至2023年）
去哪儿	一站式旅游服务平台，提供机票、酒店、景点门票等	大众用户	1.5 亿用户
携程	旅游行业领先平台，涵盖机票、酒店、度假等服务	大众用户	2 亿用户
同程旅游	提供跟团游、自由行、游轮等多样化旅游产品	大众用户	1.2 亿用户
马蜂窝	以分享和社交为主，用户可以发布旅游攻略和游记	爱好旅游的用户	1.5 亿用户
途牛旅游	提供定制旅游和自由行服务，重点突出个性化需求	大众用户	8000 万用户

请注意，以上数据为截至 2023 年的估算，用户规模数据可能会随时间变化。同时，每个平台都有一定的用户基础，用户特点和适用对象也可能因地区和市场变化而有所差异，因此在选择图文推广平台时，还需根据具体的推广目标和受众特点进行综合考虑。

（三）定位选择与定期发布

在图文推广中，社交媒体平台的定位选择和定期发布是非常关键的步骤，可以直接影响到推广效果和用户参与度。

1. 社交媒体平台的定位选择

在选择社交媒体平台时，应根据目标受众的特点和推广内容的形式来进行。不同社交媒体平台有不同的用户群体和特点，因此要根据旅游产品或目的地的特点，以及目标受众的喜好和使用习惯，选择合适的社交媒体平台。

（1）如果目标受众主要是年轻人，特别是年轻的旅游爱好者，可以考虑在抖音、携程、去哪儿等图片和短视频分享平台上进行推广，因为这些平台受年轻人欢迎，并且更加视觉化。

（2）如果目标受众是商务旅行者或专业人士，可在微博、Linkedin 上推广，因为专业社交平台更适合发布与旅游行业相关的专业内容和商务合作。

（3）如果目标受众是更广泛的大众，包括家庭、情侣和独自旅行的人群，也可以选择在微信公众号、大众点评、小红书等平台进行推广，因为这些平台的用户群体较为多样化。

2. 定期发布

定期发布可保持用户对内容的关注和兴趣，增加品牌知名度和用户参与度。定期发布意味着需要在社交媒体平台上保持一定的推送频率，而不是不定期地发布。建议根据社交媒体平台的特点和用户行为习惯，制订合适的发布计划。

一般来说，对于图文推广，可以考虑每周至少发布 2~3 次，以保持持续的内容输出。可以根据目标受众的在线时间和互动情况，选择合适的发布时段，以提高内容的曝光率和互动效果。

同时，要确保发布内容是精心策划和设计的，图片的质量和内容的吸引力都要符合目标受众的喜好和需求。定期发布有助于建立品牌的稳定形象，吸引更多的用户参与互动，提升推广效果和用户体验。

[案例分析 4-1]

出行前，游客们都在做什么？

每个人手机里都会为出游准备一些 App，看攻略 & 信息的马蜂窝、穷游、抖音、小红书、微博等；订项目的携程、去哪儿、飞猪、美团等。还有一些国外平台，如 TripAdvisor、Booking、Airbnb 等，也有部分人青睐于它们的信息和产品，不过普及度和使用频繁度不如前面几种 App。选择多了，选择困难也多：在同样价位，差不多条件、价格悬殊，条件悬殊和互补选项之间，到底该选择哪个旅游平台、游览哪个景点，购买哪种出行方式，预订哪家酒店等问题，成了出行前的难题。所以，做好旅游产品的图文宣传可以帮助游客获取想要的信息，做出适合的选择，并开始期盼一场愉快的旅程！

分析与思考：仔细观察，案例中的三个页面来自哪几款 App？利用各大旅游类社交平台，找寻吸引到你的旅游图文宣传，说出他们的创意特色和吸引你的理由。

二、引导流量与增加粉丝

引导流量、增加粉丝可以提高品牌知名度，增加用户参与度，促进旅游产品的销售。

（一）优化内容传播方式

优化内容传播方式是为了更好地将旅游推广内容传递给目标受众，提高传播效果和影响力，其主要方式有以下几种。

（1）内容形式多样化。尝试使用多种内容形式，包括图片、短视频、长视频、动图、文字等。不同形式的内容可以吸引不同类型的受众，增加内容的吸引力和互动性。

（2）定期发布系列内容。推出定期的系列内容，如每周精选目的地、每月旅行攻略等，可以吸引用户持续关注和参与，建立稳定的用户基础。

（3）跨平台分享。将内容跨平台分享，不仅可以扩大推广的覆盖范围，还可以适应不同平台的用户特点和喜好。

（4）关注热门话题和趋势。关注当前热门的旅游话题和趋势，并将其融入推广中，可以吸引更多用户的关注和参与。

（5）利用社交媒体广告。在社交媒体平台上使用有针对性的广告，将内容推送给更有购买意向的目标受众，提高推广效果。

（6）充分利用时机。结合重要的节日、活动和旅游旺季，进行有针对性的推广，提高用户参与度和转化率。

（7）利用明星或 KOL 效应。与知名的旅游博主、明星或 KOL 合作，可以吸引更多的用户参与和关注，增加品牌的曝光度。

优化内容传播方式需要持续不断的尝试和优化，不断探索适合自己品牌和目标受众的传播策略。同时，要保持内容的原创性和独特性，为用户提供有价值的旅游信息和体验，增强用户参与度和忠诚度。

（二）用户参与及引导互动

提升用户参与和引导互动有助于增加用户与品牌的互动程度，提高用户对推广内容的关注度和参与度。

（1）制定有趣的互动内容。创建有趣、引人入胜的互动内容，如投票、问答、有奖活动等，吸引用户参与和分享。要确保内容与旅游相关，与目标受众的兴趣和需求相契合。

（2）鼓励用户生成内容（UGC）。通过鼓励用户分享旅游照片、游记、旅行体验等用户生成内容，增加用户参与和互动。用户生成的内容可以展示真实的旅行体验，能增加品牌的信任度。

（3）回复用户留言和评论。积极回复用户留言和评论，与之互动，展现品牌关注和关怀。回复用户问题，解答疑惑，可增加用户对品牌的好感度。

（4）设立奖励机制。设置一些奖励机制，如抽奖、打卡签到、优惠券等，鼓励用户参与和互动。奖励可以是旅游产品折扣、礼品，或体验活动机会。

（5）利用互动功能。利用社交媒体平台的互动功能，如投票、问答、直播等，与用户实时互动。举办直播活动，可以与用户面对面交流，增加用户参与感和体验感。

（6）发布用户故事和案例。展示用户通过旅游获得的快乐和收获。用户的故事和案例可以激发其他用户的共鸣，增加参与和分享意愿。

（7）制定专属活动。举办针对目标受众的专属活动，如旅游主题讨论会、线上旅游体验活动等，吸引用户积极参与和分享。

（8）数据分析与优化。持续进行数据分析，了解用户参与和互动的情况，根据数据结果优化互动策略，提高用户参与度和互动效果。

通过以上策略，可以增加用户的参与和互动次数，提高品牌在旅游新媒体营销中的影响力和知名度。同时，要保持内容的原创性和独特性，为用户提供有价值的旅游信息和体验，增强用户参与度和忠诚度。

三、合作与互助推广

在旅游图文推广中，合作与互助推广是非常有效的策略，可以通过联合其他旅游相关企业、KOL（意见领袖）或者旅游达人等合作伙伴，共同推广内容，增加品牌曝光度和用户参与度。

（一）与旅游相关企业、旅游博主等合作

（1）寻找合作伙伴。寻找与旅游推广目标相关的合作伙伴，包括旅游景点、酒店、旅行社、旅游博主、KOL或其他旅游相关企业。选择合作伙伴时，要考虑其在社交媒体上的影响力和粉丝基础，以及是否与所推广的旅游品牌形象和目标受众相匹配。

（2）联合推广活动。与合作伙伴一起举办联合推广活动，例如联合线上直播、线下活动、旅游体验活动等。通过联合活动，可以将双方的受众群体进行交叉推广，增加品牌曝光度和参与度。

（3）互动合作。与合作伙伴在社交媒体平台上共享推广内容，进行互动合作，如互相转发、点赞、评论、@对方等，扩大内容的传播范围，增加双方在社交媒体上的曝光度和互动效果。

通过合作与互助推广，可以借助合作伙伴的影响力和粉丝基础，扩大推广的覆盖范围，提高品牌的知名度和认知度。同时，要确保与合作伙伴的推广内容和品牌形象保持一致，以增强用户对品牌的认知和好感。

（二）社群合作与跨平台推广

社群合作与跨平台推广可以帮助扩大品牌及产品的影响力，吸引更多用户参与和关注。

（1）社群合作。指与旅游相关的社交群体或兴趣圈子进行合作，共同推广图文内容。例如，与旅游群组、旅行社群、旅游爱好者社群等合作，将推广内容分享到这些社群中，吸引更多潜在用户的关注和参与。

在社交媒体平台上，寻找与目标受众有关的群组或话题标签，加入其中并积极参与讨论，将推广内容与群组成员分享，引起共鸣和互动。利用社交媒体上的品牌合作功能，与其他旅游相关品牌或博主进行互换推广，共同吸引对方的粉丝和受众。

（2）跨平台推广。指将图片内容在不同社交媒体平台上进行推广，以覆盖更多不同用户群体。选择适合的社交媒体平台，并根据平台的特点和用户行为习惯，进行内容适配和优化。例如，在小红书上发布精美的图片，展示目的地的美景和旅行体验；在抖音上分享有趣的短视频，吸引年轻用户的关注；在微

信公众号或微博上发布旅游攻略和优惠信息，吸引更广泛的用户参与。要注意在不同平台上保持一致的品牌形象和内容风格，以增加品牌记忆和认知度。

（3）制订合作推广计划。在进行社群合作和跨平台推广时，建议制订详细的推广计划。明确合作伙伴的角色和任务，确定推广内容和时间表，以及合作推广的预期目标。确保与合作伙伴的沟通顺畅，保持密切合作，共同监测推广效果，并及时进行优化和调整。

通过社群合作和跨平台推广，可以将图文推广内容传播到更广泛的受众群体，提高品牌影响力和知名度。同时，在与社群合作和跨平台推广的过程中，要保持内容的原创性和独特性，为用户提供有价值的旅游信息和体验，增强用户参与度和忠诚度。

（三）交叉营销策略

交叉营销是将推广内容在不同渠道和平台上进行交叉传播，增加曝光度，以吸引更多目标受众。

（1）图文内容跨平台分享。将图文推广内容在不同社交媒体平台上进行分享。例如，在微博公众号上发布精美的旅游图片，然后将同样的内容分享到微博、小红书、大众点评等平台。不同的平台具有不同的用户群体，通过跨平台分享可以拓展更多潜在用户。

（2）社交媒体与网站搭配。在社交媒体上发布图片内容，并在帖子中引导用户访问官方网站，了解更多旅游信息、优惠和活动。同时，网站上也可以设置社交媒体分享按钮，方便用户将网站上的内容分享到自己的社交圈。

（3）图文内容与博客结合。在推广内容中引导用户阅读相关的旅游文章及链接。长文可以更详细地介绍目的地、旅行攻略和旅游体验，提供更多有价值的信息，吸引用户深入了解和参与。

（4）与旅游相关品牌合作。与其他旅游相关的品牌合作，共同推广内容。例如，与酒店、航空公司、旅行社等合作，互相推广优惠套餐和活动，吸引更多用户的关注和参与。

（5）线上线下结合。在线上社交媒体上推广图文内容的同时，在线下场所也可以展示相应的推广内容，如在门店、旅游展览等地方设置推广展示。

通过交叉营销策略，可以在不同渠道和平台上扩大推广的影响力，增加用户对品牌和推广内容的认知和参与。同时，确保不同渠道的推广内容和品牌形象保持一致，增强用户的品牌记忆和认知。

[案例分析 4-2]

东方甄选山西行

2023 年 5 月 25 日中午，随着新东方创始人俞敏洪、东方甄选主播中灿在晋祠门口的一声“再见，山西！”东方甄选山西行专场圆满收官。数据显示，在 5 月 20 日山西专场首日，东方甄选带货 100 多款山西好物，总销售额突破 7500 万元。此后 5 天，东方甄选先后深入大同、朔州、忻州、太原等历史古迹进行文旅推介直播，虽然不以带货为目的，但依然卖掉了 5400 万元的本地农产品和文旅产品。

东方甄选为期 6 天的文化直播，深入介绍了山西深厚的历史文化和风土人情，让山西红遍了全网，成为继淄博之后全国网友心目中最向往的旅游目的地之一。据统计，6 天期间“山西行”话题共登上抖音热搜榜超过 20 次，“东方甄选山西行”话题播放量接近 2 亿，全网短视频播放量超过 6 亿次。

“火出圈”的山西也引发了全国网友热议，许多网友留言表示，已经订好了前往山西的车票、机票，期待走进通过东方甄选认识的山西历史古迹。相关旅游大数据显示，近日山西热度上涨明显，大同、晋中、忻州、临汾近期酒店预订量增长明显，其中忻州同比 2019 年增长最高达 151%，大同次之，增幅为 123%。

分析与思考： 东方甄选本次直播专场不仅让山西在农产品、民俗非遗、文化旅游等方面实现多重“出圈”，更探索出了令人耳目一新的“农产品 + 文旅直播”新模式。俞敏洪在直播中表示，东方甄选团队还将继续宣传山西，晋南之旅已在规划之中。未来，东方甄选团队还将走遍全国，甚至走出国门，向国人宣传中国乃至世界文明，推荐地方农产品、文旅，支持地方经济发展。

四、数据分析与优化

通过数据分析，可以了解推广活动的效果，了解用户的行为和兴趣，从而优化图文内容和推广策略，提高转化率、用户参与度和营销效果。

（一）监测推广效果与数据指标

监测推广效果和数据指标可以了解推广活动的成效和用户反应，以下是一些数据指标：

• 曝光量：指推广内容在社交媒体上被用户看到的次数。通过监测曝光量，可以了解推广内容的传播范围和影响力。

• 点击率（Click-Through Rate，CTR）：指用户点击推广内容中链接或按钮的比例。较高的点击率表示用户对推广内容有较高的兴趣和参与意愿。

• 互动数：包括用户的点赞、评论、分享等互动行为。通过监测互动数，可以了解推广内容引发用户参与的程度。

• 转化率：指用户在看到推广内容后进行预期行动的比例，如注册、购买、参与活动等。较高的转化率表示推广内容具有较好的营销效果。

• 用户行为路径：通过跟踪用户在看到推广内容后的行为路径，了解用户在推广内容上的停留时间、是否点击链接等信息。

可以通过社交媒体平台数据分析工具获取更详细的数据指标和分析结果，也可以自定义链接追踪，跟踪用户通过不同渠道访问网站的情况，了解不同推广渠道的效果。通过监测这些数据指标，可以全面了解推广活动的效果，发现潜在问题，优化推广策略和内容，提高营销效果。

（二）根据数据优化图文内容

根据数据优化图文内容是指通过数据的反馈了解用户的兴趣和偏好，从而优化图文内容，提高推广效果。需要做到以下几点：

（1）分析受众特点。通过数据分析了解目标受众的特点，例如年龄、性别、地理位置等，根据受众特点定制化图文内容。不同受众群体可能对不同类型的内容有不同的偏好，因此可以针对不同受众群体进行不同风格和主题的内容优化。

（2）分析数据趋势。定期分析数据趋势，了解不同时段和推广内容的表现情况。通过比较不同时段的数据，找出用户参与度和转化率的高峰期，以优化发布时间。

（3）关注关键指标。重点关注与转化率相关的关键指标，如点击率、互动数、转化数等。分析这些指标的变化，了解用户对不同内容的反应，优化图文内容及呈现方式，吸引更多用户的参与和互动。

（4）监测转化路径。监测用户在转化路径中的流失点，找出可能存在的问题，并进行改进。例如，是否有用户在转化过程中中途放弃，是否有需要改进的环节。

（5）优化落地页。如果推广内容涉及落地页，确保落地页的内容与推广内容相符，提供清晰的信息和引导，简化用户的操作流程，提高转化率。

（6）优化图文内容。在图片和排版方面，分析不同图片和排版风格的表现，了解哪些风格受用户欢迎。根据数据优化图片选择、配色和排版，增加内容的吸引力和可读性。在创意策划方面，根据数据分析结果，调整创意策划的方向和内容，针对不同的受众群体和推广平台优化创意内容。

（7）持续学习和创新。保持对市场和用户需求的敏感度，持续学习和探索新的营销方法，不断创新推广策略。同时，观察竞争对手的图文内容表现，借鉴和学习其优点，以优化自己的图文内容。

（8）定期调整策略。数据分析与优化是一个持续的过程，定期收集用户的反馈意见，了解用户对推广内容的评价和建议，根据用户反馈不断改进推广策略和内容，保持与受众的紧密连接，不断提升推广效果。

通过数据分析与优化，可以不断优化旅游图文营销的效果，提高转化率和用户参与度，增加品牌知名度和影响力。数据分析与持续优化是一个循环的过程，要持续关注数据变化和用户反馈，不断改进和提升营销策略。

[分组讨论]

接任务三的分组讨论内容，各小组根据目标受众，选择合适的媒体平台对已制作完成的图文进行推广策划，并进行效果预测与优化。

[实战训练]

山西文旅图文营销方案设计

实训背景：山西是中国的历史文化名省，拥有众多世界文化遗产和自然景观。然而，虽然拥有丰富的旅游资源，但山西的旅游知名度相对较低，吸引力不足，很多潜在游客对山西的旅游产品和特色了解有限。为了推广山西的文化和旅游资源，提高山西文旅的知名度和影响力，山西文旅局计划开展一场图文营销实训实战活动，希望通过图文创作和推广，吸引更多游客前往山西旅游，提升文旅产业发展水平。

实训要求：请设计一份山西文旅图文营销方案，重点突出山西的历史文化和自然风光，吸引目标受众的兴趣，增加互动元素以提高用户参与度，并选择适合的社交媒体平台进行推广。同时，考虑到山西文旅知名度较低的现状，方案中需提供具体的推广策略，以提升山西文旅的知名度和吸引力。

实训步骤：

（1）图文创作内容要求

①突出山西的历史文化和丰富的文化遗产，展示山西的自然风光，如美丽的山水景色和自然景观。

②配合文化和风景特色，提供吸引目标受众的旅游线路和特色体验项目。

③需包含图片、文字、图表等多样化内容。

（2）社交媒体平台选择：根据目标受众的特点，选择适合的社交媒体平台，如微博、微信、抖音、小红书等。应充分考虑各平台的特点和优势，以增加内容传播的效果。

（3）互动设计：设计有趣的互动元素，如投票、抽奖、评论互动等，增加用户参与度和分享度，引导用户分享自己的旅行体验和感受，扩大内容传播范围。

（4）知名度提升策略

①考虑如何与有影响力的旅游博主或旅游达人合作，以增加曝光率。

②制订推广计划，通过短视频、直播等形式进行线上推广。

③与相关的旅游平台、旅行社等合作，增加线下宣传。

（5）数据分析和优化

①设定合适的数据指标，对图文营销活动的效果进行监测和分析。

②根据数据分析结果，不断优化图文内容和推广策略以改进活动效果。

[职业素养]

旅游图文营销的文化传承与社会责任

旅游图文营销不仅是吸引游客、提升销售的手段，更应该承载文化传承和社会责任。在完成图文营销任务的同时，应在其中秉承社会主义核心价值观，传承优秀文化，担负起社会责任，为中国旅游产业的可持续发展和社会进步作出积极贡献。

（1）文化传承。借助图文营销，积极传承中国丰富的历史文化和自然遗产。通过深入挖掘每个目的地的历史、人文、传统习俗等，以图文的形式展现在旅游营销中，让游客在体验美景的同时，感受中国悠久的文化积淀。

（2）旅游绿色发展。在图文创作中强调生态保护和可持续发展的理念。倡导游客文明旅游，遵守当地规章制度，不损害环境，保护自然生态，共同建设绿色旅游环境。

（3）传播社会主义核心价值观。在图文营销中弘扬社会主义核心价值观，引导广大游客树立正确的世界观、人生观和价值观，促进社会文明进步。

（4）融入公益活动。通过图文营销宣传和参与公益活动，为社会公益事业贡献力量。例如宣传环保公益活动，支持教育扶贫项目等，将图文营销与社会公益相结合，营造良好的企业社会形象。

（5）抵制虚假营销。倡导真实、客观、科学的图文创作，抵制虚假宣传和误导消费行为，确保旅游信息的准确性，保障游客的合法权益。

[任务小结]

图文营销是旅游新媒体营销中不可或缺的一部分。通过深入了解目标受众，运用创意与情感营销，以及有效的推广手段，可以打造出优质的图文内容，增强用户体验和参与度，从而提升旅游品牌的影响力与竞争力。在实际应用中，不断优化与改进图文营销策略，结合数据分析进行持续改进，不断取得更好的效果。

知识与技能训练

一、选择题

1. 图文营销在旅游新媒体营销中的作用是（　　）。

A. 增加广告收入

B. 提升旅游产品的知名度和吸引力

C. 吸引更多员工加入旅游企业

D. 扩大公司的业务范围

2. 图文创作中的内容创意策划方法和技巧包括以下哪项？（　　）

A. 故事化手法　　B. 机械性拷贝其他企业的内容

C. 制造虚假信息　　D. 拉黑不同意见的用户

3. 图文排版的主要内容包括（　　）。

A. 图片和文字的编辑和处理　　B. 产品的创意和表达

C. 社交媒体平台的选择　　D. 活动的策划和执行

4. 图文营销中的目标受众是指（　　）。

A. 只有年轻人　　B. 任何人都可以成为目标受众

C. 那些对旅游感兴趣的人　　D. 只有高收入群体

5. 在图文排版中，合理运用空白间隔的好处是（　　）

A. 增加排版的复杂度　　B. 让内容显得拥挤和混乱

C. 提高内容的可读性和美感　　D. 不需要考虑排版的美观性

二、多选题

1. 图文创作中，选择适合的平台和风格需要考虑以下（　　）因素。

A. 社交媒体平台的用户规模和特点

B. 旅游产品的定位和目标受众

C. 颜色搭配和排版风格

D. 季节和天气条件

2. 以下哪些内容在旅游图文营销中有助于增加互动和用户参与度?(　　)

A. 富有吸引力的图片和文字的协调排版

B. 评论参与抽奖的互动活动

C. 长篇大论的文字描述

D. 不使用图片，只发布纯文字内容

3. 图文营销中，提升用户参与及引导互动的方法包括(　　)。

A. 简化互动流程，让用户更容易参与

B. 积极反馈用户的点赞和评论

C. 不回复用户的留言和私信

D. 删除不同意见的评论

4. 图文创作中，突出旅游产品特色的创意方法和技巧包括(　　)。

A. 使用高度抽象的词汇和形容词

B. 引用权威机构的评价和认证

C. 整合目的地文化元素，如传统手工艺品等

D. 考量目标受众的喜好和需求

5. 图文创作中，要突出旅游产品的特色，需要(　　)。

A. 用具有吸引力的语言描述产品特点

B. 使用大量泛泛而谈的词语

C. 引用用户的体验和评价

D. 使用与目标受众无关的图片

三、判断题

1. 图文营销中的合作与互助推广指与其他旅游企业竞争来争夺市场份额。(　　)

2. 图文营销的一个重要目标是传承中国历史文化和自然遗产，让游客在体验美景的同时感受文化积淀。(　　)

3. 图文营销中，增加互动元素有助于提高用户参与度和分享欲。（　　）

4. 图文营销中数据分析与优化是持续改进图文内容和推广效果的关键步骤。（　　）

5. 图文排版中，合理运用颜色搭配可增强内容表现力和吸引力。（　　）

6. 图文创作中，可随意拷贝其他企业的内容，无须考虑版权问题。（　　）

7. 图文营销中的社交媒体平台选择不需要考虑用户规模和特点，只要发布就能吸引用户。（　　）

四、案例分析题

山西省文旅厅官博的夏“趣”山西系列

自 2023 年 5 月 15 日至今，山西省文化和旅游厅的官方微博共发布 90 篇“夏‘趣’山西”系列图文，内含许多精彩的旅游景点照片、文化活动等，吸引了大量游客关注和参与。通过精美策划的图文内容展示了山西的独特魅力和丰富的旅游资源，有效地提升了山西旅游的知名度和影响力。

请大家分组完成下列任务：

1. 从“夏‘趣’山西”系列中选择一篇最吸引你们的图文，并说明原因。

2. 这篇图文的创作和排版有哪些优点？互动内容和方式有哪些？

3. 如果让你们为这个系列添加一篇图文，你们会如何做呢？

参考答案

项目五

旅游新媒体短视频营销

项目概述

随着新媒体在旅游领域的应用与创新，新型信息传播方式已逐步成型，推动受众在思维模式、选择偏好上做出改变，成为5A级旅游景区扩大声量、塑造品牌的有效帮手。部分景区将“旅游+科技”融入新媒体服务与互动当中，使景区资源和景区文化通过更鲜活的方式与游客及网友产生共鸣。而视频营销也已成为部分5A级旅游景区大胆尝试营销新玩法的形式，力图增强与年轻消费群体的沟通效率。

本项目主要介绍了旅游新媒体视频营销的概述、视频营销的具体方法以及新媒体常用剪辑软件和营销策划过程。通过分析目标客户，精准进行视频的制作和营销。

学习目标

知识目标

1. 了解新媒体视频营销的概念及特点。
2. 了解短视频营销的优势。
3. 了解旅游新媒体短视频的制作。
4. 熟悉旅游新媒体短视频营销的流程。
5. 熟悉旅游新媒体短视频的运营。

技能目标

1. 能够完成旅游新媒体视频营销的内容策划。
2. 能够组建一直优秀的视频制作团队。
3. 能够根据客户的需求选择合适的平台创作视频作品。
4. 能够通过不同的短视频渠道进行推广营销。
5. 熟悉短视频的制作过程。

思维导图

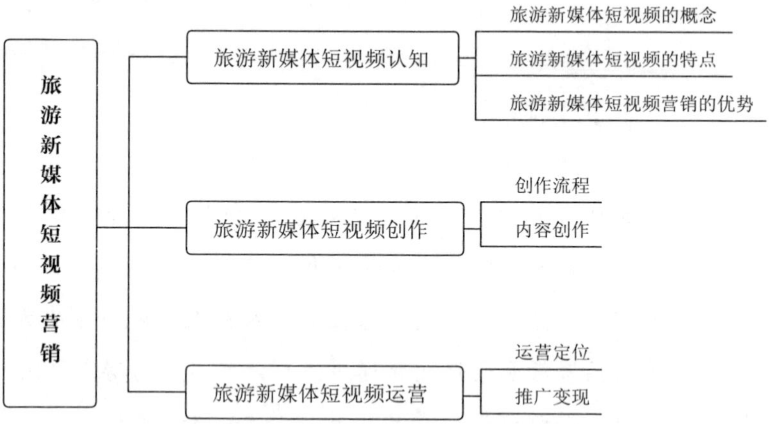

[引导案例]

抖音短视频营销

随着用户注意力的转移，短视频成为移动互联网主流的宣传方式。其中，抖音短视频以更具创意和视听冲击力的互动形式深入人心，成为新的大众交流平台和品牌营销手段。

抖音是一个旨在帮助大众用户表达自我，记录美好生活的短视频分享平台。它利用人工智能技术为用户创造丰富多样的玩法，让用户在生活中轻松、快速地制作优质短视频。目前，抖音全球月活跃用户已达数亿，作为一个新的流量价值洼地，巨大的营销价值有待品牌进一步挖掘。

抖音在旅游业这条路探索已久。2018 年，抖音作为引流窗口初涉酒旅行业，与美团、携程、同程等第三方合作，通过在抖音中上传各种景点的旅游视频，完成景点订票、酒店预订等服务。

抖音与携程共同打造了“携程 FUN 肆之旅”抖音挑战赛，不到一个月，获得了 45 亿 +UV 总播放量和 1 亿 + 总视频点赞数，这是抖音打造的一个旅行类 IP 活动。后来，抖音与美团共同推出“美团超级直播专场”，其中就包括旅游类别的产品。

2019 年，抖音与民宿酒店业务平台——订单来了联办了民宿季活动，共有 10 家民宿参与，预售额突破了 100 万元。小试牛刀后，抖音开始在商家主页中添加“门票预订”“酒店预订”功能，添加了消费入口。

时至今日，抖音的酒店旅游业务突飞猛进。据《2023 抖音旅游行业白皮书》显示，截至今年 3 月底，抖音上景点、酒店住宿、航空公司、OTA、旅行社等各类旅游企业账号数量的平均增速超过了 20%，其中酒店住宿、商旅票务账号数量的增速分别高达 61.5%、46.0%。

当流量转化为收入，诱惑难以抵挡。抖音内部对酒店旅游寄予厚望。

分析与思考：酒店旅游业在抖音上的短视频营销取得成功的原因是什么？什么是旅游新媒体短视频营销？有哪些特点和优势？

任务1 旅游新媒体短视频认知

一、旅游新媒体短视频的概念

随着新媒体行业的不断发展，短视频应运而生，并迅速发展成为移动互联网的入口和平台之一。这种基于互联网诞生的新型媒介形式，凭借其自身的传播特点符合大众碎片化的使用习惯而迅速火爆，现在已经成为人们生活中必不可少的一部分。

具体来说，新媒体短视频是指以智能手机为主要拍摄工具，通过轻松、短时的视频形式，以生活、娱乐、教育等内容为主题，通过社交媒体平台或应用分享，迅速传播和获取用户关注的一种数字媒体形式。其中，旅游新媒体短视频以其生动、直观的形式展现了旅行目的地精美的风景、在地的文化风情、美食体验等元素，通过迅速切换的画面和生动的音乐，生动地呈现了旅行者的真实感受。此外，旅游新媒体短视频还注重情感共鸣，通过创作者的亲身体验和观点，引发观众对旅行的向往和兴趣，使其成为启发和引导旅行的有效媒介。

二、旅游新媒体短视频的特点

1. 内容简短

短视频通常在几秒到几分钟之间便可使观众迅速获取信息，不需要长时间的关注。由于时长的限制，创作者需要精练表达观点、讲述故事或传递信息，使内容更为简洁直接，避免深奥复杂的信息，使人们更容易理解和接受。除此之外，短视频也适应了人们碎片化的时间，可以在等待、休息等零散时段内轻松浏览。

2. 制作快速

相较于长视频，短视频因时长短，所需的制作周期明显减少，制作过程通常只涉及相对简单的剪辑和编辑，不需要复杂的场景设置或后期制作，降低了制作难度。而且大多数短视频可以通过智能手机进行拍摄和编辑，无须专业摄影设备，方便创作者随时随地进行制作。短视频平台还提供即时上传和分享功能，使得创作者可以在制作完成后立即发布，快速推送内容，适应当今社会快速更新和发布的需求。

3. 互动性强

短视频互动性强主要体现在观众与内容之间的快速、实时互动。观众可以通过点赞、评论、分享等简便操作表达喜好和观点，而创作者则能够迅速回应、互动，形成紧密的社交关系。此外，一些短视频平台提供的虚拟礼物、打赏等功能进一步加强了观众与创作者之间的互动，使短视频不仅是单向传递信息的媒介，更成为一个生动、共享的社交空间。这种互动性使短视频不仅能满足用户的社交需求，还能使商品或品牌的宣传营销效果等得到有效提升。

4. 内容生活化

短视频内容贴近日常生活，创作者通过展示日常琐事、生活技巧、趣味小品等内容，将观众引入真实而有趣的生活场景。这种形式使得短视频成为一个窗口，让观众能够轻松感受到他人的日常，分享生活中的点滴乐趣，同时也促使创作者更加注重真实、贴近生活的创作风格，拉近了观众与内容之间的距离，形成更为亲近和互动的社交体验。

5. 传播速度快

新媒体短视频使得观众在短时间内迅速浏览、理解并分享内容，使信息迅速传达，容易实现裂变式传播与熟人间传播。丰富的传播渠道和方式使短视频传播的力度大、范围广。新媒体短视频除了通过自身平台转发和传播外，还可以与微博、微信等社交平台进行合作，将内容精彩的短视频通过流量庞大的微博或微信朋友圈、视频号等进行分享，进而形成更多的流量，进一步扩大短视频的传播范围。

6. 目标精准，营销效果好

与其他营销方式相比，新媒体短视频具有指向性优势，主要源自其个性化推荐算法和用户行为的深度分析，通过平台的智能算法，可以精准地找到目标受众，准确把握用户兴趣，将相关内容呈现给定向群体。这种高度个性化的推荐机制使广告主能够更精准地投放广告，针对性强，提高了广告的曝光效果和营销回报，从而实现精准营销。

三、旅游新媒体短视频营销的优势

（一）提高旅游景区知名度

视频作为一种多媒体体现形式，能够打造出“多模态资源体系”，即通过生动的图像和声音展示旅游景区的美景、特色和体验，将景区的吸引力直观地呈现给观众。旅游景区往往具有独特的自然风光、历史文化或特色活动，通过视频展示这些元素并融入情感化的叙事，可以让观众产生共鸣并对景区产生兴趣。这种情感共鸣有助于增强观众对景区的记忆和关注度，促使世界各地的游客奔赴而来。

短视频营销的另一个重要优势是其在社交媒体和视频分享平台上的传播性。观众可以通过分享视频、评论或点赞等方式将有趣或精彩的旅游景区视频分享到其社交圈。这种社交分享能够迅速扩散景区的知名度，吸引更多的潜在游客的关注和了解，这对优质景区而言，能起到激励和帮助作用。好的旅游景区视频内容能够赢得观众的赞赏和口碑，观众会将积极的观影体验和对景区的好评转化为口口相传的口碑宣传。这种口碑传播对于提高景区的知名度至关重要，因为口碑传播往往被认为是最可信赖的宣传方式之一。

（二）增值景区产品销售

（1）强化产品展示。视频可以以生动、多媒体的形式展示景区产品的特点、亮点和魅力，将其呈现给潜在客户。通过精心策划和制作的视频内容，可以突出景区产品的优势，引导观众对产品产生兴趣和购买欲望。

（2）提升产品品牌形象。短视频营销可以通过创意的拍摄和精美的制作，为景区产品塑造独特的品牌形象。通过视觉效果、故事叙述和情感共鸣等手段，视频能够激发观众对产品的认同感和品牌忠诚度，从而增加他们购买产品的意愿。

图 5–1　美丽的嘉兴南湖公园就是当地的“金名片”

（3）传递产品体验感受。短视频营销可以将景区产品的真实体验展示给观众。通过展示游客在景区的实际体验、参与活动的场景和感受，更直观地传递产品的价值和质量，使潜在客户能够更好地了解产品，并增加他们的信任和购买决策。

（4）创造购买动机。短视频营销可以通过情感化的内容和故事情节，激发观众的情感共鸣和购买动机。通过渲染景区产品的独特性、体验感受或限时优惠等元素，视频能够创造紧迫感和购买欲望，促使观众主动采取购买行动。

（5）扩大产品曝光度。短视频营销通过在各种在线平台上发布和分享视频内容，可以扩大景区产品的曝光度和传播范围。视频的传播性和易分享性使得更多的潜在客户有机会了解和接触到景区产品，增加产品的知名度和销售机会。

拓展知识5–1：通过旅游短视频营销扩展相关活动

现在很多景区都采取了直播带货的方式，通常这也离不开平日里相关平台，或者景区官方对视频营销的打造和视频量的积累。平日里观众们浏览信息时，可以通过平台所进行的营销渠道对景区的产品和纪念品进行更加详细的了解，还可以与官方进行在线互动，让官方能够更加清楚地了解游客的心理，包括其购买欲望、选择动机等，以便于景区或者相关产业实现产业优化。

（三）建立旅游地优秀形象与标签

建立优秀的景区形象同样可以通过短视频营销进行。让异地游客对当地景区产生一个基本而又深刻的印象，这也是一种打造标签和熟悉标签的过程。

拓展知识5-2：通过旅游短视频营销打造城市名片

（1）情感标签。通过短视频营销，可以利用情感化的内容和故事，给旅游地赋予积极的情感标签。比如，强调旅游地区的美丽、宁静、浪漫等特点，营造观众对该地区的情感共鸣，像云南大理、浙江丽水，都是很好的典型。这样的短视频能够让观众对该地区形成积极的情感印象，提高其对该地区的好感度和认同感。

（2）特色标签。旅游地通常都有独特的特色和亮点，可以通过短视频展示这些特色，并将其作为标签赋予该地区。例如，强调旅游地区的文化遗产、自然景观、特色美食、民俗活动等。短视频中可以生动展示这些特色，让观众认识到该地区与众不同的特点，从而建立起该地区的独特形象。很多具有少数民族特色和非物质文化遗产的地区都可以通过这种方式建立起特色标签，以吸引对此有兴趣的旅客。

（3）品质标签。短视频营销可以突出旅游地区的品质，将其视为高品质旅游目的地。通过展示优质的旅游设施、服务水平、环境保护措施等，向观众传递该地区追求卓越和品质的形象。观众会将这种品质标签与该地区联想在一起，形成对该地区优质旅游体验的期待和认知。比如，淄博地区就凭借着诚信和热情，以及当地物美价廉的美食打造出了烧烤品牌，吸引了全国地区的来客。

（4）客户评价标签。短视频营销可以通过引用游客的真实评价和反馈，建立旅游地区的口碑形象。通过展示游客对旅游地区的赞誉和满意度，让观众相信该地区是值得一去的旅游目的地。这样的短视频会增加观众对该地区的信任度，并鼓励他们积极选择该地区作为旅行目的地。比如很多游客在出发前会做详细攻略，查找各种探店打卡的短视频作为自己旅行计划的参照。还有客服的高评价也会给观望中的游客提供有效指引。

（四）提高旅客忠诚度以及黏性

客户的忠诚度和黏性是每个产业在营销过程中都十分注重的问题。其中，忠诚度高证明产业本身发展得比较好，也意味着营销拥有了可喜的结果，所以凭借着游客的忠诚度可以分析出产业还需要哪些进步空间。而如何提高游客忠诚度，亦需要产业方显示出自身的忠诚。

（1）提供有价值的内容。通过短视频营销，向游客提供有趣、有用、有价值的内容，例如旅游攻略、景点介绍、旅行经验分享等。这些内容能够满足游客的需求，提供实质性的帮助和信息，使他们对产业方的品牌和产品产生信任，并愿意持续关注和参与。

拓展知识5-3：
新媒体短视频营销
策略

（2）打造情感连接。短视频具有较强的情感表达能力，可以通过创意、故事叙述和音乐等元素，与游客建立情感连接。通过触发游客的情感共鸣、引发共鸣、激发好奇心或产生愉悦感等方式，使游客对品牌和产品产生情感依赖和认同，从而增强忠诚度和黏性。

拓展知识5-4：
旅游新媒体短视频
营销方法1

（3）互动与参与。短视频营销可以鼓励游客的互动和参与，例如通过留言、评论、分享等方式与游客进行互动。这样的互动可以增加游客与品牌之间的互动机会和沟通，建立更紧密的关系。认真倾听游客的想法和意见，让他们感觉到尊重，这是增加游客黏性的好方法之一。

拓展知识5-5：
旅游新媒体短视频
营销方法2

（4）提供个性化体验。短视频营销可以根据游客的偏好和需求，提供个性化的体验和内容。例如，定制化的旅游推荐、个性化的旅行建议等，增加他们对品牌和产品的好感度和忠诚度。

（5）持续的沟通和关怀。短视频营销可以通过定期发布更新的视频内容，与游客保持持续的沟通和关怀。通过分享最新的旅游信息、产品推荐、特别优惠等，保持与游客的联系，让他们感到被关注和重视，愿意选择品牌和产品。

拓展知识5-6：
新媒体短视频营销
注意事项

任务 2 旅游新媒体短视频创作

一、创作流程

1. 构思和策划

创作者首先确定短视频的主题和目标受众，进行构思和策划，包括确定内容要表达的核心信息、独特卖点以及采用的创意手法。确定短视频构思和策划可以为创作者提供明确的方向和目标，确保视频内容有针对性、引人入胜。通过仔细规划，创作者能够明确表达想传达的核心信息、确定目标受众，以及选择创意手法和视觉元素。这不仅有助于保持视频主题的一致性和清晰度，还为创作者提供了在后续创作阶段更加高效、有序地进行拍摄、剪辑和编辑的基础，最终确保短视频在传递信息、吸引观众方面取得更为显著的效果。

2. 脚本撰写

创作者根据构思确定选题之后，就可以制作脚本，明确视频的情节、台词和镜头安排，这些都需要在视频拍摄前期策划好，同时这也是视频创作中的核心环节，决定着短视频的灵魂。脚本的编写有助于提前规划好整个视频的结构和内容。短视频脚本撰写的要点包括明确视频主题和核心信息，合理安排情节，设计生动的台词以引起观众兴趣，确保整体节奏流畅而不冗长。此外，要充分考虑观众的接受程度，选择易懂的表达方式，使得短视频内容简洁而富有表现力。脚本的撰写也需考虑视觉元素与音效的配合，确保最终呈现出符合预期的视听效果。总体而言，精心构建的脚本是短视频创作的基础，能够有效引导整个创作过程，使得最终呈现的视频更具吸引力和影响力。

拓展知识5-7：设计短视频拍摄脚本

短视频创作者如果处于刚起步阶段，可以参考一些优秀的短视频作品，或者收集用户的想法，挖掘到一些可以运用的点进行内容策划。如果有成熟的制作团队，就需要团队策划人员共同参与策划不断优化和创新，完成高质量的作品。

3. 拍摄和录制

在短视频拍摄前，需要进行一系列准备工作。首先，准备好所需的摄影设备，包括摄像机或智能手机、稳定器、灯光等，并确保设备电量充足、存储空间足够。选择合适的拍摄地点，考虑背景和环境因素，确保符合视频主题。如果涉及演员或主持人，提前沟通演练，确保他们了解拍摄流程和要传达的信息。最后，检查拍摄设备的各项设置，如白平衡、曝光等，以保证画面质量。这些准备工作有助于确保拍摄过程高效顺利，最终呈现出符合预期的优质短视频。

4. 剪辑和编辑

等拍摄完成、拿到第一手素材后，就要进入剪辑环节。创作者可以根据自己的水平选择合适的剪辑工具，如选择剪映、小影、爱前辑、Premiere 等进行视频剪辑。短视频剪辑时，涉及的内容包括对拍摄素材的整体编辑，选择最佳的镜头、剪辑出多余的片段，以确保视频节奏紧凑、内容流畅。同时，进行音效和音乐的添加，以提升视频的氛围感和吸引力。此阶段还可能包括字幕和插图的添加，以强调关键信息或提供更多的解释。剪辑完成后，可能进行调色和修图工作，确保画面色彩饱满、对比度适中，以增强视觉效果。最终，进行预览和调整，确保整体效果符合创作者的设想，最终呈现出一部精心编辑、引人入胜的短视频作品。

拓展知识5-8：
常用的视频剪辑软件

5. 导出和发布

在短视频导出和发布阶段，创作者需要注意确保视频导出格式和分辨率的选择符合目标平台的要求，以保持高质量的播放效果。此外，注意文件大小的控制，确保适应平台的上传限制。在发布时，精心选择有吸引力的缩略图和吸引人的标题，以增加视频的点击率。同时，考虑发布的时机，选择观众活跃的时间段，提高视频的曝光度。关注观众的评论和反馈，积极与观众互动，有助于提高视频的社交影响力。最终，保持发布的频率和规律，有助于吸引更多观众关注和持续的用户参与。

6. 推广和互动

短视频制作完成后，创作者需要考虑将其投放到适合的渠道平台上，以获得更多的流量曝光。创作者在发布后通过社交媒体等途径进行推广，与观众互动，回复评论，提高视频的曝光度和社交影响力。短视频的推广需要综合运用多种策略，具体策略后面进行讲解。综合运用这些推广策略，可以有效提高短视频的曝光度，吸引更多观众关注。

这些步骤构成了一个完整的新媒体短视频创作流程，短视频的创作并不是一定要一切准备就绪才开始，创作者可以根据实际需要进行调整和创新。简单的一部手机、一个摄像头，就可以完成前期准备，最重要的是创作者要敢于踏出第一步，跨越从 0 到 1 的过程，大胆地拍，不断地试错，逐渐厘清自己的思路，创作出优质的短视频，运营好高互动氛围的粉丝社区，这是提升 IP 价值的基础。

二、内容创作

（一）内容选题策划

选题策划是短视频创作的第一步，也是创作的基础，对于取得成功而言具有不可忽视的关键性作用，特别是旅游行业。旅游类短视频选题策划的重要性在于确保视频内容具有吸引力、独特性和针对性。通过精心选择选题，创作者能够明确传达的核心信息，锁定目标受众，以及确定采用的创意手法和视觉元素。选题的合理性和吸引力直接影响观众点击、观看和互动的程度。精心策划能够使短视频更有深度和品质，提高用户体验，同时有助于视频在社交媒体平台上脱颖而出，增加曝光机会。因此，需要了解选题策划的基本原则有哪些，选题可以源自哪里。

1. 选题策划原则

短视频选题策划的原则可以根据不同的目标和受众需求来确定。下面是一些常见的选题策划原则：

（1）受众关注度：选择能够引起受众兴趣和共鸣的选题。了解受众的兴趣和需求，选择与他们生活相关、有趣或有独特价值的话题。

（2）时下热门：选择与当下社会热点、流行话题或具有新闻价值的选题，能够增加视频的曝光度和分享度。

（3）故事性和情感共鸣：选择与受众群体相关的选题，如日常生活、家庭、职业、兴趣爱好等，能够拉近与受众之间的距离。

（4）独特性和创意性：选择与众不同、独具创意的选题，能够吸引观众的注意力。这可以包括新颖的视角、创意的讲解方式等。

（5）信息性和实用性：选择能够提供有用信息或实用技巧的选题，满足观众的学习需求，能够给观众带来有益的知识、见解或娱乐。这样的选题能够增加观众的关注度和留存率。

（6）合适时长：选择适合短视频形式的选题，确保内容能在短时间内传递出来。充分利用时间限制，让视频更加紧凑和精彩。

（7）平台适应性：根据发布平台的特点和用户群体，选择适应平台氛围和风格的选题，以更好地吸引目标观众。

（8）参与度：考虑选题对用户的参与度，是否能够引发评论、点赞和分享，以提高视频的社交影响力。

（9）可视化表现力：选题要有强烈的可视化表现力，能够通过图像和视频形式生动地展示出来，引起观众视觉的关注。

这些原则有助于创作者在短视频选题策划过程中做出更加明智和成功的选择。需要注意的是，以上原则可以根据具体情况进行调整和补充。重要的是，要始终关注受众需求和喜好，以及追求内容的质量和创意。

2. 选题素材来源

合适的选题对旅游短视频至关重要，它直接影响着视频的吸引力和传播效果。一个精心选定的主题能够引导创作者深入挖掘旅行目的地的独特之处，使视频更具深度和信息价值，同时帮助明确传达的核心信息，吸引目标受众。适当的选题还能激发创作者的创意表达，使得短视频更具创新性和娱乐性。此外，选题的吸引力直接关系到观众的点击、观看和分享，影响视频在社交媒体平台上的曝光度。因此，合适的选题不仅为旅游短视频的成功传播打下基础，也为观众提供了更有趣、有益的观赏体验。

旅游短视频的选题素材可以来源广泛，以下是一些常见的素材来源：

（1）目的地风景：利用旅行时拍摄的目的地美景，展示自然风光、名胜古迹等。例如，拍摄日出日落的美丽风景、著名景区的壮丽画面，如黄山的奇峰怪石。

（2）当地文化体验：捕捉当地的文化元素，包括民俗、传统手工艺、艺术表演等。例如，记录当地传统节日的庆祝活动，参与手工艺品的制作过程。

（3）美食探险：展示当地特色美食，介绍当地餐厅和小吃摊。例如，品尝各地特色菜肴，与厨师互动，分享美食的独特之处。

（4）户外冒险：拍摄户外活动，如徒步、滑雪、潜水等。例如，记录在山脚下露营的经历，展示激流泛舟的刺激瞬间。

（5）本地人生活：探索当地人的生活方式，了解他们的日常工作、生活习惯。例如，参与农民的农忙工作，了解本地手工艺人的工作室。

（6）节庆活动：拍摄当地的传统节庆庆典，记录欢乐和独特的仪式。例如，参与春节庙会、感受元宵灯会的热闹氛围。

（7）奇特景点：发现一些奇异或不寻常的景点，吸引观众的好奇心。例如，探访世界上最狭窄的街道、最古老的建筑等。

这些素材来源可以使旅游短视频更加多元化，吸引观众对不同主题的关注。多元化的素材来源使创作者能够涵盖目的地的各个方面，包括自然景观、文化体验、美食探险等，从而呈现更具深度和多样性的旅游内容。这不仅能够满足不同观众群体的兴趣，也使得短视频更富有故事性和趣味性，提高观众的参与度。同时，多元化的素材来源有助于打破单一主题的局限，使短视频更富创意，拓展受众基础，增加视频在社交媒体平台上的分享和传播机会，最终提升旅游短视频的影响力和成功度。

（二）选题内容结构设计

第一阶段：建立期待感

在视频的开头，引起观众的兴趣和好奇心。通过一个引人入胜的问题、令人惊讶的事实、或悬念性的场景，让观众产生强烈的期待感。

要在短视频内容设计中建立期待感，可以采取以下几种方法：

（1）悬念引入：在视频的开头，通过引入一个悬念性的场景、问题或情节，让观众感到好奇并期待答案。例如，展示一个悬念性的画面或镜头，但在这个阶段不要揭示答案。

（2）问题激发：提出一个引人思考的问题，让观众产生思考和猜测的欲望。这个问题可以与视频内容相关，激发观众的兴趣和求知欲。

（3）引人入胜的开场：通过一个精心设计的开场段落，吸引观众的注意力。可以使用有趣的幽默元素、视觉效果或剧情引发观众的兴趣。

（4）预告和引述：提前给观众一些提示或引述，在引言或标题中透露一些关键信息，但不完全揭示内容。这样能激发观众的好奇心，以了解更多信息。

（5）制造意想不到的画面转换：通过意想不到的画面转换、镜头切换或剪辑效果，以创造令人惊讶或引人入胜的效果。这种视觉上的变化会吸引观众的注意力，并让他们想要继续观看。

无论采用哪种方法，都要确保引起观众的好奇心和期待感，让他们愿意继续观看视频。同时，记得在引起期待感后尽快展示价值和亮点内容（即第二阶段），以满足观众的期待并保持他们的关注。

第二阶段：给出价值吸引

在这一部分，提供观众关心的价值，并吸引他们继续观看。可以通过解决问题、分享有趣或有用的信息、提供实用技巧等方式，传递价值给观众。

要在短视频内容设计中给出价值吸引观众，可以采取以下几个方法：

（1）解决问题：确定目标受众可能面临的问题或需求，并提供解决方案。在视频中详细说明问题，并通过简洁明了的方式展示解决方案，让观众感到视频具有价值。

（2）分享有用信息：提供观众感兴趣的实用信息。可以通过讲解新的技术、介绍生活技巧、分享专业知识等方式，给观众带来新的见解和知识，让他们觉得视频对他们有所启发或帮助。

（3）提供实用技巧：展示一些实用的技巧或方法，让观众能够使用到自己的生活或工作中。这些技巧可以涉及健康、美容、时间管理、投资理财等方面，让观众觉得学到了有价值的东西。

（4）分享经验故事：通过分享真实的经验故事，给观众以启发和借鉴。这些故事可以涉及个人成长、职业发展、团队合作等主题，让观众从他人的经历中获得价值和智慧。

（5）提供娱乐和乐趣：除了实用的价值，也可以通过娱乐和乐趣来吸引观众。通过幽默的方式、令人愉悦的视觉效果或有趣的角色扮演，让观众享受观看视频的过程。

无论选择哪种方式，都要确保视频内容具有实际价值，并能满足观众的需要。要尽量将内容简洁明了地传递出来，避免过多冗长的信息。同时，注意以观众为中心，关注他们的兴趣和需求，以确保视频能够吸引他们的注意力并传递价值。

第三阶段：设置转折

在视频中添加一个转折点，增加戏剧性和引发情绪。通过改变故事情节、展示意想不到的结果、或者引发观众情感共鸣，吸引他们继续关注下去。

要在短视频内容设计中设置转折，可以使用以下几种方法：

（1）改变情节或故事走向：在视频中引入一个突然的情节转变，改变故事的发展方向。这可以通过一个出乎意料的事件、角色的突然变化或情节的意外发展来实现。

（2）引发观众情感共鸣：在视频中揭示一个触动观众情感的事件或故事。通过展示真实的情感、个人的经历或困境，让观众在情感上发生共鸣，打动他们的心。

（3）逆转现实预期：在视频中改变观众对现实的预期。可以用戏剧化的手法，让观众以为会发生某个情节或结果，但出乎意料地给出截然相反的结局。

（4）引用反转：引用或参照一个广为人知的成语、名言或文化元素，通过改变其用法或意义，制造转折的效果。这样的转折能够吸引观众的注意力，让他们在不经意间发现了新的含义或解读。

（5）剧情冲突：在视频中引入冲突或对立的元素，制造紧张局势或悬念。

通过力量、观点或行为之间的对峙，引发观众的关注和好奇心。

通过设置转折，你可以为视频增添戏剧性、兴趣和紧张感，使观众更加投入到内容中。在设计转折时，要确保它与视频主题和受众期望相符，并尽量通过巧妙和意外的方式来实现，让观众感到惊喜和吸引。

第四阶段：制造高潮

在这一部分，达到视频的高潮。展示一个令人印象深刻、引人入胜或激动人心的场景，让观众充分体验视频的精彩部分。

要在短视频内容设计中制造高潮，可以考虑以下几个方法：

（1）紧张冲突：引入一个紧张的情节冲突，让观众的情绪和关注度达到高潮。可以通过展示冲突的对立双方、紧张的对峙情境或悬念的发展，让观众紧张兴奋，持续关注视频。

（2）剧情发展：通过有趣、紧凑和连贯的剧情发展，逐步推进视频情节，让观众随着剧情的发展而越来越投入。逐渐引发观众的好奇心和期待，以达到高潮阶段。

（3）视觉效果：运用鲜明的视觉效果来制造高潮部分。可以使用跳跃剪辑、特效、动画或其他视觉刺激操作，使观众在视觉上有更强烈的感受和体验。

（4）情感引爆点：在视频中创造一个情感引爆点，通过触动观众的情感，让他们产生共鸣和强烈情感反应。可以是一个感人的故事转折、令人激动的时刻，或者是让人振奋的成功案例等。

（5）极致体验：为观众呈现一个令人难以忘怀的极致体验。可以是一个刺激的场景、震撼的视听效果，或者是令人叹为观止的技术展示，让观众在高潮时刻感受到兴奋和惊艳。

在制造高潮时，要注意控制节奏、保持视频的紧凑性，并避免过度渲染和夸张。高潮部分应该在合适的时机出现，以吸引观众的关注并给他们留下深刻的印象。同时，要保持内容的质量和新颖性，以确保高潮部分能够在观众中产生持久的影响力。

第五阶段：巧设结尾

在视频的结尾，给观众留下一个深刻的印象。可以通过总结观点、提出启示、展示回顾性场景等方式，让观众在结束时得到满足感，并愿意分享给其他人。

设计短视频结尾时，有几个巧妙的方法可以考虑：

（1）引发观众思考：结尾可以给观众留下一个悬念或问题，促使他们继续思考和讨论。这可以通过提出一个引人入胜的问题、展示一个突发事件或者给出一个有启发性的结论来实现。

（2）增加情感共鸣：结尾可以通过情感上的共鸣留下深刻的印象。你可以运用音乐、画面或者文字来表达出积极的情绪，让观众感受到与视频主题相关的情感体验。

（3）提供行动呼吁：结尾可以鼓励观众采取行动，例如分享视频、订阅频道、参与活动或者支持某个事业。这可以通过强调重要性、设定目标或者提供具体的步骤来实现。

（4）突出关键信息：结尾时可以再次强调视频的关键信息，确保观众在结束时记住重要内容。这可以通过文字提示、重复关键词或者总结要点来实现。

无论采用哪种方式，一个巧妙的结尾应该与视频的整体内容相呼应，给观众留下深刻印象，同时也能够达到你所期望的目标。

这种结构设计可以帮助你在短时间内引起观众的兴趣、保持他们的关注，并给他们一个有意义的观看体验。当然，根据视频的具体内容和目标受众，你可以根据需要进行调整和扩展。记得要在每个阶段中保持视频的节奏和连贯性，并确保内容流畅过渡。

（三）旅游新媒体短视频的渠道选择

主流的新媒体短视频平台包括抖音、快手、微视、小红书等，这些平台各有特点，根据你的目标受众和内容类型选择合适的平台进行推广和创作，可以更好地吸引和与你的目标受众互动。

任务3 旅游新媒体短视频运营

一、运营定位

1. 短视频账号定位

清晰的账号定位对于个人或品牌成功在短视频平台上建立影响力至关重要。以下从几个方面论述清晰的账号定位是如何影响短视频的：

（1）目标受众：通过清晰的账号定位，可以明确定义目标受众，了解他们的兴趣、喜好、需求和行为习惯。这有助于创作内容和制定策略，以吸引和留住目标受众，建立与他们的连接和互动。

（2）竞争优势：账号定位可以帮助个人或品牌找到自己的独特之处，突出自己的竞争优势。在短视频平台上，用户面临大量的内容选择，因此必须通过独特而有吸引力的内容来吸引观众的注意力。清晰的账号定位可以帮助个人或品牌在竞争激烈的环境中脱颖而出。

（3）内容一致性：通过明确的账号定位，个人或品牌可以确保其内容在主题、风格和价值观上保持一致。这种一致性可以增加观众的信任度和忠诚度，使他们更愿意关注和分享账号的内容。一致性还有助于塑造个人或品牌的形象和品牌价值观。

（4）建立专业形象：清晰的账号定位可以帮助个人或品牌在短视频平台上建立专业形象。通过定位自己为某个特定领域的专家或权威，个人或品牌可以提供有价值的信息、见解和建议，赢得观众的信任和尊重。这有助于建立个人或品牌的影响力和声誉。

（5）精准的营销和合作机会：清晰的账号定位可以吸引与目标受众相符的品牌合作伙伴和赞助商。这些合作机会可以提供更多资源和机会，帮助个人或品牌扩大影响力，并为账号的发展提供支持。

总之，清晰的账号定位对于个人或品牌在短视频平台上建立影响力至关重要。它可以帮助个人或品牌明确目标受众、突出竞争优势、保持内容一致性、建立专业形象，并吸引精准的营销和合作机会。通过有效的账号定位，个人或品牌可以在竞争激烈的短视频平台上脱颖而出，建立长期的影响力和忠实的观众基础。

2. 表现形式定位

短视频内容可以通过多种方式进行表现，以下是一些常见的方式：

（1）剧情叙事：通过故事情节和角色塑造来表达主题或传递信息。这种方式可以吸引观众的情感共鸣，让他们更加投入和参与。

（2）幽默搞笑：利用幽默和搞笑元素来引起观众的笑声和喜爱。这种方式适合轻松的主题和愉快的氛围，能够吸引更多观众的关注和分享。

（3）教育和知识分享：通过教育和知识分享来提供有价值的信息和见解。这种方式可以吸引那些寻求学习和提升的观众，建立自己在特定领域的专家形象。

（4）挑战和实验：通过参与挑战或进行实验来吸引观众的兴趣和好奇心。这种方式可以激发观众的参与和互动，增加他们对内容的分享和讨论。

（5）美食和旅行：通过展示美食和旅行的各种经历和体验来吸引观众。这种方式可以唤起观众的食欲和旅行欲望，激发他们的向往和探索欲望。

（6）舞蹈和表演：通过舞蹈和表演来展示艺术才华和创造力。这种方式可以吸引观众的视觉和情感体验，让他们对表演者产生共鸣和喜爱。

（7）快速教程和技能展示：通过快速教程和技能展示来传授实用的技能和知识。这种方式可以吸引那些寻求学习和提升的观众，让他们通过观看视频获得实际的收益和成长。

（8）文化和时事评论：通过评论和讨论文化和时事问题来引发观众的思考和讨论。这种方式可以激发观众的兴趣和参与，促进社会话题的关注和探讨。

这些表现方式可以单独使用，也可以结合在一起，根据内容的特点和目标受众的需求来选择和运用。关键是要根据短视频平台的特点和观众的喜好，创造出有吸引力和有影响力的内容。

二、推广变现

1. 推广方式

不同的平台内置算法及推荐机制是不同的，在对短视频进行推广时要“对症下药”，因此，了解不同平台的推荐机制是十分重要的。

需要注意的是，不同平台的推荐机制可能会经常更新和改进，具体的推荐算法和机制可能会有变化，在学习过程中要注意去相应网站了解最新内容。

2. 推广策略

了解短视频平台的推荐机制之后，要想在各个平台让自己的作品获得更多的浏览与互动等，就需要结合一定的策略进行推广，对短视频的推广，以平台为界限，分为了平台内推广和平台外推广。

（1）短视频平台内推广

①制作优质内容：创作高质量、吸引人的内容是吸引观众的基础。确保你的视频有趣、有吸引力，符合目标受众的兴趣。

②了解平台规则：不同的短视频平台有不同的规则和算法。了解并遵守平台规定，有助于提高视频被推荐的概率。

③利用热门话题：关注热门话题和挑战，制作与之相关的内容。这有助于提高你的视频在热门标签下的曝光机会。

④频繁互动：与观众互动，回复评论、点赞粉丝的留言。积极的互动可以增加粉丝黏性，提高曝光率。

⑤合作与联动：与其他创作者合作，参与联动活动。这可以拓展你的观众群体，同时增加视频的曝光。

⑥利用平台工具：充分利用平台提供的工具，如直播、话题榜单等。这些工具有助于提高视频在平台上的可见度。

⑦参与挑战活动：主动参与平台或品牌主办的挑战活动，这有助于提高曝光度并吸引更多的观众。

⑧定期更新内容：保持定期更新，保持观众对你的关注。频繁更新内容可以提高其平台上的活跃度。

（2）短视频平台外推广

①社交媒体分享：利用其他社交媒体平台，分享你的短视频链接。引导你的社交媒体粉丝进入短视频平台观看你的内容。

②个人网站或博客：如果你有个人网站或博客，可以嵌入短视频链接，向你的网站访问者展示你在短视频平台上的创作。

③电子邮件推广：如果你有邮件订阅者，可以通过电子邮件向他们发送关于你最新短视频的通知，提醒他们前往观看。

④合作推广：与其他社交媒体影响者、博主或网站合作，通过交叉宣传互相增加曝光度。

⑤参与行业活动：参加与你的视频内容相关的行业活动或线下活动，通过活动参与和网络社交提高你的知名度。

⑥使用独特的标签：在其他平台上使用独特的标签，使人们更容易找到你的短视频内容。

⑦优质缩略图和标题：在社交媒体上分享短视频时，确保使用引人注目的缩略图和吸引人的标题，增加点击率。

⑧制作宣传片：制作一个短小而引人注目的宣传片，用于在其他平台上宣传你的短视频内容。

⑨ SEO 优化：在你的个人网站或博客中进行搜索引擎优化（SEO），以提高你的短视频在搜索结果中的排名。

[课堂练习]

选取一个或者多个短视频平台，将自己做好的短视频进行发布推广，并根据视频的播放量、涨粉量等评估推广效果。

3. 变现方式

短视频进行推广的主要目的是为了实现变现，通过扩大视频的曝光度、提高观众数量，创作者可以利用不同的变现方式将短视频转化为经济收益。推广能够吸引更多广告主的关注，提供合作机会，从而通过广告分成等模式获取收入。此外，推广也为创作者提供了知识付费、虚拟礼物、品牌合作等多元化的变现途径。通过积极的推广活动，创作者可以建立更强大的粉丝基础，提升自身在短视频平台上的影响力，从而更有效地实现短视频内容的商业化和经济回报。推广变现的方式有很多，从不同的角度去研究，也有具体变现手段，下面从不同角度进行变现方式的介绍。短视频创作者可以通过多种方式实现变现，常见的包括：

（1）广告合作

与品牌或公司合作，制作包含广告元素的短视频，获得广告费用。短视频广告变现有多种方式，以下是其中一些具体的例子：

①前置广告：在短视频播放前插入的广告，观众在观看目标视频之前会看到短暂的广告。

②中途广告：在短视频播放过程中的某个时间点插入的广告，可以是中途的广告贴片。

③贴片广告：直接嵌入到短视频内容中的广告，通常由创作者在视频中融入品牌或产品的宣传。

④悬浮广告：短视频播放时出现在屏幕某一角落的小型广告，不干扰主要内容。

⑤互动广告：利用短视频平台的互动功能，观众可以点击广告参与互动，提高广告的参与度。

⑥短视频挑战广告：利用用户生成的内容，发起一些与品牌相关的挑战，鼓励创作者参与，增加品牌曝光。

（2）付费礼物和打赏

在一些短视频平台上，观众可以通过购买虚拟礼物或打赏来支持喜欢的创作者。以下是一些具体的例子：

①虚拟礼物和打赏：在直播过程中，观众可以购买虚拟礼物或进行打赏，直播主获得相应的收入。

②付费提问：观众可以通过付费方式向直播主提问，获取意见或建议。

③直播商品销售：主播展示并销售商品，观众可以直接在直播间购买商品。

④直播合作和赞助：与品牌或公司合作，进行直播合作或接受赞助，获取品牌宣传费用。

⑤收费房间：制定付费入场规则，只有支付观看费用的观众才能进入直播间观看内容。

（3）直播平台收入

短视频平台常常通过补贴的方式激励创作者，鼓励他们创作更多吸引人的内容。以下是一些短视频平台补贴变现的具体方式：

①播放量奖励：平台根据创作者短视频的播放量给予奖励，播放量越高，奖励越丰厚。

②时长奖励：平台可能设定一定的短视频时长标准，达到或超过该标准的创作者会获得额外奖励。

③新手奖励：针对新加入平台的创作者，提供一定期限内的奖励，鼓励其快速适应并产出高质量内容。

④专题活动奖励：平台可能会定期推出一些专题活动，创作者参与并完成相关任务可以获取额外奖励。

⑤分享传播奖励：平台可能奖励那些短视频被广泛分享、传播的创作者，激励创作者制作更有传播力的内容。

（4）付费内容

提供一些独家或高质量的付费内容，让粉丝通过订阅或购买获取。短视频知识付费变现是通过提供独特的、有价值的知识内容来获取收入。以下是一些具体的例子：

①课程销售：创作者可以制作深入的知识课程，涵盖特定领域的专业知识，并在平台上销售这些课程。

②付费直播课程：在短视频平台上进行实时直播，提供有偿的知识分享和教学，观众通过购买进入直播间。

③知识专栏：创作者可以创建专栏系列，深入剖析某一主题，通过设置订阅费用来获取收入。

④个性化咨询服务：提供一对一或小组的个性化咨询服务，观众通过支付

费用获得专业建议。

⑤专业工具分享：如果创作者在某一领域有独特的工具、资源或技巧，可以出售这些工具或提供付费访问。

（5）短视频IP（知识产权）衍生

利用人气在线上建立的社群效应，将原有内容延伸到其他形式或产品中，以获取更多的收入。以下是一些具体的例子：

①衍生产品销售：利用短视频IP创建并销售相关产品，如T恤、文具、周边商品等。

②授权和合作：将短视频IP授权给其他品牌或制作方，让其用于相关产品、漫画、游戏等的制作与推广。

③漫画或图书出版：将短视频内容改编成漫画、图书，通过销售实体或电子书籍获取收入。

④品牌合作：利用短视频IP吸引品牌合作，进行联名推广，获得合作费用或提成。

⑤主题活动和展览：利用短视频IP的人气组织相关主题活动、展览，通过门票或活动合作获得收入。

（6）电商合作

利用短视频内容推广商品，与电商平台合作，获得销售提成或固定费用。短视频电商变现是通过在短视频平台上推广和销售商品来获取收入。以下是一些具体的例子：

①产品展示和推广：创作者可以制作关于产品的短视频，展示产品的使用场景、特点和优势，激发观众购买兴趣。

②购物链接：在短视频描述或评论中加入购物链接，观众可以直接点击链接跳转到电商平台购买相关产品。

③限时促销：利用短视频传播产品的限时促销活动，加强观众的购买决策。

④合作推广：与品牌或电商平台合作，成为其产品的推广合作伙伴，通过销售提成获取收入。

⑤开箱体验：创作者可以制作商品的开箱视频，展示产品外观和功能，增

强观众的购买欲望。

⑥专业服务：基于自身专业技能，提供咨询、培训或其他服务，获取费用。

⑦赞助和品牌代言：合作成为某品牌的代言人，或接受品牌赞助。

[实战训练]

实训目标：

1. 能够组建一支优秀的旅游短视频制作团队。
2. 能够熟练使用常见的视频剪辑软件并拍摄有创意的旅游景点短视频。
3. 培养创新能力以及艺术素养。

实训要求：

1. 3–5 人为一组，分组进行，每组选一名队长。
2. 实训形式：拍摄并制作太原晋祠博物馆景点介绍视频。

实训内容：

根据本项目讲述的知识完成短视频的策划、拍摄、剪辑以及发布。要求时间 3 分钟以上，720p 以上分辨率，画面清晰，音质好，并自己加配相对应的中文字幕。内容要求积极向上，符合国家政策、法律要求。

[职业素养]

文旅强国

旅游业的稳定发展代表国家的繁荣昌盛，平静祥和。文化是旅游的灵魂，旅游是文化的载体。文化使旅游的品质得到提升，旅游使文化得到广泛传播。可通过短视频的形式传达和宣传党的相关思想，提升人们的思想道德素质，塑造积极向上的价值观，以推动社会进步。通过这种方式，可以打造文旅强国，即通过旅游和文化产业的发展，提升国家软实力和文化影响力。

思政“赋能”短视频是一种有效的方式，可以通过短视频平台传达思想政治教育的内容和理念，提升人们的思想道德素质，塑造积极向上的价值观，推动文旅强国的建设。在打造文旅强国的过程中，短视频平台成为重要的传播渠道和工具。通过精心制作的短视频内容，可以将旅游景点、文化遗产、优秀传统文化等展示给观众，激发他们对于文化和旅游的兴趣。同时，短视频还可以传达旅游目的地的历史、文化、风土人情等方面的信息，提升人们对于旅游地区的认知和理解。

思政“赋能”短视频的关键在于内容的设计和传播方式的选择。短视频内容应当紧密结合思想政治教育的核心价值观，注重宣传社会主义核心价值观、中国特色社会主义道路、中国梦等重要理念，以及爱国主义、集体主义、社会主义荣辱观等思想内容。同时，要注意短视频的制作技巧，通过精美的画面、生动的剪辑和引人入胜的叙述，吸引观众的注意力，传递积极向上的价值观和情感。

在传播方式上，可以通过短视频平台的推荐算法和社交分享来扩大影响力。通过精准的定位和推送，将思政短视频推送给潜在的观众群体，让更多的人接触到并受到启发。同时，鼓励观众进行点赞、评论和转发，扩大视频的传播范围，形成更广泛的社会影响。

[任务小结]

与传统营销模式相比，旅游短视频营销具有高传播性的优势，尤其是优质的视频内容更容易在社交媒体、视频分享网站等在线平台上传播。当观众喜欢并分享时，视频很有可能在网络上迅速扩散，以吸引更多观众和潜在客户。视频营销还能够促进用户参与度。通过鼓励观众参与互动，如评论、分享、点赞等方式，增强用户与品牌的互动和沟通。观众还可以通过互动表达自己的意见、分享自己的观点，进一步加深对品牌的关注和参与度。品牌方也能够根据观众的反馈，调整自身的产品或产业，以实现产业的优化与升级。

知识与技能训练

一、简答题

1. 请简要解释短视频营销的概念。

2. 请列举三个短视频营销的优势。

3. 请列举两个在抖音、快手等短视频平台进行旅游短视频营销的方法。

4. 请简述新媒体营销短视频的内容设计过程。

二、论述题

1. 论述旅游视频营销中的目标定位的重要性以及如何进行有效的目标定位。

2. 论述在小红书平台如何对景点进行宣传推广。

三、案例分析题

云冈石窟是石窟艺术“中国化”的开始，是中国著名的旅游景区之一，造像气势宏伟，内容丰富多彩，堪称公元5世纪中国石刻艺术之冠，被誉为中国古代雕刻艺术的宝库。

为了提升云冈石窟的知名度并吸引更多游客，请为云冈石窟做一份完整的视频旅游营销策划案。

参考答案

四、实训题

（一）实训内容

与太原古县城当地民宿合作，教师带领学生对民宿制作宣传短视频，以第一视角展现该民宿的特色以及住宿体验。

（二）实训过程

实训项目	为合作的民宿拍摄、制作短视频并选择合适的平台发布
实训地点	太原古县城民宿
实训设备器材	手机、相机、电脑等
实训目的	运用本章学习的相关知识，为所选民宿选择合适的短视频脚本，拍摄并剪辑好短视频，选择合适的平台发布
情境描述	教师组织带领学生去往古县城民宿，在民宿住一夜，模拟一个普通的住店旅客，以第一视角进店、办入住、查看房间情况、就餐等，摄制沉浸式的住店体验，并拍摄成短视频为其进行宣传
实训要求	1. 给学生分组，3~5人一组，首先对民宿进行调研，选择一个适合的短视频创意方向 2. 给每个学生分工，步步落实，分工明确，并进行记录 3. 一起合作完成短视频拍摄并成功在平台发布 4. 发布后，记录短视频播放量、评论、转发量等，形成总计
任务考核	教师通过发布视频的点播量、评论、转发量等关键数据，对学生的短视频打分法

项目六

旅游新媒体直播营销

项目概述

如今，直播已经变成一种无处不在的媒体形态和生活状态。于旅游市场也是如此，“新媒体 + 直播 + 旅游”已经成为发展旅游个体、旅游类企业的新型商业模式。随着各平台的旅游电商直播数量和直播场次爆发式的增长，直播也成为旅游行业新的“营销风口”。所以，旅游新媒体直播从业者要发挥直播营销的作用，抓住“风口”，不仅要理解旅游直播规律，掌握旅游直播营销策略，还要关注细节、利用有效的运营方法，组建团队进行精准执行。本项目将系统介绍旅游直播营销的基本知识，主要围绕旅游直播营销策划、流量获取方法、直播技巧等内容展开。

学习目标

知识目标

1. 对旅游直播营销有基本的认知。
2. 掌握旅游直播营销策划的流程、设计思路。
3. 了解不同直播平台的特点。
4. 掌握旅游直播营销平台的选择要点。

技能目标

1. 了解直播平台的分类、入驻规范和选择原则。
2. 掌握旅游直播营销人员配置、场地选择与布置。
3. 了解不同直播平台的营销策略。
4. 能够独立选择旅游直播营销平台。

思维导图

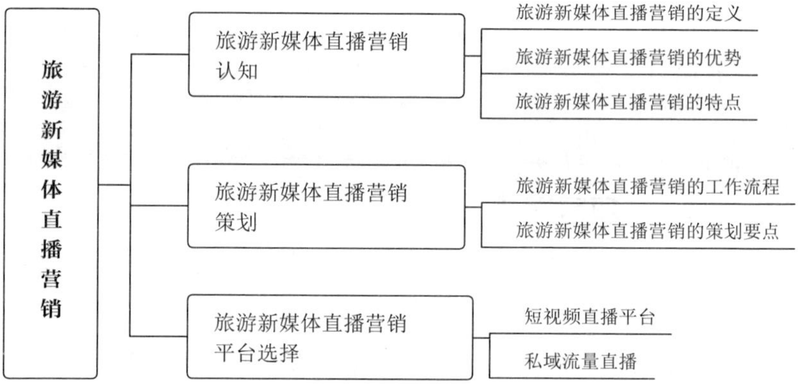

[引导案例]

在博物馆遇见美好生活

2023 年 5 月，由国家文物局指导，中国文物报社、抖音集团主办，抖音电商、文博在线承办的“在博物馆遇见美好生活 · 博物馆文创新品推广周”活动在抖音平台上线。5 月 15 日至 5 月 21 日，全国 62 家博物馆带来千款文创产品，通过短视频、博物馆自播、达人带货等内容形式，生动直观地讲述博物馆历史故事、文物故事和文创特色，助力知识传播与文创推广。

近年来，到博物馆去追寻过往、触摸现在、感受未来，已成为越来越多人的潮流选择。伴随着各地各级政府的政策支持和短视频平台的助力，多地博物馆也把自身特色和最新技术相结合，在互联网上“乘风破浪”，逐渐打破了博物馆传统的线下单一传播模式，纷纷借力短视频和直播，不断探索和提升着传播文博知识、传播传统文化、促进文创产品“出圈”的广度和深度。

据统计，活动时间内，主话题“在博物馆遇见美好生活”播放量达到 1.5 亿，参与活动的博物馆店铺累计销售额是 2022 年同期的 12 倍；新东方直播间的 3 场文创专场直播累计吸引了超 120 万人次观看，售出商品超 8000 件，平均每小时销售额较“文创年货节”期间相关场次增长近 100%。数据显示，2023 年的“五一”假期，全国 6000 多家博物馆共接待游客超 5000 万人次，达历史同期最高水平。

（资料来源：《中国文物报》选入略有改动）

分析与思考：你有参与过云看展吗？你了解旅游类的直播营销吗？策划一场旅游目的地直播营销需要哪些技能？本项目将围绕旅游直播营销的商业价值、旅游直播营销策划、流量获取方法、直播技巧等内容分任务加以详细介绍。

任务 1 旅游新媒体直播营销认知

一、旅游新媒体直播营销的定义

直播是指直播主体或直播机构把现场发生的事情通过电视信号或网络信号以声音、图片或者视频的形式及时传递给观众。如今，随着网络技术的发展，直播已经形成电视直播、网络直播、手机直播等多种形态并存的局面。我们现在说的直播多指区别于电视直播的网络直播。

从 2005 年到 2013 年，网络直播市场随着互联网的发展逐渐兴起，而后经过快速发展，直播已涉足众多领域，形成了目前的“直播 +”时代。

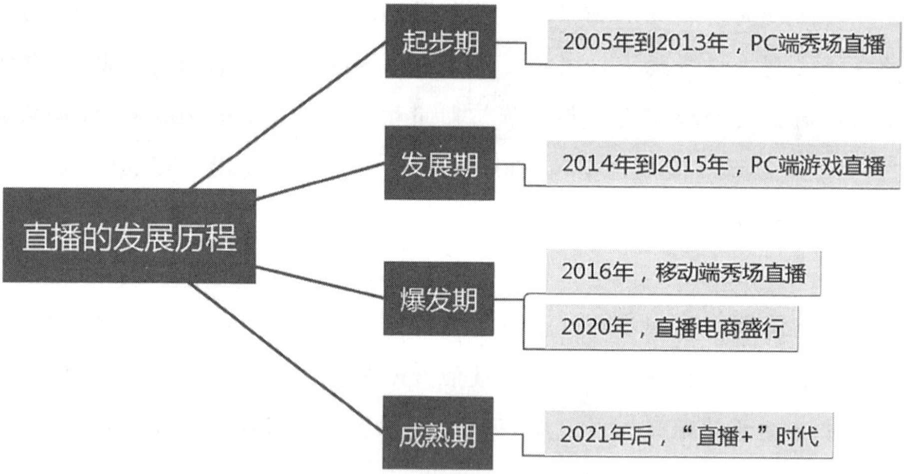

图 6–1 直播的发展历程

旅游直播营销是在旅游现场随着时间的发生、发展同时制作和播出的营销方式，以实时在线直播的形式，向受众展示和推销旅游商品，从而达到宣传推广和交易目的的活动。由此来看，旅游直播营销是旅游企业 / 品牌商以直播平台为载体进行营销，以达到提升品牌影响力和提高旅游商品销量目的的一种营销活动。

二、旅游新媒体直播营销的优势

1. 即时互动性

传统的营销方式通常是由企业 / 品牌商发布营销信息，用户被动接收信息。在这个过程中，企业 / 品牌商无法立刻了解用户对营销信息的接收情况和用户对营销信息的态度。而直播具有良好的互动性，在直播过程中，企业 / 品牌商在向用户呈现营销信息的同时，用户也可以针对营销信息发言和互动，参与到直播活动中。这样既有利于增强用户的参与感，又调动了直播间的氛围。针对某些话题，甚至可以形成意向用户、围观用户以及企业 / 品牌商三方之间的强烈互动，真正实现企业 / 品牌商与用户之间、用户与用户之间的深度互动，实现营销效果最大化。

2. 旅游场景真实性

在营销活动中，真实、高质量的商品是企业 / 品牌商赢得用户信任的第一步。在传统的营销方式中，无论是图文式广告还是视频类广告，虽然它们制作精良，极具吸引力，但是有些用户往往会对其真实性存在质疑，因为它们都是提前制作好的成品，制作过程中经过了大量人为的剪辑和美化。而通过旅游直播的形式，企业 / 品牌商不仅可以展示旅游景区的实景效果，还可以展示旅游商品的生产环境、生产过程等，让用户了解商品真实的制作过程，获得用户的信任，还可以展示商品的试吃、试玩、试用等过程，让用户直观地了解商品的使用效果，从而刺激用户的购买欲。

3. 营销效果直观性

消费者在线下购买商品时，容易受到外部环境的影响。而在直播活动中，主播对商品的现场展示和介绍，以及直播间内很多人争相下单购买的氛围，很容易刺激其他用户直接下单购买商品。在直播过程中，运营团队也可以看到实时数据，了解直播间内商品的售卖情况，及时掌握直播活动的营销效果。

[课堂讨论]

“品一口陈醋，醇爽滋味沁人心脾，口中尽是家乡余味；寻一缕酒香，杏花村中清香扑鼻，心中愁绪了无踪迹……”

2023 年 6 月，农产品直播电商平台东方甄选在太原古县城举办了一场山西专场。直播间里，主播董宇辉深情赞美着山西的风土人情，带领观众“云游”古老厚重的三晋大地，沉浸式体验威风锣鼓、左权小花戏、太原莲花落、晋剧等非遗表演，并细细讲述这片大地上厚重的历史文化底蕴。

其中，汾酒作为驰名中外的山西特产，因董宇辉的直播再次在网上掀起爆单热潮，直播当天下午，53 度清香型汾酒销售达 2.5 万单。

资料来源：太原广播电视台官方号锦绣太原，选入略有改动

结合以上材料分组讨论以下问题：

1. 东方甄选在太原古县城的直播属于哪种旅游直播营销形式？

2. 体现了旅游直播营销的哪些特点？

3. 你认为旅游从业人员是否需要具备探索精神和创新思维，为什么？

三、旅游新媒体直播营销的特点

直播营销有别于其他行业，在直播技术、行业参与、场景构建用户参与数量上都达到了前所未有的高度，其主要表现有以下特点。

1. 有效构建旅游“人、货、场”

营销的本质是满足人们的需求和想法，有力地促使产品或服务的交换。而旅游营销是通过构建消费场景连接用户和商品，即营销三要素：用户——“人”，商品——“货”，消费场景——“场”。旅游直播营销是基于新媒体的新型营销方式，在营销三要素的基础上有效构建了“人、货、场”。

传统旅游营销方式，用户 / 消费者产生消费需求后，选择旅游目的地或旅游产品，然后进入旅游目的地消费旅游场景或筛选旅游商品，最终完成购买，整个过程是推动式“先有货，货找人”的方式。

而在旅游直播营销中，直播前系统通过用户画像和用户喜好对用户进行筛

选，推送相关旅游产品介绍或短视频，用户 / 消费者是被短视频或直播推介吸引到直播间。旅游销售主播通过实时互动搭建消费场景，引发消费者 / 用户的消费欲望，促使其产生消费行为，整个过程是拉动式“先种草，再人找货”的方式。相较于传统旅游营销方式，旅游直播营销提升了用户的购物体验。

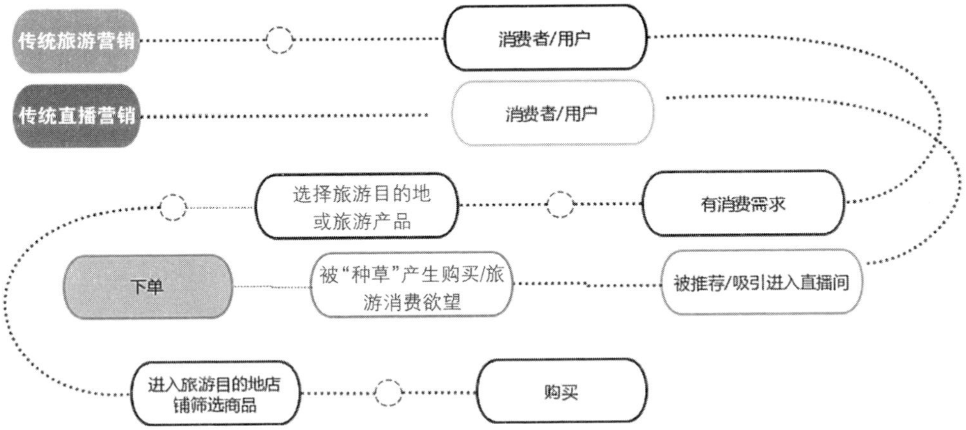

图 6–2　旅游直播营销与传统旅游营销流程的区别

2. 精准旅游营销

精准旅游营销是指在进行旅游市场营销时，根据市场细分和个性化需求，将产品或服务精准地传递给目标客户群体。通过深入了解客户需求，以此为依据，准确地定位客户，实现更高效、更精准的旅游营销。旅游直播营销充分运用了大数据技术进行精准营销，利用数据可视化和用户可视化两个直播营销的明显优势，将大数据技术在旅游直播营销中的应用发挥到极致。

如在旅游直播前，直播团队可以通过用户画像和用户喜好对直播间用户进行初步的判断，从而在选品、直播宣传等方面做出优化；还可以根据积累的数据和经验做出预测，排除一些不利因素。在直播过程中，直播团队可以通过第三方数据平台对直播进行实时监测，根据直播间的在线人数、销售额、商品销售数量等具体的实时数据对直播动作进行及时调整。在直播结束后，直播团队做直播复盘时要以数据为基础进行综合分析。除此之外，平台也会根据旅游博主和直播特点对直播间进行分类，还会根据用户旅游偏好和社会属性为用户推荐合适的直播间，使二者匹配以达到直播效益最大化。

3. 场景化的购物体验

旅游直播中场景化营销是区别与其他行业直播的一个显著特点。旅游目的地实地场景直播对用户而言有较强的冲击力，可以增强用户的参与感和体验感，也可减少用户查阅商品信息的时间成本，帮助用户降低决策成本。

场景化设计通过不同场景将更多的感受传达出去，切实触及消费者精神与情感，给别人一个无法替代、不得不选择的理由。直播充分利用技术手段来调动视觉、听觉，让消费者沉浸于多感官立体包裹式的场景中，通过具有“信念感”的场景进行深度体验。

4. 旅游直播营销形式多样

旅游直播目的必须结合企业的营销目标，再根据企业自身情况选择不同的直播营销形式。常见的旅游直播营销主要形式，如表 6-1 所示。

表 6-1 旅游直播营销的主要形式

旅游直播营销形式	直播间形式	旅游直播内容	旅游商品来源
基地式直播	基于当地的优势资源构建直播基地，由基地自己组织直播或者向基地运营方缴纳基地服务费，使用直播基地提供的直播间	主播讲解并展示商品，通过丰富的品类和有吸引力的价格，引导用户做出购买决策	基地的产品，如乡村旅游商品、保健品、快消品、限量服装等
体验式直播	旅游目的地自己搭建的室内直播间	根据旅游目的地特色商品，主播演示商品加工过程或使用过程，唤起用户体验兴趣，吸引用户做出购买决策	自制商品或品牌商提供的商品，如特色食品、小型家电
知识类直播	文化历史类旅游景区场景	主播以授课或导游的方式分享景区历史文化，再推荐合作商品与分享知识相关的在线教育服务	景区自主文创商品或与品牌商合作的商品，或与分享知识相关的在线教育服务
日常式直播	日常工作或生活场所	对主播而言，直播其日常工作或生活场所；对企业来说，直播企业的日常工作场景，如产品研发、文物修复、工作状态、办公室趣事等。通过这些内容，提升用户对主播和直播间的黏性	对主播而言，可选择品牌商提供产品。对企业来说，可以选择自有商品或合作商的商品。如故宫文物修复直播

[职业素养]

2023 年 8 月 8 日，某法院召开发布会，通报了一起案件主要是消费者意识到被骗，诉至法院。案件具体是某账号直播中主播以救治患病女孩并拒绝捐款为由，通过低价售货赚取的利润资助患病女孩，众多消费者被主播的善良感动下单，希望能帮助患病女孩，但就在部分热心的网友想通过主播以外的渠道资助女孩时，才发现所谓女孩患病，只是某账号在演戏炒作、卖惨带货。于是消费者意识到被骗，诉至法院。

此案件经法院一审和二审，最终裁定该主播退一赔三并发布道歉声明，要求相关平台加强审查、完善投诉机制。该案的判决也为规范此类网络直播带货划定了红线。

讨论：你怎样看待上述问题？带货主播应该具备哪些职业素养？作为旅游从业人员，你将如何助力营造诚实守信、文明良善、正能量充沛的网络直播环境？

拓展知识6-1：
整治直播乱象

[任务小结]

现阶段我国的直播产业链已经较为成熟，直播营销的平台、规则、MCN 机构、供应链等方面已经较为完善。以淘宝、京东为代表的电商直播平台，以抖音、快手为代表的短视频直播平台，以小鹅通、企业微信、钉钉为代表的私域流量直播平台等，都呈现出较好的发展态势。同时，旅游直播营销行业发展的相关机制也将更加健全和规范。

任务2 旅游新媒体直播营销策划

一、旅游新媒体直播营销的工作流程

一场旅游直播能否顺利进行与是否提前做好直播策划高度相关。旅游直播营销活动是一项涉及团队构建、分工、选品、直播间搭建、直播话术和脚本、直播宣传和扩散等多方面的复杂工作，需要团队协作完成。

做好旅游直播营销策划首先要了解其工作流程，常规来说，旅游直播营销活动的流程主要包括以下五个环节，如图6-3所示。

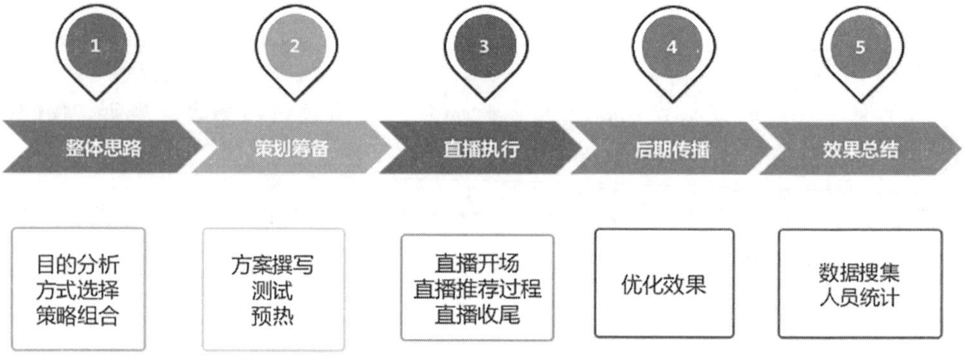

图6-3 旅游直播营销的工作流程

1. 旅游直播营销的整体思路

在策划旅游直播方案之前，直播团队需要先确定营销的整体思路，然后有针对性地实施。直播营销的整体思路包括目的分析、方式选择和策划筹备。

旅游直播营销活动，有时需要达到销售旅游产品数量的目的；有时需要提升旅游目的地的品牌影响力。营销目的不同，策略方案便也随之不同。在确定了旅游直播营销目的后，团队需根据用户群体的关注偏好、消费特点选择不同的营销方式。确定了营销方式后，直播团队需要对旅游场景、旅游商品、创意方案等模块进行组合，进而设计合适的直播策略。

2. 旅游直播营销策划筹备

策划筹备是旅游直播营销的第二个环节，具体准备包括完善撰写的旅游直播营销方案、在直播前检查测试硬件和软件，保证直播顺利。同时，为了确保开播后观看人数，直播团队还需要进行预热宣传。

3. 旅游直播执行

直播开播前要完成大量的准备工作，如检查道具、旅游产品样品、软件和硬件，布置直播间，产品脚本打印，熟悉直播话术，优惠活动设计，直播分工，明确直播流程等，保证直播过程的可控，也可以持续优化直播。

4. 旅游直播营销后期传播

直播结束后，直播团队需要将直播涉及的图片、文字、视频进行编辑，并利用其他平台（如抖音、快手、微信视频、今日头条、微博等）继续传播，让其抵达未观看直播的用户，使直播效果更好。

5. 效果总结——旅游复盘与售后

一般情况下，直播结束后直播团队会根据直播数据对过程进行复盘，从而查漏补缺不断优化直播过程，提高直播成绩。效果总结大致分为回顾目标、分析原因、提炼经验三个部分。每次直播复盘时，团队可以编写复盘文档，如表 6-2 所示，将直播中发现的问题、原因，获取的经验和改善方法，以文字的形式记录下来，做到持续优化。

表 6-2　旅游营销直播复盘表

复盘主题如：关于 ××× 直播主题的复盘			
直播场次		直播主题	
直播时间		复盘时间	
参与人员			
实际结果与目标比对			
业绩目标		完成情况	

续表

流量目标		完成情况	
影响力目标		完成情况	
转化率目标		完成情况	
直播过程描述			
原因分析			
经验总结			

[实战训练]

1. 假设单位给你一项针对山西临汾壶口瀑布的旅游直播任务，请设计你直播团队的工作流程。

2. 如果让你组织策划一场关于你家乡旅游资源或特产的直播，你会怎样策划？

二、旅游新媒体直播营销的策划要点

旅游直播团队策划直播方案的目的是将抽象概述的思路转换成明确传达的文字，以使所有参与人员尤其是直播相关项目的负责人，既了解整体思路，又明确落地方法及步骤。

因旅游直播方案大多用于直播团队的内部沟通，所以基本采取最精练的语言表述，争取一遍让与直播相关的所有人员熟悉活动流程及分工。常规的正文描述多简明扼要、直达主题。完整的直播方案正文，需要包括直播目标、直播思路简述、直播间的人员分工、直播的时间节点、直播活动预算五大要素。

（一）旅游直播营销的目标

旅游直播视频具有便捷、直观、真实、互动性强等优势，所以直播方案正文首先需要传达直播目标。根据 SMART 原则，直播目标需要满足具体、可衡量、可实现、相关性、有时限 5 个要素，如图 6-4 所示。

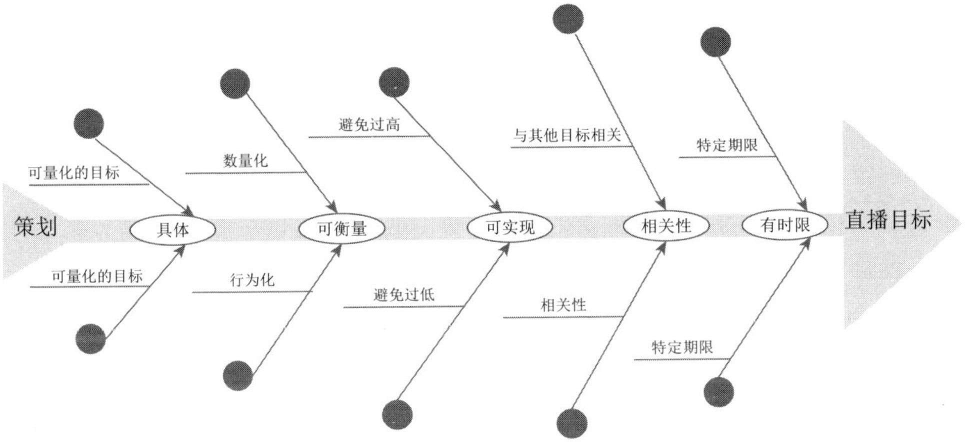

图 6-4 旅游直播营销的 SMART 原则

（1）具体目标，即可以量化的直播目标，如“通过直播营销提升山西五台山风景名胜区品牌知名度”就不是具体的目标，而借助直播让“山西五台山风景名胜区抖音账号粉丝数达到 300 万”就是具体的目标。

（2）可衡量，即目标是数量化或行为化的。如“利用山西临汾旅游直播实现汾酒销量猛增”就不是可衡量的目标，而“利用 3 小时的直播，推荐 5 款汾酒，实现 30 万元销售额”就是可衡量的目标。

（3）可实现，即目标在付出努力的情况下是可以实现的，旅游直播营销应避免设立过高或过低的目标。例如，上一次山西晋祠直播有 3 万人观看，下一次直播就将观看人数增加到 80 万就是不可实现的，而“4 万人观看”或“5 万人观看”这样的直播目标是可实现的。

（4）相关性，即目标与直播团队的其他目标具有相关性。例如，通过抖音平台直播，使“山西大同云冈石窟微信公众号粉丝增加 800 人”或“为社群引流 100 人”等运营目标也是有相关性的目标。

（5）有时限，即确定完成目标的特定期限。一场旅游直播结束后，传播与发酵的时间往往在 3~7 天，其中 80% 左右的商品销量来自直播当天。因此，“通过直播增加 3 万件销量”的目标是没有时限的，而“直播结束 24 小时内增加销量 3 万件”是有时限的目标。

综上所述，在旅游直播营销策划方案中，直播团队需要将直播的营销目标按照 SMART 原则准确地描述出来，这样才能达到最佳的直播效果。

（二）旅游直播营销的思路

旅游直播方案需要对直播的整体思路进行简要描述，包括直播目标、直播平台、直播时间、直播主题、直播亮点等。其中，直播主题是直播方案的中心，整场直播的设计都需要围绕直播主题进行。

（三）直播间的人员分工

关于直播间的人员分工，直播团队需要在直播方案中做小组分工说明和直播流程中的具体分工说明。为了确保直播活动的顺利开展，直播团队需要先将与直播相关的工作内容进行分组。

1. 小组分工

一般情况下，在直播前直播团队会将工作人员分为直播前宣传组、道具组、摄制组、主播组、商品组等。需要说明的是，为了提升直播策划方案的可执行度，每个小组都会设定专门的负责人，并清楚描述小组成员的工作内容。如宣传组会宣传和预告直播信息，道具组会确保准备妥当直播录制所需的桌椅、水杯、文具、装饰品等各种道具，商品组会在直播时快速为主播传递样品，并将样品摆放整齐、标记清楚。

2. 流程分工

为明确直播中各个环节工作人员的职责及工作要点，直播团队还会针对直播流程中的具体分工撰写说明，并重点描述各工作环节的负责人及其工作内容。

（四）直播活动的预算

每一场直播活动都会涉及预算，包括整体预算情况、各环节的预算情况，都需要直播团队在直播方案中进行简要描述。一般情况下，一场直播活动可能需要以下四个方面的费用投入。

（1）基础投入。包括手机、计算机、摄像机、话筒等直播硬件费用，直播间的装饰费用，直播团队的薪酬，直播场地的租赁费用，直播平台店铺的开店费用。

（2）现场福利活动。包括现场福利，主要以发放红包、优惠券、实物礼品为主，如关注领红包，抽奖得红包、优惠券、实物礼品等。

（3）前期宣传活动。包括各宣传渠道的引流费用、宣传物料的制作费用等。

（4）后期宣传活动。包括各渠道的维护费用、推广费用，以及宣传物料制作费用等。当某个项目组可能出现预算超支的情况时，需要提前告知相关负责人，以便于整体协调。

[分组讨论]

可分组选择观看几场旅游带货直播，观察直播中都设置了哪些环节，记录各环节的开始时间和结束时间，然后撰写一份旅游直播方案。

[职业素养]

某平台带货主播小高在直播间售卖一款旅游卡，声称购买该卡可享受“下飞机都是名牌车接”，并且“一定是纯玩团，没有强制消费”。观众小明购买了这款旅游卡，在参团游玩过程中，小明发现接送游客的是面包车而非“名牌车”，旅途中还出现多次强制购物。

资料来源：人民网 2022 年 8 月 10 日

讨论：小明遇到虚假宣传可否维权？你怎样看待旅途中的强制购物？你认为旅游从业人员应该具备怎样的职业素养？

[任务小结]

一般来说，直播营销的具体流程大概包括直播策划—直播准备—开播—直播复盘环节。这些环节可以对应为直播前、直播中和直播后三个阶段。在直播前，直播团队需要做好直播策划和直播宣传；在直播中，团队要做好分工与配合；在直播结束后，团队要做好复盘与售后。

任务3 旅游新媒体直播营销平台选择

随着网络直播热度的持续上升和旅游行业的数字化转型不断推进，越来越多的旅游企业已经将直播作为常态化营销方式之一。目前，旅游行业主要通过电商平台、专业直播平台、社交媒体平台、短视频平台和自建平台这五个途径进行直播，利用社交媒体平台和自建平台直播又被称为私域流量式直播，但各个平台的定位、属性和受众不同，直播营销效果也各有差异。

结合旅游行业特性，旅游直播营销中利用短视频平台和私域流量式直播成为主流，如短视频平台中的抖音、快手、西瓜视频和B站；私域流量式直播中的个人微信视频号和企业微信。

一、短视频直播平台

短视频经过近几年的发展，已经形成了遍地开花的竞争局面。主流的短视频平台，如抖音、快手、西瓜视频、B站等都已经具备了完善的直播功能。旅游企业或旅游产品在直播营销时能选择优质的短视频平台，可以为销售带来精准流量，有利于企业品牌推广、增加产品销量。

（一）利用抖音开展旅游直播营销

抖音是一款兼创意类短视频和直播于一体的视频社交软件，属于北京字节跳动有限公司。该软件自2016年上线以来，以年轻人音乐短视频社区为基础迅速打开市场，获得了大量用户。随后在2017年其线上直播功能得到了快速发展，目前在直播营销行业占据着头部平台的位置。

1. 抖音平台运营定位

抖音的核心价值定位在于创造轻松愉快的社交体验。为实现这一价值，平台设置严格的内容审核、优化的推荐算法和丰富的社交功能。抖音的运营定位在于重视用户体验和内容质量，以确保平台的健康、安全和良好声誉。

抖音的目标用户主要集中在年轻一代，它的用户画像年龄主要集中在27~40岁，地区分布为一二三线城市，男女用户比例均衡，用户活跃时间在8：00~22：00。这一群体对多元化、创新化的文化产品有着强烈的兴趣和需求。抖音的运营也非常注重这部分用户的需求和偏好，提供更加个性化的内容和功能。

2. 抖音平台营销优势

抖音的营销优势主要表现为流量大，能够实现精准投放，投入成本低。其内容策略紧跟时代潮流和用户需求变化，营销手段主要通过明星代言、线下活动、内容变现等多种方式，提高品牌知名度和用户黏性。同时，抖音也在积极探索电商、广告等商业模式，为平台的可持续经营提供保障。

选择抖音作为直播营销平台需要全方位的规划和实施过程，需要考虑众多因素，如平台核心价值、目标用户、内容策略和营销手段等。只有抓住这些关键点，才能实现直播营销的健康、稳定发展。

[课堂讨论]

讨论在抖音平台开展旅游直播营销适合哪类旅游目的地？为什么？

（二）利用快手开展旅游直播营销

快手平台最初是一款处理图片和视频的工具，后来转型短视频社区迅速打开市场，在积累了大量的用户基础后，于2016年开通直播功能。

1. 快手平台运营定位

从快手的定位“强调人人平等，不打扰用户，是一个面向所有普通人的产品”可以看出，快手是一个支持用户用短视频形态记录和分享生活的平台。

快手的目标用户中30岁以上用户占比超70%，用户主要集中在三四线城市和农村，偏爱生活类短视频内容及“商品售卖与推荐”类直播内容。

2. 快手平台直播营销优势

依托先进的短视频 + 直播技术能力和流量分发机制，快手已形成与千行百业相融合、具有高度用户黏性的直播 + 内容生态。2022 年，快手上“跟着快手去旅行”系列视频累计播放量 138.9 亿次，年度热门景点点赞量最高的前三名分别是上海外滩、北京鼓楼和大连金石滩国家旅游度假区。由于快手一直聚焦于社区文化氛围的打造，依靠社区内容自发传播，所以快手和抖音用户群体不同，故二者的营销价值也存在差异，如表 6–3 所示。

表 6–3　快手和抖音的差异

项目	快手平台	抖音平台
平台定位	记录、分享和发现生活	音乐、创意和社交
目标客户	三四线城市和农村用户	一二线城市和年轻用户
用户画像	30 岁以上用户占比超 70%，自我展现意愿强，好奇心强	年龄主要集中在 27~40 岁，男女用户比例均衡，碎片化时间多，对多元化、创新化的文化产品有着强烈的兴趣和需求
运营模式	规范社区、内容把控	注重推广、扩大影响
用户偏好	偏爱生活类短视频内容及“商品售卖与推荐”类直播内容	轻松愉快短视频内容及影视、美食穿搭类直播内容

从表 6–3 可看出，快手平台的营销优势为拥有大量的活跃用户、成熟的电商平台配置，直播销售规模不断扩大、用户消费水平不断升级。

（三）利用西瓜视频开展旅游直播营销

西瓜视频是北京字节跳动旗下的中视频平台（北京字节跳动旗下的平台包括今日头条、抖音、西瓜视频等），以“点亮对生活的好奇心”为口号。西瓜视频通过人工智能帮助每个人发现自己喜欢的视频，并帮助视频创作人轻松地向全世界分享自己的视频作品。西瓜视频涵盖音乐、财经、影视、VLOG、农人、游戏、美食、儿童、生活、体育、文化、时尚、科技等频道。拥有众多垂直分类，九成以上内容由职业生成内容和专业生成内容构成，通过人工智能精准匹配内容和用户兴趣，致力于成为最懂用户的视频平台。

1. 西瓜视频平台运营定位

在短视频领域，抖音和快手专注于竖屏市场，而西瓜视频专注于横屏市场，且专注于中视频推广，视频时长为 2~5 分钟，可以完整的讲述一个故事。从用户画像上看，西瓜视频的用户一二线城市用户超 49%，男性和女性用户比例基本平衡，用户年龄以 18~40 岁为主。

2. 西瓜视频平台营销优势

西瓜视频具备带货直播功能，根据账号在西瓜视频平台上直播的时长和频率，以及粉丝的多少来评估商业变现值。另外，西瓜视频专注于横屏中视频，其从题材范围、表现方式、叙事能力等多个方面都有竖屏短视频无法比拟的优势，更适合做旅游目的地的视频宣传。

另外，西瓜视频兼顾 PGC（Professional Generated Content，专业生成内容，泛指内容个性化、视角多元化、传播民主化、社会关系虚拟化）和 UGC（User-Generated Content，用户生成内容，是伴随着以提倡个性化为主要特点而兴起的）。它并不是某一种具体的业务，而是一种用户使用互联网的新方式，即由原来的“以下载为主”变成“下载和上传并重”。西瓜视频把自己定位为 PUGC（Professional User——Generated Content，专业用户生成内容）短视频平台，它是 PGC 和 UGC 的结合，UGC 汇聚的是大众的智慧和能量，PGC 讲究的是专业稳定的生产。

西瓜视频和抖音因运营定位不同，故二者也存在差异，如表 6-4 所示。

表 6-4　西瓜视频和抖音的差异

项目	西瓜视频平台	抖音平台
产品定位	帮助每个人发现自己喜欢的视频，并帮助视频创作人轻松地向全世界分享自己的视频作品	音乐、创意、社交
用户特征	一二线城市用户超 49%	一二线城市和年轻用户
用户画像	男性和女性用户比例基本平衡，用户年龄以 18~40 岁为主，用户黏性高，参与感强	年龄主要集中在 27~40 岁，男女用户比例均衡，碎片化时间多，对多元化、创新化的文化产品有着强烈的兴趣和需求
视频特点	中视频，时长 2~5 分钟	短视频，时长 15~60 秒
视频呈现方式	横屏	竖屏

由表 6-4 可以看出西瓜视频平台更适合通过中视频推广旅游品牌、旅游分

享，有利于旅游景区网络口碑传播，通过大数据搜索用户旅游偏好和满意度进行精准推送。

（四）利用 B 站开展旅游直播营销

B 站即 bilibili，也被称为哔哩哔哩，是年轻一代高度聚集的文化社区和视频平台，成立于 2009 年。在早期，B 站以提供与动画、漫画、游戏相关的垂直内容为主，而现在其所创作的内容在不断扩展。

1. B 站平台运营特点

与其他视频平台相比，B 站主要有特色弹幕文化、年轻人高度聚集、“破圈”制造影响力、重视原创、内容生态丰富等特点。

B 站引领了弹幕的社交潮流。弹幕是指在网络上观看视频时由用户发出的评论性字幕。弹幕可以给用户营造一种实时互动的氛围，虽然不同弹幕的发送时间有所区别，但其只会在视频中特定的一个时间点出现，因此在相同时间发送的弹幕基本上具有相同的主题，用户在参与评论时就会产生与其他用户互动的感觉。此外，B 站上的视频没有贴片广告。与其他视频网站 60~108 秒的广告相比，用户在 B 站平台上观看视频的过程会更加顺畅。

B 站的用户画像用户年龄多在 20~25 岁，超过 50% 的用户来自三线及三线以下城市。18~35 岁的用户占总用户的比例达到 78%。男性用户多于女性用户，男女比例为 57 ： 43。B 站视频日平均播放量达到 7.3 亿，其中超过 80% 的月活跃用户年龄都在 35 岁以下。正式会员的 1 年留存率超过 80%，用户黏性较强。在长视频、长音频方面，B 站的月均使用人数及月均使用时长都居前列。

2. B 站平台直播营销优势

B 站直播起步时间较早，目前已经细分为多个垂直领域，主要有游戏类、动画类、知识分享类、娱乐生活类四种类型。由于目前 B 站的直播“带货”环境尚不成熟，所以在短期内，依靠“带货”来开展旅游产品的直播营销效果不会太好，但可以通过高质量的原创旅游视频为用户“种草”，促使其产生旅游行为。

另外，B 站的视频内容和直播都围绕主播展开，主播的个人风格和特色对用户有着极大的吸引力和号召力，所以在 B 站开展直播营销时，主播的选取很关键。再者，就是需要让历史文化景区向年轻用户靠拢，如故宫博物院推出的“故宫萌物”就很受年轻人的喜欢。B站的用户以年轻一代为主，所以对想要在B站开展直播营销的主播来说，了解年轻用户的思维、喜好很重要。例如，一些旅游品牌入驻B站后，其账号名称都会设置得较为人格化，并设置动漫形象作为账号头像。所以利用B站开展旅游直播营销必须是有针对性的直播，如主题乐园、历史文化景区、自然风光等旅游目的地。

二、私域流量直播

随着社交媒体的普及和用户黏性的增加，私域流量直播成为商家和品牌推广的重要渠道。相较于传统的电视、广播和平面媒体，私域流量直播能够与观众建立更为紧密的联系，增强品牌形象和产品认知度。私域流量直播是利用私域流量开展直播的一种形式，一般指的是在微信生态下利用三方直播工具搭建企业自己的私域直播间，从而实现企业和机构进行流量变现、直播营销、获客裂变等多重目的。

由于私域的社交属性，超短的转化路径，所以私域流量的运营一直都是备受关注的营销环境。无论是在获客体系的搭建、存量客户的激活和转化，还是老客户的复购等，私域直播都有很大的优势，因为其社交属性和信任基础，为直播活动的部署带来的是更大的价值。目前，基于微信平台的私域流量直播平台主要有视频号直播和企业微信直播。

（一）利用个人微信视频号开展旅游直播营销

微信是腾讯公司于2011年1月21日推出的一个为智能终端提供即时通信服务的免费应用程序。微信官网数据显示，截至2023年5月，微信用户达12.6亿人。由于微信的强社交属性和生态内互联互通的特性，凭借其强大的流量支撑和社交属性，在其2020年10月开通视频号功能后，便有很多企业布局视频号以打造商业闭环化营销体系。

1. 个人微信视频号营销优势

个人微信视频号拥有强大的流量基础，能涉及抖音、快手等未被覆盖的需求人群。利用微信视频号开展旅游直播营销，作为微信视频号的内容形态之一，对于旅游品牌宣传、旅游产品销售都是不错的选择。

2. 利用个人微信视频号开展旅游直播的优势

使用个人视频号开展旅游直播无须下载App，只要从微信的“发现页”进入视频号，便可组织开展或观看直播。用户在视频号的“朋友”功能，可以看到朋友看过的直播信息，有利于旅游者分享行为和旅游项目的网络口碑传播。

另外，视频号用户规模大；完整的微信生态可缩短视频号直播的运营环节，主播通过公众号、小程序、企业号、微信号直接为直播间导流，可以有效减少用户流失；视频号覆盖公域和私域两大流量池，通过视频号直播，具有更高效的流量运营；视频号强大的流量基础和精准优质的客户，为旅游品牌商提供了新的广告阵地，更适合旅游品牌营销；随着微信视频号功能的完善，使用视频号直播也可以获得更多资源扶持，且购物流程也更加简化。

（二）利用企业微信开展旅游直播营销

企业微信是腾讯的微信团队专为企业打造的高效办公平台，内置直播功能。企业通过企业微信可以直接将直播链接转发到微信，微信用户可以直接打开链接观看直播。一般，企业微信直播可以用于内部培训、全员大会、在线教育、商品销售等场景。

企业微信直播有两个入口：社群群聊开启直播和工作台开启直播。由于企业微信可以根据企业的需求进行个性化定制。因此，不同企业的企业微信，其直播页面显示的直播形式是有差异的。

1. 企业微信的营销优势

私域直播的工具是要借助软件商开发的直播系统进行企业直播间的搭建，然后才可以顺利开播，所以要开展私域直播就要采购和行业相匹配的私域直播平台系统。企业微信是基于微信平台的，具有去中心化、可沉淀私域流量的优势。

2. 利用企业微信开展旅游直播营销的优势

相较于其他直播平台的直播而言，在企业微信开展旅游直播，主播可以与直播间用户连麦互动。只要在开启直播时，勾选开始直播下方的“允许观众视频发言”，就能在本场直播中和直播间的用户进行连麦，这种功能在景区或主题公园等旅游目的地类项目直播时，就可以实现导游式互动，拉近与游客的距离。

另外，在企业微信开展旅游直播时，主播可以采用多种分享方式为直播间引流。目前的企业微信，已经全面连接微信。主播在企业微信中发起直播，在开播后可以将直播链接分享到目标用户所在的企业微信群（如“客户群”），也可以直接发送到目标用户的“微信”或目标用户所在的“微信群”。不管是哪种分享方式，接收到信息的用户都可以通过链接在微信端直接观看直播，而不需要安装企业微信 App。主播还可以在分享时选择:“直播维码”生成二维码，然后发送至微信朋友圈或嵌入微信公众号文章中，以吸引更多目标用户进入直播间观看直播。

总之，私域直播的核心是用户留存，因此建立一个粉丝社群非常重要。通过在社群中与用户互动，提供有价值的内容，可以增强用户对商家的信任感和忠诚度，从而提高转化率。另外，私域直播与公域直播不同，不需要依靠平台推荐来获取流量。因此，旅游商家需要提供有价值的内容，例如产品介绍、促销活动等，以吸引用户观看和互动。

[分组讨论]

你和你的小组成员看过企业微信平台的直播吗？你是通过什么方式进入直播间的？

[任务小结]

旅游直播营销可以依托自身平台实施，但大多数旅游企业会选择短视频平台开展直播营销。目前短视频平台正以较快速度占领传统电商直播营销市场。每个网络平台都有其独特的风格，同样的内容在不同平台上发布也会有不同的效果，所以旅游企业营销人员必须了解不同的新媒体平台的特点和风格，才能选择适合自身需求的平台来开展营销活动。

知识与技能训练

一、单选题

1.（　　）就是指旅游企业/品牌商以直播平台为载体进行营销，以达到提升品牌影响力和提高旅游商品销量目的的一种营销活动。

A. 旅游直播营销　B. 直播营销　C. 旅游营销　D. 直播

2. 进入旅游目的地消费旅游场景或筛选旅游商品，最终完成购买，整个过程“先有货，货找人”的方式属于（　　）。

A. 旅游直播营销　B. 传统旅游营销方式

C. 旅游营销　D. 现代化旅游营销

3. 基于当地的优势资源构建直播基地，由基地自己组织直播或者向基地运营方缴纳基地服务费，使用直播基地提供的直播间，是（　　）直播形式。

A. 体验式直播　B. 日常式直播　C. 知识类直播　D. 基地式直播

4. 做好旅游直播营销策划，首先要了解其工作流程。常规来说，旅游直播营销活动的流程主要包括五个环节，就下面给出的5个选项请排序：①旅游直播营销的整体思路；②旅游直播营销策划筹备；③直播的执行；④旅游直播营销后期传播；⑤效果总结——复盘与售后。（　　）

A. ①②④③⑤　B. ③②①④⑤　C. ①②③④⑤　D. ①④⑤③②

5.（　　）一般指的是在微信生态下利用三方直播工具搭建企业自己的私域直播间，从而实现企业和机构流量变现、直播营销、获客裂变等多重目的。

A. 日常式直播　B. 私域流量式直播　C. 知识类直播　D. 基地式直播

二、多选题

1. 下列属于旅游直播营销优势的是（　　）。

A. 实地筛选产品自由性　B. 即时互动性

C. 旅游场景真实性　D. 营销效果直观性

2. 下面属于旅游直播营销特点的是（　　）。

A. 有效构建旅游“人、货、场”　B. 精准旅游营销

C. 场景化的购物体验　D. 旅游直播营销形式多样

3. 利用微信视频号开展旅游直播营销的优势有哪些？（　　）

A. 视频号拥有强大的流量基础，能涉及抖音、快手等未被覆盖的人群。

B. 使用视频号开展旅游直播无须下载 App。

C. 视频号用户规模大。

D. 视频号有利于旅游者分享行为和旅游项目的网络口碑传播。

4. 下列关于快手平台描述正确的是（　　）。

A. 强调人人平等，不打扰用户，是一个面向所有普通人的产品。

B. 用户用短视频的形态记录和分享生活的视频平台。

C. 目标用户中 30 岁以下用户占比超 70%，用户主要集中在一二线城市。

D. 拥有大量的活跃用户、成熟的电商平台配置，直播销售规模不断扩大、用户消费水平不断升级。

5. 精准旅游营销是指在进行旅游市场营销时，根据（　　）和（　　），将产品或服务传递给目标客户群体。

A. 市场细分　　B. 个性化需求　　C. 产品特点　　D. 产品产地

三、判断题

1. 不同企业的企业微信，其直播页面显示的直播形式是相同的。（　　）

2. 文化历史类旅游景区场景可以选择知识类直播。（　　）

3. 直播营销有别于其他行业，在直播技术、行业参与、场景构建、用户参与数量上都达到了前所未有的高度。（　　）

4. 根据 SMART 原则，直播目标需要满足具体、可衡量、可实现、相关性、有时限 5 个要素。（　　）

5. B 站主要有特色弹幕文化、老年人高度聚集、“破圈”制造影响力、重视原创、内容生态丰富等特点。（　　）

四、案例分析题

2023 年 6 月 5 日，由龙门石窟研究院、杭州西湖风景名胜区管委会、洛阳日报社掌上洛阳客户端联合推出的“云上龙门牵手飞来峰”大型直播活动正式启动。该活动是“云上龙门”系列直播活动的第四季，通过 5 场直播联动洛阳、杭州两大古都，带领网友们从盛唐“走到”宋元，让大家近距离感受石窟艺术如何从庙堂之上逐渐走入山水之间。飞来峰造像是全国重点文物保护单位，是世界文化遗产“中国杭州西湖文化景观”的重要组成部分，也是我国长江中下游地区规模最大、开凿持续时间最长的一处石窟造像群。

在首场直播中，龙门石窟研究院以《各美其美，美美与共——文明交流互鉴视角下弥勒形象的演变》为题，为大家讲述佛教石窟寺艺术中国化的典型案例——弥勒形象如何经历从希腊式“高冷小帅哥”到中国式“可爱老大爷”的演变，及其背后不同文明交流互鉴的过程、中华文明开放包容的特点。以下是直播中部分文案内容：

古印度文化中的犍陀罗弥勒像通常是衣着华丽、身戴璎珞的王子形象，显著特征是交脚倚坐、上袒下裙，头顶束发或结髻，额头饱满、鼻梁高耸，带有强烈的希腊风格。佛教及其建筑空间艺术、人物造型艺术沿丝绸之路进入中国，弥勒形象也随之开启了中国化、世俗化的漫长历程。这位希腊式“高冷小帅哥”进入中国后，首先在新疆、河西地区的石窟和石塔上出现，其头戴半球形头冠，头上长巾沿双肩外呈弧状垂下，交脚而坐。随后，这种坐姿的弥勒菩萨形象在云冈石窟、龙门石窟中大量出现，成为当时流行的造像题材之一。从北魏时期至盛唐时期，弥勒形象在龙门石窟经历了五次重要演变，形象、服饰也逐渐与中原地区审美结合。例如，形象由菩萨装换上了“褒衣博带”“双领下垂”式的佛装。

五代至宋以后，弥勒形象被重新塑造，大肚能容、笑口常开的布袋和尚弥勒形象广泛流行，以全新的形象融入中华大地人间烟火。弥勒形象是飞来峰造像中的代表性佛像，在这里，其已褪去高不可攀的神性光环，更多地承载人们对美的向往、追求、感悟和创造，也展现了中华民族守正创新的大智慧。

（资料（选入有改动）来源：河南省文化和旅游厅官网）

请结合案例分析：

1. 以上直播属于哪类旅游新媒体直播？为什么？

2. 开设以上直播需要怎样进行策划？请阐述其流程。

实训题

参考答案

项目七

旅游新媒体微信营销

项目概述

微信营销具有重视与用户进行互动与沟通，低廉的运营成本、用户基础广泛等优点，它既给旅游行业带来了不小的挑战，也带来巨大的机遇。旅游类企业应该善于利用微信营销这一利器，不断挖掘和传播品牌价值，为用户提供更到位、更人性化的服务，从而在未来的旅游业新格局中赢得属于自己的一席之地。

学习目标

知识目标

1. 了解旅游微信营销概念、功能与价值。

2. 理解旅游微信朋友圈、小程序、公众号的营销模式。

3. 掌握旅游微信朋友圈、小程序、公众号的营销技巧。

技能目标

1. 能够区分个人微信和其他社交平台的不同点。

2. 能够从真实案例中总结出旅游微信营销的价值。

3. 能够从行业、受众、变现等角度进行微信公众号平台运营平台的定位。

4. 能够为旅游企业策划微信营销方案。

思维导图

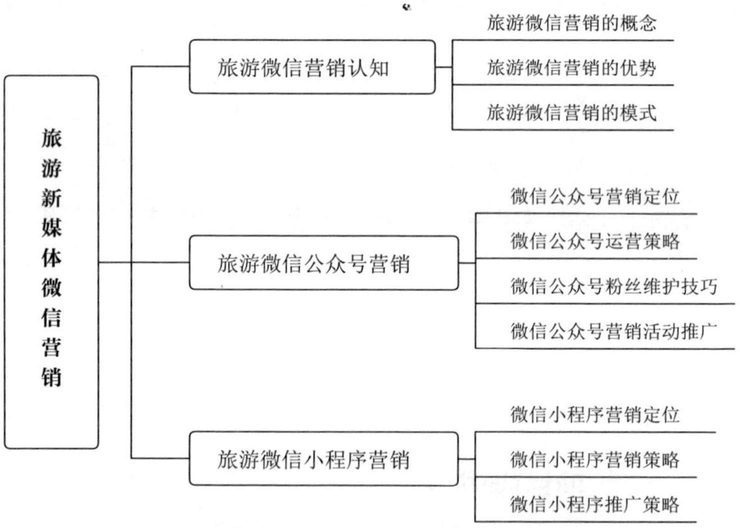

[引导案例]

故宫在微信上的传播阵地是“故宫博物院”为名的微信公众号，与微信相伴而生，拥有庞大的粉丝用户群。“故宫博物院”首页分“云游故宫”“购票约展”“故宫文创”三大板块，每个板块又有相关内容，可以说信息获取比官网、App 更便利，呈现形式更多样，与用户互动更频繁。相较于微博来说，“故宫博物院”不仅呈现形式丰富，经过精美排版的公众号图文内容还能带来沉浸式的阅读体验。“故宫博物院”可以说综合了官网、微博、App 的特性，在当下占据了一定优势。

图 7-1　故宫微信公众号截图

分析与思考：根据案例，思考旅游微信营销有哪些模式？其优势是什么？进而分析故宫微信公众号“故宫博物院”的营销技巧。

任务1 旅游微信营销认知

一、旅游微信营销的概念

微信是由腾讯公司于2011年1月21日开发的，为智能终端提供即时通信服务的免费应用程序。

微信可以开展创意活动的营销推广、产品的销售、粉丝群体的构建和维护等活动，最终实现强化客户关系管理，提升用户参与体验的新媒体营销平台。

（一）旅游微信营销的定义

1. 微信营销

从传播学视角来看，微信是一个信息传播的平台。在这个信息传播平台上，内在传播、人际传播、群体传播、组织传播、大众传播均得以实现。因此，从这个角度来看，微信不仅是一种通信工具，这种融合了几乎所有类型传播的全媒体传播方式还开启了一个全新的营销时代。在这个平台上，从企业推送信息到企业与用户的交流互动，再到交易的完成，已经可以形成商业的生态闭环。

2. 旅游微信营销

旅游微信营销是指各个地方旅游政府部门及旅游企业等通过建立微信公众号，以移动端和电脑端为接收终端，实现旅游信息和数据管理、旅游信息投递、与用户及时交流互动的营销方式。

[案例分析]

“缤纷国庆·趣游晋祠”沉浸式游园活动指南

晋祠博物馆2022年国庆节期间推出了“缤纷国庆·趣游晋祠”的沉浸式

游园活动指南。其中在“集章活动”中，游客在微信朋友圈转发晋祠博物馆国庆活动文案，持当日购票凭证可获得集章卡一张，可自行在文创店加盖晋祠博物馆印章，留作纪念。参与馆区游戏，还可额外获得圣母殿、铁人、侍女、周柏四枚印章。集齐10枚印章即可获得一份精美小礼品。

资料来源：晋祠博物馆微信公众号

分析与思考：你有没有在朋友圈参加过点赞活动？为什么参与这样的活动，参与以后有什么感受？

（二）旅游微信的功能

微信已经不断衍生出很多新功能，但其核心的功能还是沟通与互动，其他应用功能包括加粉功能、交易功能等。

二、旅游微信营销的优势

（一）低成本输出旅游企业品牌

以微信为代表的社交软件的出现，让个人和旅游企业也可成为传播载体，旅游企业可以运用微信公众号展示自己的品牌形象、产品特色和服务优势，提升品牌知名度和认知度。这样符合大众的消费心理审美需求下，成为可转化为商业价值的一种注意力资源。

另外，注册微信无须费用，除了认证需交费用外，开通订阅号或者服务号不需要花费额外费用。微信营销不像传统营销那般需要大量的宣传经费投入，而是只需配备相关工作人员，耗费一定的时间和精力，对营销内容进行精心编辑、推送，就可达到宣传和推销的目的，其在成本上具有很大的优势。

（二）客户数量大实现旅游产品销售

客户基数大是旅游微信营销最基本的价值。近年来，微信用户数量逐年上升，截至2023年第一季度微信及WeChat月活13.19亿，其数量之大，为微信营销提供了非常充足的客源。

（三）互动性强便于维护旅游企业的客户关系

微信是人与人之间便捷沟通的一种手段，它不受时间和空间限制，具备了很强的即时性特点，微信还可以以语音、视频等方式呈现与互动，非常亲和，毫无距离感。

（四）传播旅游信息形式灵活多样

微信营销形式多种多样，不仅可以借助微信公众号，也可以通过微信朋友圈、微信好友群进行营销，还可以利用查看“附近的人”进行旅游产品广告植入，甚至可以直接与微信社交网中的“好友”进行“一对一”双向沟通营销。

（五）数据分析和优化可实现精准营销

微信公众号的数据分析功能可以帮助旅游企业了解用户行为、兴趣偏好等信息，为企业的营销策略和产品优化提供依据。通过对数据的分析，比如新增用户数量、回复比率、栏目及内容点击量等，分析游客的偏好，才能有针对性地做精准营销。

三、旅游微信营销的模式

（一）朋友圈营销模式

在朋友圈经常会看到朋友分享的内容，所以有的人就通过加好友在朋友圈发软性文章做推广。微信目前限制好友数量的上限是 5000 人，假如你拥有 5000 个好友的话，就相当于拥有了一个活跃度很高的微博账户。通过在朋友圈发旅游信息，然后转入微信私聊进入微店成交，已经成为很多旅游电商运营的重点模式。

（二）微信小程序营销模式

微信小程序是在微信平台上运行的应用程序，用户可以在微信内直接使用，具有便捷、快速的特点。微信小程序是一种不需要下载安装即可使用的 App，它实现了 App 触手可及的梦想，用户扫一扫或者搜一搜即可打开 App，随时可用，但又无须安装卸载，体现了“用完即走”的理念。

（三）微信公众号模式

不管是旅游企业还是个人都可以开通微信公众账户，通过微信公众号推送文章和提供用户需要的服务。有的旅游企业微信公众号积累了几千万用户，可以直接针对自己的客户进行精准的信息推送，大大提高了企业的用户管理和运营水平。我们可以想象一个场景：在你到达一个景点门口买票时，被告知扫描一个二维码关注景区的微信公众号，可以获得景区导航、景区 Wi-Fi、抽奖免单、景区语音介绍等特色服务。

（四）微信广告模式

微信针对中小企业主推出了广点通业务，也就是开通账户后，可以在微信公众号文章底部插入用户的产品广告链接。对于更有实力的旅游企业来说还可以尝试投朋友圈广告、微信群广告等。

[职业素养]

平遥古城景区目前开发有“平遥游伴儿”“平遥古城旅游网”微信小程序，能够实现景区门票在线预订，另外还有相关的古城旅游攻略、古城包车、古城客栈、古城酒店、宾馆、特产店等微信小程序，但是大多账号没有微信官方认证，功能不完善。

解析：针对“平遥古城旅游”公众号二级菜单“微官网”无法正常访问，“平遥古城导游”App 及诸多微信小程序功能无法正常使用等问题，账号运营应尽快予以解决。因为账号功能不完善会影响用户的使用体验，进而影响品牌美誉度。游客因无法实现从公众号平台直接购买景区门票，也会导致其给予差评或取消关注。作为旅游营销从业者，要对媒介信息提供的真实性有判断甄别能力以及不断提高自身的媒介素养。

[任务小结]

微信营销是旅游企业开展新媒体营销的重要平台。当今微信公众号、朋友圈、小程序等新媒体营销方式，已成为旅游业树立品牌形象、推广旅游产品、维护游客关系的制胜法宝。因此，认识旅游微信营销、理解微信营销价值，掌握微信营销模式是十分必要的。

任务 2 旅游微信公众号营销

一、微信公众号营销定位

微信公众平台，简称公众号，曾被命名为“官号平台”“媒体平台”“微信公众号”，最终定位为“公众平台”。微信公众号是微信平台上的一个功能，旅游企业可以利用公众账号平台进行自媒体活动，简单来说就是进行一对多的媒体性行为活动，如旅游景区通过申请公众微信服务号可二次开发展示旅游景区微官网、微会员、微推送、微支付、微活动、微报名、微分享、微名片等，形成一种主流的线上线下微信互动营销方式。

（一）公众号平台选择与定位

企业微信（原企业号）是企业的专业办公管理工具，主要用于企业管理，类似于企业内部的管理系统，面向的是企业内部的员工或者企业运营流程上下游客户。

企业服务号主要用于做服务，给企业和组织提供更强大的业务服务与用户管理能力，帮助企业快速实现全新的公众号服务平台。如故宫与腾讯合作，于2014 年 1 月 1 日推出官方微信公众号“微故宫”，交由故宫资料信息部数字传媒组运营。2014 年 12 月 8 日完成微信认证服务号，具备服务号的所有属性与功能，更侧重于为用户提供文化相关的服务。

订阅号主要为媒体和个人提供一种新的信息传播方式，构建与读者之间更好的沟通与管理模式。它主要通过展示自己的特色、文化、理念而树立品牌形象。订阅号侧重发布信息、资讯，适合个人或组织进行宣传推介。申请者可以是组织也可以是个人，可以认证也可以不认证。认证用户与非认证用户通常每天可推送一次，一次最多可以推送 8 条信息。订阅号的标签和讯息隐藏在“订阅号消息”菜单中，需要点击进入方可浏览查找。

（二）公众号用户定位

公众号与个人微信营销一样，也需要了解目标游客用户属性、行为及需求特征，为营销活动的开展奠定基础，了解用户属性和行为就是要从用户自身的特点出发，为其画像，从而寻找目标人群，确定辐射受众面，设计公众号功能特色、服务模式、推送风格等，进而打造品牌形象，实现营销目标。

通过用户定位，可以根据用户所在地区进行精准地推送，提供与用户所在地区相关的旅游信息、景点推荐、特色活动等，增加用户的兴趣和参与度。如当地美食推荐、交通指南、天气预报等，提升用户体验。

旅游类微信公众号用户定位，具体有以下几种方法：一是IP地址定位，根据用户的IP地址来进行定位，获取用户所在地区的信息；二是GPS定位，如果用户手机开启了GPS功能，可以通过GPS定位获取用户的准确位置信息；三是用户手动选择，在微信公众号中提供选择地区的选项，让用户手动选择自己所在的地区；四是基站定位，通过手机信号的基站信息来进行定位，获取用户所在地区的信息；五是用户填写，在微信公众号中提供用户填写位置信息的选项，让用户手动输入自己的位置信息。

需要注意的是，在进行用户定位时，需要遵守相关的隐私政策和法律法规，保护用户的个人信息安全。

（三）公众号内容定位

对于单一旅游目的或旅游景区的微信账号，大家之所以关注，最重要的原因是在于其实用性，或能为旅游者完成一次旅游活动提供计划的参考信息，或是提供一次便利的服务。

微信运营不是将大量的内容推送给消费者，而是保证消费者在需要信息的时候，能以最快捷的方式找到，并且精确地找到所需的内容。在公众号的内容定位过程中，旅游企业需要结合自身的旅游产品定位总结产品调性。此外，在具体的内容选取中，要结合内容个性进行有效的选取，以吸引游客注意、增加游客黏性和适当体现品牌特色。从内容与游客的关联性，内容的创新性、趣味性、独特性、实用性、多元性、互动性等方面入手，开展内容的选取。

（四）公众号服务定位

要打造独具特色的微信公众号，除了好内容，用户更看重的是该公众号能够提供的服务。

如景区公众号拥有 3D 景区全景、语音介绍、3D 全景展示、景区地图导航（语音介绍）、推荐主题路线，特色便民服务小工具，如天气预报、景区服务提示（厕所、商店、出口、特色项目提示，LBS 地理位置服务，在景区附近找住宿、小吃、停车，或者附近其他景点，提供地图导航等），会更受用户欢迎。

如预定和支付，比如景区门票、景区内项目提前预订，不仅方便快捷，还可以节约用户的时间。

推送景区当地特色风土人情介绍，特别是不为人知的有趣的一面的展示，如特色历史景点、酒吧、美食、博物馆、游乐园等，历史景区，人文故事推送。也包括当地的出行注意、消费须知、文化差异等，通过这些内容，目标顾客会产生浓厚的出行兴趣。

本质上讲，要做好差异化的公众号关键在于通过公众号为用户能够提供哪些差异化的服务、开展哪些独特的活动，以满足其个性化的需求。

二、微信公众号运营策略

（一）制造爆款软文

软文作为微信公众号中最主要的组成要素，对于提升读者的阅读兴趣和增强用户黏度都有着不可替代的作用。

1. 选题

爆款文章的五大共性之一就是选题的覆盖面要足够大。另外，选题的角度也很重要，要有差异化，避免正面竞争。

2. 话题

话题暗藏巨大的社交属性，这个年代没有社交属性的内容几乎无法传播和交换，有社交属性的内容可以让用户拿来辅助其社交行为，供用户分享与讨论。

3. 内容

评论家肯尼斯伯克说，故事是人生必需的设备。所以，内容要饱含情感共鸣地讲故事，共鸣越强烈用户转发分享的欲望越强烈。做内容讲故事不要光顾着自我表达，要多从用户的角度出发替用户表达。你帮用户表达，用户帮你转发，与用户之间相互成就。

关于内容框架，有 1 个观点 +N 个事例、总论点 + 分论点、1 个观点 +N 个角度、1 个观点 + 同一个人的多个事迹四个框架可供选择借鉴。

4. 创新

新鲜形式带来新鲜感受。人性都是猎奇的，给用户新奇的感觉，让人眼前一亮，新玩法可让老话题焕发新的生命力。例如故宫文创的反差萌，做到了观点有新意，内容有创意；再例如太行山大峡谷的公众号里有这样一篇文章《如果山西文物会说话：华夏文明看山西》，从文物本身的角度出发，来和当代的游客进行对话，看着新奇好玩，成功引起了用户的关注。

5. 标题

让用户一眼看懂标题诉求，例如："迎春风，来晋祠踏青"这个标题简单明了，呼吁大家来晋祠赏春，还有皇宫里的春节黄金周公众号内容也满足了用户一眼即看懂的诉求，激发了用户的兴趣。

[分组讨论]

以云丘山微信公众号为例，请各个新媒体团队找出该公众号中的爆款软文，从选题、话题、内容、创新等方面对此进行分析。

（二）提升标题点击量

（1）激发用户好奇。提出疑问，让用户急切地想知道答案；吊足胃口把用户特别想知道的答案在标题中做一定的提示又不直接说出来，让用户必须点开文章才能知道。例如故宫微信公众号中的一些文章就是用了这样的方法，先提出疑问，哪八步建成紫禁城，让用户点开文章一探究竟，了解紫禁城建造的过程。

（2）引发共鸣。替用户说出她想说的话，说到用户心坎里，用文章来进行自我表达，这就是共鸣的力量。

（3）戳中用户痛点。痛点就是阻碍你变得更好的东西，需要解决但是尚未解决。把痛点用精练的话概括起来就是标题。例如，故宫微信公众号的一篇《秋季护发，你需要这份宫廷养发指南》正是提到了当今中年人的脱发痛点。

（4）制造用户预期。在信息海啸的年代，内容供给大于需求，用户更倾向于对其有关、有用、有价值的、能帮其解决问题的，为用户提供价值的，把这些提炼放到标题里，用户一看就知道能从中学到东西。

（5）学会“蹭”知名度。借知名度高的来推知名度低的，这样才能吸引人。方法有以下几种：知名人物＋名字，好用，性价比高；权威头衔，认同度高，吸引眼球；权威机构，信服的力量，比如《人民日报》等；热点事件，一个标题就能决定生死。山西太行山大峡谷的微信公众号就有“‘植’此青绿，共赴春邀”为题的软文，它就是借“只此青绿”的热点，来吸引网友的关注度。

（三）内容运营满足目标用户

（1）人格化运营。通过人格化运营，提高用户阅读体验，增加辨识度，昵称要是符合账号调性的好名字，为其人格化的形象做一个性格设定，就如微故宫，运营形式不仅去小编化，还包括有温度的互动。

（2）栏目化布局。栏目化是将内容梳理，归纳为几个类别，每一个类别就是一个栏目，给栏目起个好名字，推送内容可按栏目来，给用户做提示。栏目运营能明确用户的阅读预期，让用户高效快速地找到自己需要的内容。

（3）工具化运营。把公众号变成用户的内容查询工具，所以公众号要坚持原创内容。除了整理优质内容还可以把工具类功能添加在菜单栏，或者利用关键词做超链接展示在文章末尾。

（4）独特化运营。在内容运营上打造独特风格，用户与内容链接程度高的就是封面和标题，字号大小、字体颜色、配图风格、小标题版式等元素组成排版的整体风格，排版要有自己的特色。

（5）固定时间推送。固定时间推送会形成一种仪式感，有规律、有节奏的推送会给读者非常稳定的期待感和使用体验。例如，云丘山公众号的软文推送时间固定，形成品牌特有的体验。

（四）巧妙植入关键词

在确定了公众号和软文的关键词以及对其设置角度进行了充分思考的情况下，想要关键词发挥其提升搜索率的作用，就必须在软文运营和撰写中植入关键词。关键词的设置要符合用户的搜索习惯，在必要的情况下还应该对关键词进行拓展，这样才能最大限度地利用关键词。关于关键词的植入，具体说来，应该注意以下两个方面的问题。

（1）关键词植入的位置。从这方面来说，基于关键词在提升搜索率方面的作用，因此有必要在四个位置植入关键词。

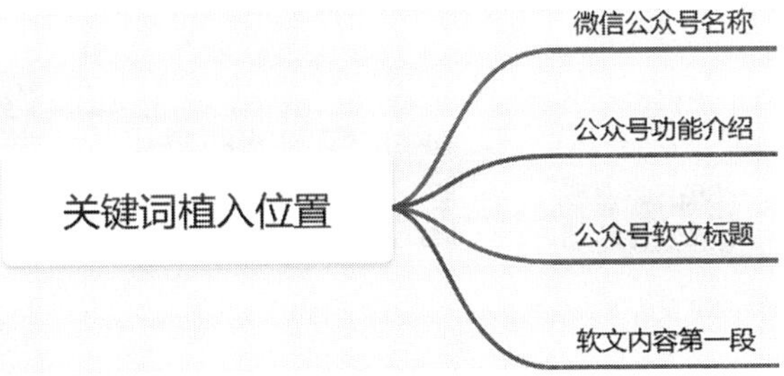

图 7–2　关键词植入的位置

（2）关键词的植入密度。无论是在公众号功能介绍中还是在软文内容中，关键词的植入都不应显得过密，否则会影响内容主旨的表达和软文的美感。例如，在公众号功能介绍中，关键词可植入的次数不应超过 3 次。在软文正文中，撰写者如果想要通过植入更多的关键词来提升搜索率，可以选择拓展主关键词来实现这一目标。

（五）别致排版引阅读量

排版可以提升阅读体验，提高文章的读完率。尤其是高标准且风格稳定的排版可以辅助塑造旅游企业品牌。事实上，每一篇文章的内容视觉呈现和排版都无时无刻不在影响用户对品牌的认知。

拓展知识7–1：
排版的10个技巧

应注意排版的四个设计原则，即风格固定原则、简约美观原则、结构清晰原则和重点突出原则。另外，内容呈现要有优先级思维，突出表现更重要的内容。

总之，旅游微信公众号运营主要是从以上五个方面着手。除此以外，还需要根据目标群体和市场需求进行调整和优化，提供有价值的内容和服务，增加用户互动和参与度，以提高公众号的影响力和用户满意度。

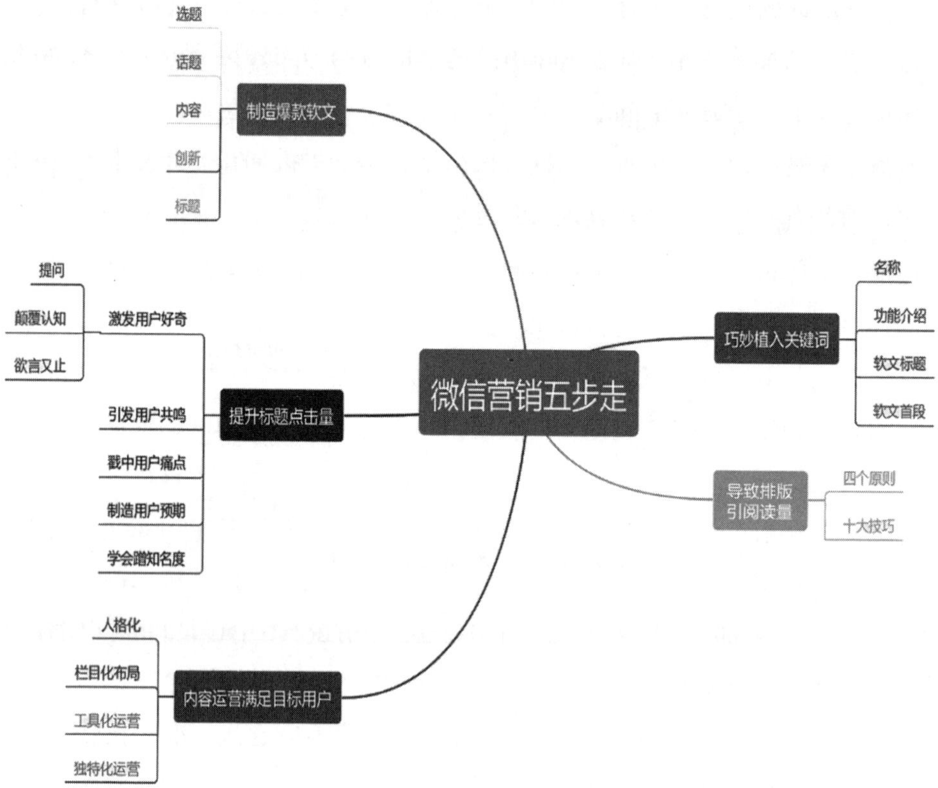

图 7–3　微信营销运营策略

三、微信公众号粉丝维护技巧

（一）设置功能介绍

用户在关注公众号时，第一印象来自微信账号的功能介绍。功能介绍内容可以采用“关键词 + 功能定位”，以简练的语言突出功能亮点；也可以将账号名称加入其中，并带上感情色彩，让介绍变得生动有趣；还可以写上实惠的服务与有趣的互动来吸引人们的关注。

（二）确定风格

目标人群不同，公众号的风格也不同。确定适合的平台风格，可以更好地抓住目标用户的“痛点”。公众的风格类型主要有促销互动型、信息播报型、专业知识型、幽默搞笑型、关怀互动型和文艺小资型。作为旅游企业，尤其是景区类微信公众号的风格大多是信息播报型。

案例分析7-1：
旅行社微信营销

（三）设置自动回复

自动回复是吸引用户持续关注的手段之一。在设置自动回复时，要符合以下几点要求：可用数字作为规则名，便于管理避免重复；每个关键词最多有5个不同的回复；导航菜单栏的设置和关键词一起设置；发送图文后，与内容相关的关键词也要设置自动回复。

（四）推送时间

根据用户习惯，用户看公众号的时间多为早上上班的路上、中午吃饭时间、下午下班时间、晚上吃饭前的时间以及收拾好上床睡觉前的时间等。

四、微信公众号营销活动推广

旅游微信公众号营销需要通过朋友圈、微信群等微信自身的渠道，以及QQ群、微博、联盟互推、二维码等社交媒体渠道，开展丰富的营销活动，以增强公众号的互动性，提升用户黏度。

[实战训练]

实训背景：下面以某公众号的“葡萄节”活动推广为例，具体说明微信公众号的营销活动推广。

实训内容：

1. 整体布局

在开展公众号营销活动之前，必须先明确活动的目标，进行整体的布局和定位。这样可以使公众号系列文章的内容都在一个范围内，并做到不混乱、有重点，让公众号推送文章稳步前进，且能对所要阐述的项目进行360度全方位覆盖。此次公众号营销推广活动的具体规划内容有葡萄节开幕活动信息的传递、葡萄节活动现场报道活动照片剪辑、当地已有的葡萄产业介绍、七夕摘葡萄等主题活动。

2. 编写时以点带面，丰富内容

写葡萄产业推文时，需要趣味性的内容来引起传播，内容编排上可选择添加了葡萄种类介绍、葡萄洗法、葡萄多种吃法玩法、采摘注意事项等细节来丰富整篇文章内容，让文章可读性、可玩性更强。

3. 寻找灵感

在微信搜索引擎中，搜索“葡萄节”等关键词，找到关于葡萄节的其他相关推文，看看别人是如何写的，也不失为一种找灵感的方法。

[职业素养]

2023 年 3 月 9 日，某市文化和旅游局执法人员在网络巡查时，发现某国际旅行社有限公司的微信公众号 3 月 9 日发布了 9 条出境游路线产品。经执法人员核查，该旅行社业务许可经营范围为“国内旅游业务、入境旅游业务”，该公司未取得出境旅游业务经营许可。其行为违反《中华人民共和国旅游法》第二十九条之规定，依据《中华人民共和国旅游法》第九十五条第二款之规定，应予以行政处罚。

旅游行业的新媒体工作者在公众号发布营销内容时要注意相关规定。根据《互联网广告管理办法》规定，公众号运营者在发布营销内容时，应依法标识广告内容，确保营销内容合规。作为旅游行业的新媒体营销工作者要依法标识广告内容，确保营销内容合规，保护消费者权益，维护良好的生态环境。

[任务小结]

随着数十亿微信用户的使用，这将对各行各业的营销宣传带来很大的转变，微信市场已成为电子商务时代的一个营销重点。

本任务内容主要探讨旅游行业在营销方面如何运用好微信进行营销，及如何运用好微信营销之最佳工具“微信公众平台”。

任务3 旅游微信小程序营销

微信小程序的广泛使用，是很多企业借助小程序这个风口开发属于自己行业的微信小程序，旅游小程序也是如此。小程序是一款工具，旅行中，景区游玩的一整套流程均可在小程序内实现。小程序可为游客提供更好的游玩体验，也为旅游行业带来更智能的解决方案。

案例分析7-2：微信小程序在旅游景区的应用

微信小程序不需要用户下载就可以实现旅游相关的服务，其开发成本也比较低，借助微信平台，自带流量，可以让用户通过微信分享给更多的潜在客户。微信公众号提供内容积攒用户人气，小程序提供功能巩固用户人气，本任务将探讨微信小程序在旅游行业的营销策略。

一、微信小程序营销定位

（一）微信小程序的定义

微信小程序，是一种不需要下载安装即可使用的 App，它实现了 App“触手可及”的梦想，用户扫一扫或者搜一搜即可打开 App，随时可用，但又无须安装卸载，体现了“用完即走”的理念。

微信小程序覆盖了包括游戏、教育、金融、医疗、电商等多个行业领域，已经成为许多企业重要的业务形态之一。目前，小程序已经成为各家突围的关键变量，QuestMobile 发布 2023 年全景生态流量半年报告，微信小程序用户量达到 9.28 亿。

（二）微信小程序的优势

（1）即用即走，无须下载。旅行者可以完成订票、查询交通信息、购买门票、查看酒店服务指南等任务。如在故宫游览时，数字故宫能帮游客找到餐饮服务、商城和卫生间，让游客在线下感受到线上服务的便利性。

（2）使用场景更丰富。简单、低频类的使用场景比较贴合小程序的设定和要求，如查天气、查快递、找服务等使用场景。小程序去中心化的设计也正阐释出其场景化的应用方式。比如，当我们进到某家餐饮店进行消费时，只需扫描二维码便可进入餐饮店的小程序，在上面可以获知菜品以及店铺的优惠活动，并进行点餐，还能够参与店铺的营销活动。

（3）开发更简单，成本更低廉。微信小程序会为开发者提供接口、组件以及底层封装等开发工具和模块，大大降低开发者开发程序并应用的难度。根据小程序相关开发人员介绍，由于技术开发的难度降低，现在只需要 2~3 名工程师、花费 3~4 天就可以实现之前 90% 以上的功能。

（4）功能持续更新，方便用户和开发者。微信小程序向旅游开发者提供了较为完整的开发平台和工具，而且功能的持续更新让开发更为便捷，这就需要开发者学会更好地利用微信所提供的资源，开发出更有创意和有趣的产品。而对于旅游用户来说，功能的增多使体验更加完美，而微信小程序还在向着更完善的体验行进。例如旅游景区在拥有小程序之后，可以在景区小程序中开发一个会员功能，然后在客户消费后，将其加入会员系统中，然后定期推出一些会员专属活动，这样一来往往能够激发客户复购的概率。

随着微信生态功能的日趋完善，目前微信为小程序提供了众多免费、零开发的流量入口，助力旅游企业通过小程序实现快速拉新、转化和留存，并增加品牌曝光和旅游产品交易的机会。

（三）微信小程序的盈利模式

微信小程序的盈利模式定位主要有广告收入、付费功能、电商平台、会员制度和平台分成等方式。

（四）微信小程序的目标人群

在现代化的商业社会中，旅游企业需要首先找准目标人群，通过市场调研选定目标市场。而对目标市场进行细分确定目标人群已成为必备工作。小程序作为微信的一个重大项目，同样需要具有它的目标人群。旅游小程序开发人员首先需要找准自己的目标人群，并为他们量身打造拥有核心竞争力的小程序。下面就来看一看如何让旅游小程序获得准确的人群和产品定位。

1. 构建用户画像

用户画像是大数据时代描绘用户信息全貌的数据模型，是根据用户的人口和社会属性、商业属性、生活习惯、兴趣爱好、消费行为和习惯等方面抽象出的一个标签化的用户模型。通过对用户信息进行分析和提炼得出的用户特征标识就是用户的标签，而构建用户画像的核心工作即是给用户贴“标签”。对于旅行类的小程序来说，需要弄明白用户是喜欢自由行、家庭游还是跟团游，是喜欢自驾出行、公交出行还是驴友出行。

景区微信小程序的目标人群定位可以根据以下几个方面进行定位。

（1）旅游爱好者。景区微信小程序主要面向对旅游感兴趣的人群，包括喜欢自由行、喜欢探索新地方的旅游爱好者。

（2）家庭出游者。景区微信小程序可以提供适合家庭出游的景点推荐、交通信息、餐饮住宿等服务，以吸引家庭出游的人群。

（3）年轻人群。年轻人对于旅游的兴趣较高，喜欢尝试新鲜事物，景区微信小程序可以提供个性化的推荐和互动功能，以吸引年轻人群体。

（4）商务旅行者。商务旅行者需要便捷的出行和住宿信息，景区微信小程序可以提供商务旅行所需的服务和信息。

（5）本地居民。景区微信小程序也可以针对本地居民提供一些特色的活动、优惠信息，以吸引他们在闲暇时间选择景区进行休闲娱乐。

通过对目标人群的定位，景区微信小程序可以更好地满足不同人群的需求，提供个性化的服务和推荐，增加用户黏性和用户体验。

2. 明确使用场景

使用场景是描述用户对小程序的使用情况的维度，用户会在什么场景下使用小程序，或者说小程序解决了用户什么痛点，都是使用场景的范畴。使用场景一般包括用户（对象）、需求（动作）和场景（情景）三个因素。

当构建起用户画像和使用场景之后，便可以初步确定小程序的目标范围是什么。这里要注意的是在构建用户画像和使用场景标签的时候，有些数据和情况可以通过调研或统计得出，但是有些指标可能非常感性化，如用户在使用某一小程序的过程中的心理变化，此时就需要开发者通过实际的体验甚至直觉来感知。

二、微信小程序营销策略

（一）借助二维码，小程序码发挥创意

对于一般以扫描二维码的方式进入的小程序来说，二维码就是人们对小程序的第一印象，所以，二维码就是小程序的衣裳。不同于原先那种方方正正的黑白印象，一个具有创意的二维码，势必会引来人们的好奇。例如，故宫的小程序码，是以故宫的主建筑为中心，增加了辨识度，能引起游客的关注。

具有创意和特色的二维码或者小程序码，能改变原先人们对二维码的固有印象，并且借助二维码的宣传优势，将这些具有特色的二维码或者小程序码投放到市场中去，将会更加吸引眼球，让企业产品在市场竞争中脱颖而出。所以，作为小程序的“门面”，一个具有创意感的二维码（或者小程序码），也是成功营销的一大要素。

（二）制定周密的二维码投放策略

小程序一般以扫描二维码的方式进入，这就有一个问题值得思考：二维码投放的方法。旅游企业需要制定出周密的投放策略，才能使二维码充分发挥出作用。对于二维码投放需要了解哪些是投放的适当地点。比如，人们经常会在收到的宣传手册、名片、产品包装、博客、公众号文章等上面看到二维码的标识，这些其实就是有利于二维码放置的地方。

投放的二维码除位置要醒目以外，其所链接的内容或页面必须保证是有效的。这些已经投放出去的二维码在被用户扫描时，要能够保证页面跳转出来，并且是能正常显示有效的。

（三）“公众号”+“小程序”两条腿走路

微信公众号与小程序关联，并且所有公众号都可以关联小程序的功能，是开发者与运营者获取微信小程序相关资讯的重要渠道。

公众号在关联了小程序之后，就可以在自定义菜单中植入小程序，小程序的入口变得简单透明，用户只要点击就可以直接进入。微信平台还支持在公众

号的群发文章中添加小程序，让小程序可以通过公众号的群发文章推送给关注者，而这些关注者又可以将这些文章分享至微信群、朋友圈等。通过转发、分享这些社交行为传递企业产品的定位与特色，以吸引更多的人前来关注并成为小程序的粉丝。

云丘山景区在公众号中嵌入预订酒店的小程序，凭借公众号强大的触达能力进行引流，进而摸索出自己的引流策略，做到“公众号 + 小程序”两条腿走路，这会给旅游产品的营销带来一种良好的叠加效应。

[分组讨论]

以故宫博物院微信公众号为例，请同学们总结公众号关联小程序的方式有哪些？并讨论“公众号 + 小程序”的营销方式优势有哪些？形成分析报告并以 PPT 的形式进行分享。

三、微信小程序推广策略

（一）微信小程序分享策略

1. 小利益鼓励分享

案例分析7-3：OKYLIN小程序的推广

旅游微信小程序的功能非常多，商家可以在小程序管理后台设置各种优惠活动，比如拼团、秒杀和砍价等各种优惠活动，从而可以激发消费者低价消费的欲望，快速实现裂变。例如，雪峰山旅游景区为吸引用户也设置了优惠折扣活动，包括会员卡和优惠券。优惠折扣在线上的所有平台中是小程序仅有的，小程序内下单可享全网最低价。而且相较于线上第三方平台，只有小程序是真正属于商家自己的品牌平台，自主性和灵活性都更强，便于包括景区这样的商家来进行管理和推广。

2. 话题唤起评论与转发

旅游企业可以利用企业朋友圈进行宣传推广，比如将店铺的微信小程序海报直接转发自己的朋友圈，然后朋友再帮着转发，从而实现用户裂变。

3. 线下活动增加分享渠道

由于微信小程序不需要下载安装，通过扫描旅游企业小程序码就可以进入，很多旅游企业会直接将小程序二维码放在宣传海报上，客户通过扫描小程序码直接了解旅游企业信息，清晰看到企业所展示的旅游产品。

旅游企业利用附近小程序的功能，还可以将小程序直接放在互联网进行宣传，在企业 5 公里范围之内的微信用户都可以搜索到企业的小程序，真正实现了线上和线下对接，从而帮助绿色企业达到更好的推广效果。

（二）微信小程序互动策略

所谓旅游企业与游客之间的交流互动，一方面是指旅游企业能定期向游客推送旅游产品资讯与活动信息，另一方面也指游客能对活动给出相应的反应。对于小程序来说，互动活动在小程序上是能够实现的。小程序可支持企业的营销互动活动，包括秒杀、拼团、积分、优惠券、加入会员等。比如云丘山景区小程序会员卡，既提供了游客和景区互动的交流机会，同时也简化了游客办理景区会员卡的程序，提升了游客对云丘山景区的体验感，实现了其营销目的。

另外，还可以以游戏的方式，引导用户按照一定的路线来到旅游景区。在这一过程中，用户可以通过“贪吃蛇”游戏来获取景区所送出的商品优惠福利，比如门票打折等在这样的游戏互动下，出于新鲜感和好玩的心理，用户主动使用小程序的可能性就会大大增加。而且，如果景区能通过小程序时常开展这类营销互动活动，那么势必会积攒起一批忠实的小程序粉丝。

还有，公众号可接入小程序的窗口让粉丝在浏览公众号的同时实现小程序跳转对接，将公众号粉丝引流至小程序。这样就可以利用小程序第三方数据统计平台来分析用户画像，在公众号中为其推送精准化内容，从而实现用户黏性。这种玩法可以帮助商家吸引更多精准的客户，便于后期进行更加精准的营销。

（三）微信小程序植入策略

旅游小程序想要成功营销，实现吸粉目的，需要做广告的植入。广告植入分为显性植入和隐性植入。

1. 显性植入

所谓显性植入，顾名思义，就是明显地、直白地将旅游产品广告展现在人们的眼前。这种植入方式可以是以文字为形式的广告信息，也可以是以声像为形式的广告信息。将小程序显性植入人们的日常生活中，无论是在人流量大的场所中，还是在时常使用的工具上，都有利于人们直截了当地接受小程序、使用小程序，最终成为小程序的粉丝。

2. 隐性植入

隐性植入是相较于显性植入而言的。隐性植入的方式要更为委婉，其可植入的地方有软文、影视剧、网红直播等。小程序软文要结合与旅游小程序有关的实时热点，还要与所推广的小程序有特征关联，即软文中要放大、突出某个小程序的功能特性以吸引粉丝。例如，影视剧中如果出现到旅游景区游览的场景，那么契合这一场景的景区类小程序就可选择植入其中，这样便不会产生强烈的违和感。通过隐藏的小程序植入方式，既能消除大众对硬性广告的反感，又能让旅游小程序被人们在不知不觉中接受和使用，有利于旅游企业小程序营销目标的实现。

[职业素养]

某周边游于 2023 年 5 月上线某小程序，通过明确周边游产品定位，精准描绘用户画像，再加上小程序轻量化、便捷的用户体验，联动精细化社群运营与公众号内容运营，在激烈的旅游市场上抢占了大量用户资源，仅上线两个月就收获到了 3k+ 忠实社群粉丝，每月订单量轻松突破 300+，社群粉丝复购率 30% 左右，成功破解许多同行所困扰的客户稀缺、流量不精准、复购率低等问题。

作为旅游行业的营销工作者应该了解微信小程序的优势有哪些，可运用这些优势帮助企业取得更好的成绩。另外，在进行微信小程序工作时，应该遵守相关的政策法规并具备以下职业素养：认真负责，踏实勤奋，团队责任感强，具有较高的销售热情与良好的销售意识，热爱钻研互联网营销传播模式。

[任务小结]

微信是国内最大的社交媒体平台之一，拥有庞大的用户群体和广泛的传播渠道。通过微信公众号和小程序，旅游企业可以将品牌信息传播给更多的用户，提高品牌知名度。微信公众号和小程序的互动功能，提供个性化的旅游推荐和服务、数据分析工具，可以增加用户的参与度和黏性，提高用户对旅游产品和服务的认知和信任。它们还可以为用户提供更加精准和个性化的推荐和服务，优化营销策略和产品设计，提高营销效果和ROI，提高客户的满意度。综上所述，微信公众号和小程序营销在旅游新媒体营销中具有重要地位和重要意义。

知识与技能训练

一、单选题

1. 旅游微信营销的最终目的是什么？（　　）

A. 提高旅游品牌知名度　　B. 增加绿色企业销售额

C. 提高用户黏性　　D. 所有选项都是正确的

2. 在旅游微信公众号中，哪些内容更容易吸引用户关注？（　　）

A. 广告宣传　　B. 有趣的文章或视频

C. 旅游产品图片和介绍　　D. 以上都不是

3. 在旅游微信公众号中，哪种方式可以提高用户的阅读体验？（　　）

A. 发布大量无关内容　　B. 发布短小精悍的内容

C. 发布排版杂乱的文章　　D. 发布大量重复内容

4. 在旅游微信公众号中，哪种方式可以增加用户的互动性？（　　）

A. 只发布文章不回复用户评论

B. 回复用户评论但不主动发起话题讨论

C. 主动发起话题讨论并引导用户参与

D. 以上都不是

5. 在微信公众号中，哪种方式可以提高用户的转化率？（　　）

A. 只发布产品图片和介绍

B. 同时发布产品图片、介绍和购买链接

C. 只发布优惠活动信息

D. 以上都不是

6. 微信公众号分为订阅号和（　　）。

A. 服务号　　B. 公共号　　C. 视频号　　D. 小程序

7. 实际操作中，单篇文章与多篇文章群发有差异，单篇推送显示（　　）。

A. 标题　　B. 摘要　　C. 标题和摘要　　D. 内容及标题

8. 在微信公众号中，哪种方式可以增加用户的复购率？（　　）

A. 只发布产品图片和介绍

B. 同时发布产品图片、介绍和售后服务承诺

C. 只发布优惠活动信息

D. 以上都不是

9. 微信小程序的运行环境是什么？（　　）

A. Web 浏览器　　B. 原生应用　　C. 独立应用　　D. 以上都不是

10. 旅游微信小程序的营销功能有哪些？（　　）

A. 满减优惠　　B. 折扣　　C. 多人拼团　　D. 以上都是

二、多选题

1. 旅游微信小程序的优势在于（　　）。

A. 无须下载安装即可使用　　B. 可以在多个平台上运行

C. 可以提供更多的服务

2. 旅游微信小程序的推广方式包括（　　）。

A. 微信公众号推广　　B. 微信群推广

C. 朋友圈推广

3. 关键词的植入位置包括（　　）。

A. 公众号名称　　B. 公众号功能介绍

C. 公众号软文标题　　D. 软文内容第一段

4. 在公众号软文排版时要突出重点的方法，包括（　　）。

A. 单独列出　　B. 标注特殊颜色

C. 字体加粗加大　　　　　　　　　D. 特殊排版方式来突出重点

5. 微信营销的优势在于（　　）。

A. 覆盖面广　　　　　　　　　　　B. 成本低

C. 互动性强

三、实训题

（一）实训背景

晋祠，位于山西省太原市西南 25 公里处，是一处蜚声中外的风景名胜区，景区总面积 3000 余亩。它背靠悬瓮山，前临晋水，山环水绕，现存有殿、堂、楼、阁、亭、台、桥、榭各式建筑 100 余座，宋元以来塑像 100 余尊，诗文碑刻 400 余通，铸造艺术品 30 余尊，古树名木 94 株，其中千年以上古树 30 株。

晋祠是第一批全国重点文物保护单位，是奉祀晋国始封诸侯唐叔虞的祠堂。晋祠的历史至少已有 1500 年，自然山水和历史人文融为一体，以杰出的园林古建和碑刻雕塑艺术享誉中外。晋祠是中国古建筑的博物馆、是我国现存最早的唐宋园林。它是宗祠祭祀建筑与自然山水完美结合的典范，也是世界文化艺术宝库中罕见的瑰宝。1961 年晋祠被国务院公布为首批全国重点文物保护单位，2001 年 1 月被国家旅游局评定为全国首批 4A 级旅游景区。晋祠的微信公众号有订阅号和服务号，订阅号名称是晋祠景区，服务号的名称是晋祠博物馆。

（二）实训任务

请为晋祠景区制定微信营销策略，具体包括：

1. 目标用户、内容定位、推广方式。

2. 设计微信公众号，包括名称、头像、简介、菜单等。

3. 撰写高质量的原创内容，包括文章、图片、视频等。

4. 进行微信推广，包括朋友圈、群发、活动等。

5. 分析数据和效果，不断优化微信营销策略。

参考答案

项目八

旅游新媒体社群营销

项目概述

旅游社群营销是互联网背景下一种转化、裂变的营销手法。它是旅游企业和品牌传播的最短路径，是建立和维护客户关系的有效方式。旅游社群营销的低成本和高效率可为旅游企业应对无数商机。面对邀约难、成交难、拓客难的困局，企业要拥抱社群。因此，旅游营销人员必须了解新媒体社群营销的概念、内涵，社群的构成，社群运营的注意事项，社群营销的兴起、特点和方式，掌握社群搭建的方法、运营策略。

学习目标

知识目标

1. 了解新媒体社群营销的概念、内涵。
2. 了解社群的构成。
3. 了解社群运营的注意事项。
4. 了解社群营销的兴起、特点和方式。
5. 掌握社群搭建的方法。
6. 掌握运营旅游社群的策略。

技能目标

1. 能够搭建社群。
2. 能够确定社群运营目标。
3. 能够运营社群。

思维导图

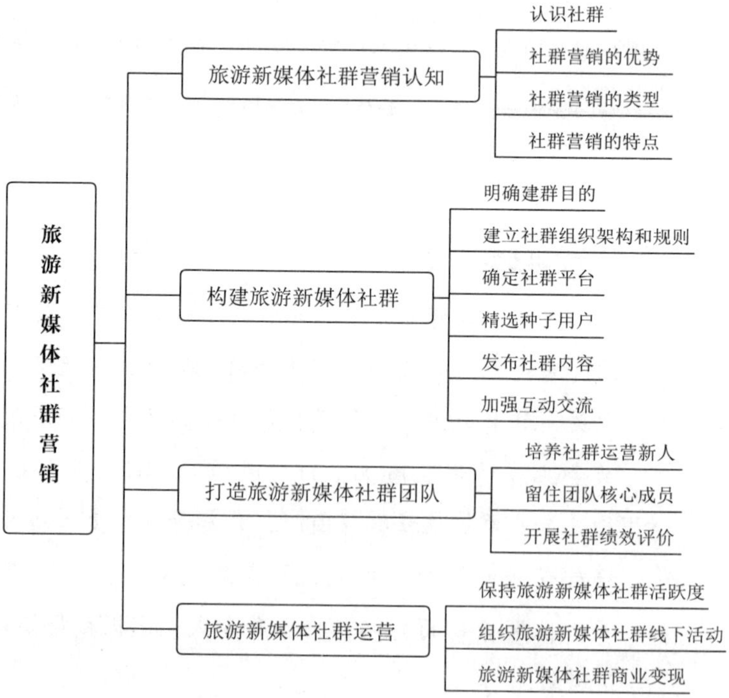

[引导案例]

“爱群游”的兴起

近年来，自驾车俱乐部、阳光出行、驴友群、车行天下等各种户外俱乐部的兴起，为旅游业开创了一个全新的社群出游一站式服务模式，越来越多的人加入这些群体，倡导绿色、环保、情怀出游，寄情于山水，自由于户外。

针对传统户外俱乐部在活动前资源互助、活动中安全管理、活动后数据留存等方面存在的问题，河北“80后”小伙子牛海涛以手机为载体研发了“爱群游”移动应用平台，为这些户外俱乐部提供了完善的解决方案，力争使俱乐部负责人从烦琐的活动组织和管理工作中解放出来，让户外活动变得更为简单。

“只要你有群主的心，你就是群主。旅游达人、导游、旅游俱乐部群主通通都来。”爱群游提出这样的口号，在传统旅游社群模式商业化的基础上，让更多的人参与进来，或实现导游梦，或体验轻松自由行。“连接你我，自由出行”，爱群游致力于颠覆传统的旅游行业，打造中国最大、最专业的社群出游一站式服务平台。

爱群游自由行移动平台利用移动互联网操作便利的优势，实现旅游爱好者组织的在线管理和旅游活动的在线发布，帮助旅游爱好者及时了解最新活动信息。平台还提供群聊功能，方便对同一话题感兴趣的终端用户相互沟通，以尽可能全方位满足用户的出游需求。

由于旅游涉及衣食住行等多个行业，所以在爱群游App运营的过程中，会衍生出很多其他产品。爱群游搭建了“爱群游+行动计划”，将旅游、社群和传统企业构建生态商业环境。目前，已有多家企业前来洽谈，希望通过合作达到共赢。

分析与思考：爱群游从社群建立、社群交流、社群运营多个环节，把有着共同需求的人聚集起来。花更少的钱和朋友一起玩更有体验的景区，向年轻人传递了经典的文化、艺术，让年轻人更加喜爱传统文化。在互联网时代，很多网红产品来得快去得也快，所以爱群游也在不断开发新产品，用新的创意、新的文案去吸引更多年轻人。

任务 1 旅游新媒体社群营销认知

一、认识社群

（一）社群的概念

一般社会学家和地理学家所指的社群，广义来讲是指在某些边界线、地区或领域内发生作用的一切社会关系，或只存在于比较抽象的、思想上的关系。社群是一种特殊的社会关系，包含社群精神、社群情感。只有通过媒介使这种特殊的社会关系得以连接，同时，媒介在不断地进化，这种社会关系连接的方式也一直在改变。社群之间沟通的媒介有书信、电报、广播、电话、邮件、QQ 群、微信群等。显而易见，社群是一群有相互关系的人形成的网络，当人们产生交叉的关系和深入的情感链接时，才能被看作社群。

（二）社群的要素

一个完整的社群要包括以下五个要素。

（1）同好性：这是社群构成的基本要素。所谓同好，是对某种事物的共同认可或行为。这类群体可以因为某一个产品或某一种爱好而聚到一起，比如喜爱旅游的驴友群、爱阅读的读书会；更有的是基于某一种空间而聚到一起，如业主群、老乡会等。

（2）结构性：这是构成社群的第二个要素，它决定了社群的存活。很多社群为什么很快消亡，是因为最初就没有对社群的结构进行有效的规划。这个结构包括组织成员、交流平台、加入原则、管理规范。只有这四个组成结构做得好，社群才有可能长久。

（3）输出性：这决定了社群的价值。没有足够价值的社群迟早会被社群成员遗弃。好的社群一定要能给群员提供稳定的服务输出，这是群员加入该群、留在该群的价值。

（4）可运营性：它决定了社群的寿命。一般来说，通过运营要建立“四感”，即仪式感；比如加入要通过申请，入群要接受群规，行为要接受奖惩等，以保证社群规范；参与感，比如通过有组织地讨论、分享等，以保证群内有话说、有事做、有收获的社群质量；组织感，比如通过对某主题事务的分工、协作、执行等，以保证社群战斗力；归属感，比如通过线上线下的互助、活动等，以保证社群凝聚力。

（5）可复制性：这决定了社群的规模。一个社群如果能够复制出多个平行社群，会形成巨大的规模。当然，在复制之前需要考虑是否具备充足的人力、物力、财力，是否形成一种群体沟通的亚文化，使得大家聊天的语气、表情、风格一致。

二、社群营销的优势

有了社群之后，大家都乐意通过社群来分享、获取信息，这种形式的传播效果比单独推送某一篇海量信息流的文章要好得多。如今社群营销搭载新媒体平台已经成为企业推广的标配，是打造品牌的最佳营销方式，其主要体现在以下几个方面。

（1）社群营销更能符合游客的需求。每个客户需求不同，不愿意与自己差别很大的客户互动，可以把有共性需求的客户纳入同一个社群。如摄影旅行专门针对年轻人社交的需求，设计了很多具备互动、交友、分享元素的主题线路旅游社群营销，聚合天南地北的年轻人，成为具备良好体验的产品。社群营销能够聚拢情感、爱好、特征比较一致的客群，很好地规避和减少了传统旅行社将各种不同人群放在一起可能产生的矛盾。

（2）社群营销可借力网络运营技术。互联网技术的运营，使得旅游行业的营销边界扩大，能够增加线上客户的互动交流，增加其对公司及产品的了解和黏性；同时能减少传统广告的开支，而且还能减少传统广告缺乏精准度的弊病。

（3）社群营销能发挥线下活动的作用。社群运营不应该理解为网络运营，线下的社群运营实际上具有更好的旅游社群营销效果，要求旅行社常态化地进行社群活动，不断制造与客户之间的互动热点。

三、社群营销的类型

1. 产品型社群

产品型社群是互联网社会组织结构的新模式，是家庭和企业之外的另一种联系方式。产品型社群有以下三个重要的思维特征：①中间利润为零，利润递延；②功能成为必需，情感成为刚需；③个人异端化，组织社群化。产品型社群想要成功需要两个前提条件，即情怀和势能。

2. 兴趣型社群

兴趣型社群是拥有共同兴趣和爱好的一个群体。群体之间相互交流共同的兴趣和知识。兴趣型社群较为常见的，比如车友会、驴友社群、骑行社群、游戏社群、运动社群等。兴趣型社群形成的关键是同好。大家在社群中有收获、有分享，还会出现大量的粉丝。

3. 品牌型社群

品牌型社群是产品型社群的一种延伸。品牌型社群以用户对产品的情感利益为联系纽带。用户基于对产品的特殊感情和认知，认为品牌能体现自身的体验价值和形象价值，符合他们的人生观和价值观。从心理上得到契合，从而产生心理上的共鸣。

4. 知识型社群

知识型社群是兴趣型社群的另一种延伸。知识型社群成员乐于分享自己的经验知识和成果。社群成员之间相互交流和学习，并从中得到相互的肯定和尊重。因为群员在社群活动中会自发地交换意见和观点，所以知识型社群经常会出现思想上的激烈碰撞。

5. 工具型社群

这里主要指社交软件 App，有社交平台、有即时语音的、有即时文字的、直播类等。各种社群软件和社群应用为人们进行社群交流提供了基础性工具，交流范围从社群渗透到社群成员个体的工作生活中。社交工具日常应用让社群成员在现实社群和网络社群两种状态下相互交叉。工具性社群具有应用性、场景性和灵活性特点，可以完全服务于用户特定的场景沟通需求。

四、社群营销的特点

随着移动互联网的发展，旅游新媒体营销方式也越来越多样化，其中，社群营销占据一席之地，吸引了很多顾客。一般来说，社群营销具有以下五个特点。

（1）弱中心化。社群营销是一种扁平化网状结构，人们可以一对一或多对多地实现互动与传播，并不是只有一个富有话语权的人，而是社区内的每一个人都能说，使得传播主题由单一走向分散，这也是一个弱中心化的过程。

（2）多向互动化。社群营销通过社群成员之间的互动交流，包括信息和数据的平等互换，使每一个成员成为信息的发起者，同时又成为信息的传播者和分享者。正是这种多向的互动性，为企业营销创造了良好的机会。

（3）多情感化。社群都是由有共同的爱好、兴趣而聚集在一起的人组成的。因此，成员间很容易建立起情感关联。社群里能够建立信任和用户情感链接，可合力创造出涌现价值，从而获得利益及有价值的信息。

（4）低成本化。由于社群的特性，社群营销在一定程度上可以自我运行、创造、分享，甚至进行各种产品和价值的生产与再生产。在这个过程中，社群成员的参与度和创造力能催生多种有关企业产品的创新理念或完善企业产品、服务功能的建议，使得企业交易成本大幅度下降。社群低成本引流的价值，在社群里说的话，远远比刷朋友，比写公众号的浏览率高多了，可以说只花了不到十分之一的费用，就实现同样的效果。

（5）碎片化。社群的资源性和多样性特点，使得社群营销呈现出多样化、信息发布方式松散的特点，这就意味着社群营销呈现碎片化的趋势。虽然碎片化会使社群缺乏统一性，给企业的社群营销带来很多的不确定因素，但只要企业善于挖掘、整理，就能从中挖掘出社群的价值。

任务 2 构建旅游新媒体社群

构建旅游新媒体社群的实施步骤分为六个部分，即明确建群目的、建立社群组织架构和规则、确定社群平台、精选种子用户、发布社群内容、加强互动交流。

一、明确建群目的

确定核心人群，找到群员共性，才能确定经营产品，规划社群输出内容。要保证群员有共性，也就是群员都对你的产品有需要或者感兴趣。只有这样才能保证有转化率。

明确目的，即建群动机，它是后续一切活动开展的初衷。只有这样才可以明确后续整个社群运营及管理规则如何设置，用户价值闭环如何成型，商业闭环如何搭建。

如果一个社群的存在，既能够满足成员的某种价值需求，并在满足需求的过程中又能够给运营人员带来一定的回报，就会形成一个良好的循环，甚至可以形成自运行的生态。做社群最怕的就是还没有想明白就风风火火地开始运营了，还没有想清楚到底能做什么的时候千万不要着急地去推广，事后如果想要改变社群的基调就有点难了。

二、建立社群组织架构和规则

国有国法，群有群规，社群内有发起者、有管理员、有热心人、有贡献者、有参与者。不同的层级，承担着不同的责任，形成良性循环，这样能够驱动社群持续运营和放大的复制性。在社群的结构方面，有两个主要组成部分，一个是“成员结构”，另一个是“社群规则”。

一般来说，成员结构根据成员属性功能不同，主要分为创建者、管理者、参与者、开拓者、分化者、合作者和付费者七种。社群规则按照社群的发展分为五类，即门槛规则、入群规则、交流规则、分享规则和淘汰规则。

三、确定社群平台

常见的社群营销载体主要有 QQ 群、微信群、微信公众号社区、论坛等。具体哪种社群运营载体更好，要根据社群的定位和运营规则来确定，以下是一些参考要点。

（1）从使用功能的角度进行选择。主流的群沟通平台是 QQ 和微信。一般来说，人数不多的时候两者都很好用，但是一旦群人数众多，QQ 群的优势就显现了出来。一方面微信群的上限是 500 人，QQ 群可以达到 2000 人；另一方面，QQ 群有群文件、群视频、禁言等多种管理手段，有利于社群的维护。

（2）从用户习惯的角度进行选择。目前来看，QQ 和微信的活跃人数不相上下。现在的中学生都习惯用 QQ，他们认为微信都是大人玩的。“95 后”是伴随中国互联网一起长大的一代人。他们习惯了网络社交的方式，对社交平台的接受度高，网络社交是他们的日常必需品。他们在社交平台上更愿意主动发言，对社交网络的依赖度也更高。由此可知，充分利用网络社群在年轻一代中开展旅行营销显得十分重要。

（3）从商业经济的角度进行选择。虽说很多社群都开始走向商业化，但是付费的方式一般都寄托于额外的一些操作步骤。微信群本身是为了社交，群付费模式并不是特别方便，而商业社群的探索是基于付费模式来设计运营规则。有的社交软件已经开始尝试纯商业社群，如支付宝下的群种类。

（4）从跨多平台的角度进行选择。社群规模变大后，进行群交流分享就需要解决跨群同步的问题。目前基于群的在线分享工具大量出现，常用的跨群分享平台有千聊、红点、朝夕日历等，可在做社群营销时应仔细予以斟酌选择。

案例分析8-1：“旅游+社群”营销模式分享

四、精选种子用户

旅游新媒体社群种子用户的选择和维护获得的价值是整个社群运营的关键。种子用户的寻找和维护应该和社群规则的制定同时进行，可把从种子用户处得到的经验与教训作为制定旅游社群的重要参考依据。

（1）真爱聚拢法。从老用户和真爱粉中挑选社群种子用户是最容易实现的方式之一。另外，也可邀请自己的朋友、朋友的朋友，有了基础的力量，再慢慢通过活动、分享等手段吸引更多的人加入。

（2）影响力聚拢法。一般来说，在旅游领域拥有影响力的个人或组织更易建立起垂直领域的旅游社群。很多旅游企业没有成功建立社群的原因，就是因为群里没有旅游行业灵魂人物。

（3）线上标签筛选法。互联网上有大量可以聚集某一特征人群的形式，比如通过在线上举办某主题的分享活动吸引用户，逐个邀请在某一人物微博下热评的粉丝，寻找某特定风格网站的用户等。

（4）线下场景切入法。用户的较好来源，可利用面对面接触的优势，在社群线下场景寻找高精准性潜在目标客群，如通过保健院、儿童娱乐场、早教中心等母婴类专营店寻找妇幼顾客。

五、发布社群内容

旅游社群管理员一方面要管理好关于未来旅游活动或即将推出的旅游产品的预告，发布与本社群成员相关的新闻；另一方面要征集社群成员的意见，提升成员的参与感，并请社群的“贵宾”开设专栏，为社群外部成员提供一个与社群内部成员交流的窗口。

六、加强互动交流

社群的成功关键在于互动交流，需要激发会员之间的互动，例如发布调查问卷、邀请会员分享意见、建立话题等。通过这些方式，可以增加社群的互动性，从而吸引更多的会员参与。

任务3 打造旅游新媒体社群团队

仅仅构建了旅游新媒体社群还不够，社群还需要发展壮大，为此需要考虑如何培养新人，如何发挥核心成员的能力，如何开展绩效考核等，这就是旅游新媒体社群团队的打造。

一、培养社群运营新人

有一定规模的社群运营团队必须定期引入新人，新人对社群活动积极性高，时间投入多。社群运营者要积极主动地挖掘新人、培养新人，给新人机会，让他们尽快和老员工融为一个团队。只有愿意培养新人和能够持续不断推出新人的社群，才是一个健康的社群。

二、留住团队核心成员

核心成员是社群的管理者和运营者，他们熟悉社群的流程和制度，投身于社群运营的日常工作中，维系社群的正常运转。他们参与程度高，对社群的归属感、成就感比普通成员更强，对社群贡献大，他们的存在是社群良性发展的重要条件。留住核心团队成员自然会成为社群发展的重要一环。好的社群营销运营过程中要重点关注如下工作：

1. 持续完善社群运营流程

要将工作逐步标准化，减少核心团队成员在沟通和产出比例低的琐事上耗费精力。

2. 不追求大而全的运营规模

管理强调把正确的人放在正确的位置，合理分工，尽量让成员做自己擅长的事情。

3. 建立情感联系

鼓励社群核心团队成员在生日或其他节日的时候，互相通过网络发祝福、发红包，逐步建立社群核心成员的情感联系。

4. 建立合理的回报机制

在社群里，留住核心成员的关键是增强其成就感，精神上的回报要高于物质回报，要让核心人员觉得自己的存在是有必要的，他所做的事情是有价值的，而且在组织里能够找到自己的定位，产生归属感。

5. 增加社群自身品牌影响力

社群发展的根本在于自身平台可逐步形成品牌影响力。努力运营好社群，不断让社群可以连接更高能量的资源和平台，能让核心团队成员慎重考虑自己每一次的决定，从而保持社群健康发展的节奏。

图 8–1　旅游新媒体社群运营团队的打造非常重要

三、开展社群绩效评价

在一个组织的价值创造过程中，存在“二八”规律，即 20% 的人创造组织 80% 的价值在每一位团队成员身上，“二八”规律同样适用社群，即 80% 的工作任务是由 20% 的关键行为完成的。因此，必须抓住 20% 的关键行为，对之进行分析和衡量，抓住业绩评价的重心。常见的重点有用户新增量、群活动频率、群成员活动参与度、变现转化率等。

任务4 旅游新媒体社群运营

一、保持旅游新媒体社群活跃度

旅游新媒体社群活跃度的保持可以通过社群分享、社群讨论、社群打卡、社群福利、建立强关系等方式来完成。

案例分析8-2：逻辑思维的社群营销

（一）社群分享

社群内容分享是提高社群活跃度最有效的方式。不管是哪种形式的分享，都需要费一定的人力、精力进行筹备。仅仅有参与感，还是不够的。娱乐化、游戏化是众多成功社群的惯用路数，如果一个社群给人带来的不是轻松愉快，而是压力感爆棚，那么大多数人都会选择逃离。建议群规不要太过于死板。

（二）社群讨论

社群讨论主要是找一个话题，让每一个成员都参与进来，通过相互的讨论获得高质量的输出。实现成功的社群讨论需要做好以下三个步骤的工作。

1. 讨论开始前

首先，需要建立内部管理小组。小组成员最重要的角色有组织者、配合人、小助手。小助手需要协助组织者和配合人做一些琐事，并且还需及时回应，活跃气氛，带动整个社群的讨论。

其次，确定讨论话题。在确定话题时，注意话题不能太大、太沉重，要简单、易讨论，让人可以随时参与。若能结合热点话题，更有利于活跃气氛。

最后，发布预告。在发布预告时，应告诉群员什么时间来参加讨论。一般需要进行 3 次时间预告，即前一天晚上的 9：30~11：00、第二天中午的

12：00~13：00、讨论开始前的1个小时，这3个时间段是经过调查得出的比较合适的通知时间。

2. 讨论进行中

一个问题讨论的时间是30~40分钟，可以根据情况适当延长或缩短。如果没有太多群分享的经验，就需要提前设想在分享的不同过程中应该说什么的话，并写下来作为过程稿，也可以发到管理小组让大家帮忙看看、提意见。这个过程也可以让自己心里更有底。

3. 讨论结束后

对本次分享的群员发言进行汇总。汇总完之后上传到群共享，同时在群里发布通知，告诉大家分享的内容已经整理上传，以便没有参加讨论的人可以下载观看。同时，通过总结的过程可以看到自己的优势或不足，为下一次的主持积累经验。

（三）社群打卡

打卡签到积分制，积分本身有激励作用，能够使成员有正反馈和激励。在网络中，“打卡”这个动词常用来提醒为戒除某些坏习惯所做的承诺，或者为了养成一个好习惯而努力，而社群打卡就是社群中的成员为了养成某一个好习惯所采取的一种行为。

（四）社群福利

在旅游新媒体社群运营中，除了红包，可送一些小礼物给用户带来惊喜。好的社群只能是一个有机整合体，每个成员都要“动”起来，许多潜水者在“抢红包”时才会浮出水面，可以在这个时候吸引粉丝参与到话题讨论中来。俗话说“三人行必有我师”，每个人都有自己独一无二的技能，让人人都有输出价值的机会，这样不仅可以提升群员的自我价值感和成就感，同时利用红包和物质奖励政策。让大家都有存在感和参与感，这样便可以调动起群员的积极性。

（五）建立强关系

旅游新媒体社群想要建立强关系社群，就必须建立社交关系的“交叉覆盖”。就如与自己关系亲密的人，你往往拥有他的手机号码、QQ号、微信、邮件……各种联系方式，甚至找不到他还可以通过其朋友找出他在哪里。但在弱关系中，人和人之间只有一层连接。对于强关系来说，有一个六度空间，也就是说人和人之间的连接，包括职业圈连接（邮件、微信、QQ），生活圈连接（微信朋友圈、QQ 空间），人脉圈连接（社群），兴趣圈连接（俱乐部会员），私密圈连接（陌陌）、血缘圈连接（老乡会、同学会、战友会）。实践证明，连接越多，关系越强。旅行社群营销应该建立多维度的连接，让这种强关系更好地推动旅行产品的销售。

二、组织旅游新媒体社群线下活动

大部分旅游新媒体社群是公司化运营，线下活动的资源、资金充足，并由经验丰富的专业团队负责运作。因此，线下活动的成功率很高。但是也有一些旅游新媒体社群没有公司化运营，他们的线下团队由社群用户组成，社群用户大多没有举办线下活动的经验，各个流程也不清楚，导致开展不顺利而没有打开口碑。这种情况下社群如何从 0 到 1 举办第一场线下活动，可按以下 5 个阶段进行，即策划期、筹备期、宣传期、进行期与复盘期。

（一）策划期

1. 书写策划书

开启第一次线下活动前，写一份完整清晰的活动策划案能够从全局把控整场活动，做到心中有数，能有节奏、有计划地开展活动，而且还能给团队打一针强心剂，在执行的时候也会更有信心。

拓展知识8-1：
活动策划书的主要
组成部分

2. 团队分工配置

由于社群类型不同，线下的活动内容当然也会不同，相对应的团队分工也会有区别。沙龙形式的线下活动是各个社群比较普遍采取的一种线下活动方式，对其他类型线下活动形式的分工也有参考价值。

（二）筹备期

一般来说，一场小型的旅游社群线下活动建议至少提前 3 个星期开始准备，要做到心中有数，不慌不忙。而大型的线下活动则需要更长的策划准备周期。筹备期主要有 4 个主要因素。

1. 嘉宾——邀请名人的 4 种手段

旅游新媒体社群要想做大做强，一定要与旅游行业的名人合作，为社群带来更多有活力、有质量的分享和关注。

（1）通过新媒体与名人建立连接。

（2）主动为名人提供帮助并建立连接。

（3）通过邮件等方式真诚邀请从而建立直接连接。

（4）做出影响力以吸引别人主动连接。

2. 合作方——与赞助方合作的 8 个注意事项

一次好的活动，用一己之力当然敌不过一群人的合作。当自身还不够强大的时候，要善于寻找赞助，通过合作弥补短板，放大活动效应，共享回报。

（1）发掘对方真正的需求。

（2）看准对接人的风格。

（3）严格把控细节。

（4）对想要合作的对象，多说我们。

（5）从合作方的角度写合作方案。

（6）丑话说在前面，降低期望值。

（7）同步播报进度，让对方心里有谱。

（8）合作结束要有复盘总结。

3. 场地——寻找线下场地的 4 种攻略

（1）寻求身边的场地资源。

（2）寻找免费的场地。

（3）选择平价的收费场地。

（4）寻找公益组织活动的场地。

4. 物料——建立物料清单

活动成本主要由活动场地和物料构成。要提前确定好物料清单，除了总部分发的带有旅游社群品牌 LOGO 的标准物料，判断是否还需要根据本次活动添加其他物料，例如场租设备（投影仪、麦克风、PPT 激光笔、电脑等）、宣传物料（KT版、胸章、旗子等）、文具类（分组工具、笔和纸等）。

（三）宣传期

1. 线上宣传

宣传期主要包括设计活动海报、接受报名，同时在各个平台包括微信、微博、豆瓣同城等发布活动信息，邀请媒体参加活动，增加后续报道。

当线下发展得好，规模变大，可以由总部授权，自己单独建立功能团队和宣传平台。比如女性励志社群“趁早”，在线上北京总部有专业的运营团队，有官方微博、微信等公众号。

对于活动的宣传，一定要将信息阐述清楚、详细，让人一目了然，同时也可减少运营人员的沟通成本。

2. 线下宣传

在初期，线下规模还小的时候，相关的功能团队（如设计、平台运营、推广等）可以直接由总部安排调度。

在线下，一些城市有粉丝自发形成的运营团队和他们自行注册的所在城市的微博、微信公众号。线下团队会根据总部的活动做积极的反馈和参与，总部也会选择性推送线下城市的相关内容，跟线下城市紧密联系互动。

宣传阶段要设计线下报名渠道和报名方式。如果有收费项目，还要明确收费渠道和支付方式。

一次成功社群线下活动的结束并不是工作的重点，线下活动的影响力、辐射范围有限，必须通过整合线下工作内容，放到互联网平台上制造线上有效传播。一方面，这样能够以点带面引爆扩散，吸引更多的人参加线下活动；另一方面，也会刺激线上社群话题二次传播，吸引更多的人关注社群。

（四）进行期

1. 活动流程

进行期主要包括招募活动当天的志愿者，与活动主持人对接活动流程，线上会议跟进工作进度和未完成事项，整理活动物料以确保物料准备齐全，确认通知方式、会员和嘉宾活动注意事项通知和邀请函发送结果、会场布置和设备调试。等这些都准备妥当后，就可以从容地开展第一次线下活动了。

策划方案做好后，需要把活动当天的整个流程梳理成跟踪表，以查漏补缺，明确当天活动的时间节点，并列出时间清单，如活动的正式开始时间、工作人员到场时间、物料到位时间、嘉宾到场时间、参与人员签到时间、活动结束时间等相关时间节点。

还要确认本次线下活动有哪几个环节？每个环节是否已经责任到人？是否有团队人员联系方式汇总？

可以把整个活动当作一个项目，列出项目清单，便于查漏补缺，也便于之后进行复盘。

2. 嘉宾接待

由于活动当天，嘉宾是一个非常重要的因素，所以对于嘉宾的接待一定要重视。关于嘉宾的接待有很多细节需要落实，本着使其舒服，可长期合作原则，在活动前、活动中、活动后，有很多注意事项，可根据活动要求做好嘉宾接待工作。

拓展知识8-2：嘉宾接待工作的要点

（五）复盘期

一场线下活动如果做完没有进行复盘总结，很多当时存在的问题就容易被忽略和遗忘，然后就会反复在同一个地方犯错，所以复盘很有必要。

1. 经验总结

总结分对外宣传和内部总结。

（1）对外宣传。对外宣传包括官网新闻宣传、新媒体宣传，特别是微博这样的新媒体宣传，应该更有深度、更有质量。一条写得好的微博，不但能够概括活动的亮点，还能引起参会人员的兴趣，并让嘉宾开心转发。微博的形式可以分“点评 + 现场多张照片”、思维导图或 PPT 心得等形式，不要只满足于拍现场照片的水平。

（2）内部总结。全部活动完成后应该做一个系统的总结，这才是主办者最大的活动收获。线下活动结束后，通过对参与活动人员的反馈，或者通过文字或者音频、视频输出，进行活动回顾和现场还原，让更多没有参加的人对活动本身和社群有所了解，对下一次活动起到宣传、推广的作用。

活动复盘需要活动各项负责人提前提交可能在活动中遇到的问题以及解决

的方法，再由复盘负责人收集整理后，按照复盘框架组织讨论，然后由复盘负责人整理讨论内容，形成复盘报告初稿。由活动各项负责人对复盘报告初稿提出修改意见，复盘负责人针对修改意见，形成复盘报告终稿，最后进行存档，复盘活动资料归档提交总部。

2. 经验复制

线下活动举办成功后，在复盘总结经验的基础上，社群可以依据自己的发展情况确定是否需要快速从试点城市复制到更多城市，使得社群发展获得更大的空间。

社群试点城市可以优先选择经济发达的一线城市，如“北上广深”。因为一线城市资源更加丰富，也因为一线城市竞争大，人们学习动力足、自我提升氛围好，参加的人多，容易召集。当然，跟社群自身关联比较大或者资源比较丰富的地区也可以作为试点城市。

选择复制线下活动到其他城市就要因地制宜，灵活变通。要根据城市的经济基础和文化氛围，选择活跃的城市开展线下活动。这主要是因为：一方面，各方面资源相对更多；另一方面，所在城市的社群成员比较集中，能发动周边地区的人参加，扩大社群的影响力和号召力。

试点城市线下活动成功举办后，就可以进行流程化梳理，复制到其他城市。这个时候社群需要设置一个部门来统筹全国各个城市的线下团队，帮助社群建立全国线下网络，合理规划全国城市线下的建设，确保各个城市线下组织良好运营，配合线上其他部门做好线下活动宣传，提高社群各个城市的影响力。这也是帮助社群用户线下互动，增强黏性和参与体验。

3. 建立数据库

在各个城市线下持续复制的过程中，系统地整理资料库就显得非常有必要，因为这可以提高资源利用率和团队协作效率。一般建立数据库要注意以下事项。

（1）社群成员信息库。建立社群成员信息资料库，一方面，可以让社群对自己的成员数据有一定了解；另一方面，针对国内流动的成员，建立成员库后，可以帮助他们更好地融入其他的城市和社群。除了传统普遍的 Excel 表格，还可以利用第三方工具 Group+ 来实现整理成员资料库，对成员进行分类和筛选，能够对活动的开展更有针对性。Group+ 还可以免费群发限定数量的短信通知。

（2）物料库。把线下城市的物料进行统计汇总，碰到物料不够的情况，可以及时从其他城市调度，省去不必要的物料开支，便于总部进行数据分析，也便于城市线下团队在活动开展前对物料到位情况进行追踪。

（3）嘉宾资料库。建立嘉宾资料库，一方面，如果嘉宾在各个城市出差或者工作是流动性质的，建立联系后可以进行线下合作；另一方面，整合全国嘉宾 AUEE 资源，可做线上的合作。

（4）场地资源库。建立场地库，经过统计分析，一方面，可以为新城市找场地资源提供思路；另一方面，可以避免某些城市在场地费用上开销过大，对比能有借鉴作用。

（5）活动游戏库。建立游戏库，可以让全国的线下活动的暖场游戏得到汇总，参与成员每次都有新的体验，不仅能提高工作效率，也可减少工作人员找游戏和对新游戏的试错时间。

（6）线下城市文件模板库。每个线下城市营都可以在开营前通过填写模板，建立城市营开营档案库，做到准备充分，心里有数，为提高工作效率，顺利开营打下重要的基础。在线下团队开始运营后，总部通过收集各个城市线下据点的文档，进行归档和保存，让资源得到全国线下城市更充分的利用。

三、旅游新媒体社群商业变现

（一）开发旅游社群变现产品方法

对于社群产品开发而言，应以特定的社群产品特性、社群群体或者产品消费群体为基础设计一条产品信息，进而在群里自发传播并引发讨论，从而实现产品的销售。在社群建立的时候整个方向要符合产品的用户需求，试着问问产品是什么，用户在哪里，可朝着这个方向走。一般来说，旅游社群产品开发主要基于社群文化、社群需求、产品本身、个性社交和社群成员几个方面。

（二）旅游社群产品的定价策略

根据社群产品的定价策略“免费产品和服务＋付费产品和服务”，用户也就自然被分成了免费用户和付费用户两类。

采取免费产品和服务主要是为获取免费用户，利用免费用户增加流量。虽然从免费用户那里不能获得直接收益，但是可以通过为用户提供免费服务增加流量。

提供给付费用户的产品和服务的种类和范围更广，并以提供差异化的服务为主，如互联网视频网络公司可以向付费用户提供院线新片提前看、观看全程免广告、使用高速通道播放流畅度等服务，这是因为付费用户和免费用户的需求价格弹性具有差异性，可通过为付费用户提供差异化的服务来获得收入。

（三）旅游新媒体社群变现模式与方向

1. 旅游新媒体社群变现模式

旅游新媒体社群变现有的是现金类的变现，有的是非现金类的变现。其中，现金变现是直接获取利润而非现金变现是从建群、互动、评论、分享干货链接到转发、资料共享、邀请好友进群，也就是任何有益于这个社群的行为。从另一个角度划分，社群变现还可以分为直接变现和间接变现。直接变现即通过社群营销直接可以带来收入的变现模式，如收取会费、广告费、加盟费，产生购买行为等。而间接变现模式是把社群当作一个媒体平台，用来维护粉丝关系，不直接产生利益，如浙江遂昌高坪乡所做的众筹卖大米公益活动，通过本次互联网众筹活动高坪乡被授予“浙江省休闲农业旅游基地”和“摄影创作基地”称号。

2. 旅游新媒体社群变现方向

（1）营销类变现。旅游新媒体社群营销直接变现的最便捷、最有效的手段就是针对社群用户直接销售，让品牌粉丝在社群中直接完成购买交易。但想要成功激活社群成员的购买欲望，需要明白社群成员不都是购买者，他们对品牌倾注了更多的情感，要想直接变现，就必须让他们感动，甚至感受到“特权”，让他们感受到身在社群中，远比普通购买者更有地位、更受尊重。

（2）分销代理类变现。对于旅游产品而言，借助社群的力量，让社群成员成为分销代理人，这就直接架起了开发商与潜在客户之间的桥梁。让社群成员成为分销代理人，收取一定的佣金红包，再加上一定的荣誉奖励，让越来越多的成员成为社群代理人，可使得社群销售力量更强大。

（3）会员收费类变现。旅游新媒体社群如果不能在内部直接变现，很容易造成成员流失、忠实粉丝不足的情况。收费制度的建立，让社群有了资金储备，就可以定期举办活动，建设更高档次的平台，引进高素质的管理团队，邀请高档次的嘉宾等。

（4）其他变现方向。①运营的众包。众包指的是一个公司或机构把过去由员工执行的工作任务，以自由自愿的形式外包给非特定的（而且通常是大型的）大众网络的做法。众包经济时代，创业者可把一个特定的项目交给不同的人分解完成，以此完成自己一个人没有能力完成的事情。②资源的对接。群内自愿互通有无、合作共赢。比如某酒店管理人员通过构建酒店行业社群，分享行业经验，通过打赏、预售经营管理等方式变现。某社群负责人通过社群分享项目，如招募代理商、合作伙伴。某智业机构通过为社群成员提供在线咨询、线下培训等智业支持，并与具备上市潜力的项目达成深度捆绑，提供资源扶持其上市。③资本的众筹。旅游新媒体社群需根据自身擅长领域组建，众筹行业基金，通过投资、并购等方式实现长远收益。

[任务小结]

综上，旅游新媒体运营者想要借助社群经济来实现知识变现，必须要将大众的需求放在第一位。新媒体运营者应将传播对象的个人实际需求作为主要出发点，将已有变现模式进行细分，从而更好地为传播对象提供他们所需要的信息。同时，运营者还应借助多渠道的传播方式，增加社群的标签化性质。

知识与技能训练

一、单选题

1. 以下关于社群线下活动描述错误的选项是（　　）。

A. 线下活动可以拉近群成员之间的关系

B. 线下活动可以增加群成员的归属感

C. 社群线下活动必须以营销为目的

D. 社群线下活动是对社群文化、理念的巩固

2. 线下活动时间如何设定最为合理？（　　）

A. 选择自己喜欢的日子

B. 根据线下活动的参与者进行分析，以他们的空闲时段为宜

C. 根据邀请的嘉宾、赞助方、合作方的时间确定

D. 根据自己需求设定就好

3. 社群活动主题如何设定最为合理？（　　）

A. 根据社群的理念进行设定

B. 根据主办方的需求直接敲定

C. 主题是次要的，对于社群主要还是能够给群成员提供一个线下见面的机会

D. 根据活动的内容进行设定

二、多选题

1. 下列哪些是构成社群的重要元素？（　　）

A. 同好性　　B. 结构性　　C. 输出性　　D. 可运营性

E. 可复制性

2. 下面属于做好社群结构的方面是（　　）。

A. 合理的组织成员　　B. 良好的交流平台

C. 制定加入群的原则　　D. 定制合理的群规范内容

E. 制定合理的群输出点

三、判断题

1. 社群营销需要根据不同社交媒体平台的特点制定针对性的策略。（　　）

2. 社群营销可以通过定期分享行业资讯来建立专业形象。（　　）

3. 社群营销只需要关注品牌形象的塑造，不需要关注产品质量。（　　）

4. 社群营销可以通过与用户分享品牌故事来建立情感连接。（　　）

5. 社群营销只适用于年轻人。 (　　)

四、案例分析题

距离北京三百多公里的北戴河新区黄金海岸，有一片浪漫之海，有一片人文社区，有一座孤独到极致的图书馆和一座宁静的海边礼堂。它的名字就叫阿那亚。阿那亚，取自梵语“阿兰若”，取义“人间寂静处，找回本我的地方”，这里给人世外桃源的闲适。

从经营产品到经营用户，阿纳那亚用社群增加亲密关系，依靠每年仅有的300万广告，推荐购买率高达90%，将阿那亚从一个默默无闻的项目做到了年销10亿的文旅地产“神盘”。阿那亚打造基于文化和价值观基础上的新型亲密关系，在此过程中，追求更多智慧、自我实现以及更多的爱。阿那亚的社群本质是将价值观相同的人连接到一起，而对于价值观相同这件事情，本质是小众的。小众之所以文艺、氛围感强，是因为足够小众，当它变成大众网红，我们会发现所有的美好在人多面前脆弱不堪。

请结合旅游社群营销相关知识分析阿那亚成功的原因。

五、实训题

（一）实训背景

为一个同城自行车驴友社群策划一次线下活动。该社群主要以“70后”到“90后”自行车运动爱好者、中高收入、事业稳定、有健身需求者为主，集中在节假日组织城郊骑行，具有线下交友，兼有骑行装备销售、使用体验分享功能。目前有自行车厂商有意向赞助群内活动。请根据以上特点为这个社群设计一个线下活动策划方案。

（二）实训要求

1. 策划书要体现活动的完整流程。

2. 针对特定群体和兴趣点要有针对性的设计。

参考答案

项目九

旅游自媒体营销

项目概述

旅游新媒体自媒体营销项目旨在利用新媒体和自媒体平台，通过创造优质旅游内容、加强用户互动及合作，以及精准投放和数据分析等手段，提升旅游品牌的知名度、影响力和市场份额。在本项目中，主要介绍自媒体的概述和作用，以及在今日头条和小红书上进行营销的方法与技巧，以期帮助读者更全面地了解旅游新媒体自媒体营销的重要性和具体实施方法，以及通过借鉴成功案例来提升营销效果。

学习目标

知识目标

1. 理解自媒体及不同平台的定义和特点。
2. 了解自媒体在旅游营销中的作用和意义。
3. 了解在今日头条、小红书上进行旅游营销的方法和技巧。

技能目标

1. 能够创建并优化旅游相关的头条号和品牌号。
2. 能够通过创作优质内容和互动营销吸引小红书用户。
3. 能够与用户建立良好的互动关系和合作机会。
4. 能够利用话题和活动提升品牌曝光度和参与度。

思维导图

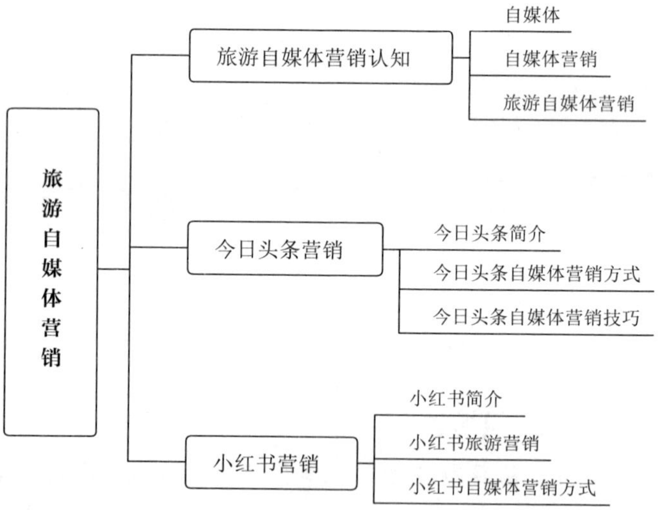

[引导案例]

房琪：一个自媒体博主的成长之路

“90后”美女博主房琪出生于1993年。童年时期，房琪就是个电视迷，整天趴在电视机前看各种节目。相较于光鲜亮丽的演员，房琪更羡慕妙语连珠的主持人。两次高考，她没能踏入梦想的学府，最终选择了南京传媒学院。上了大学的房琪，偷偷溜进播音主持专业蹭课，课余时间就跟着新闻主播练习播音腔。学校里不管有什么活动，只要需要主持人，房琪都会积极报名参加，只为得到练习的机会；就连校外有什么兼职主持的活动，她也是丝毫不谦让。房琪开始被人看到是在报名参加《我是演说家》，一开始没有人录取她，她就在网上私信导演。她用深厚的文字功底，及自行录制的真诚面试视频，最终得到导演的青睐。参加节目的时候，房琪平均每天改稿五次，十天之后她终于火了，不仅得到了评委的认可，更引起了几亿网友的共鸣。

后来手握主持人资格证的房琪，跑去参加央视主持人大赛。作为一个萌新小白，她如一匹黑马一路生花，成为央视《美丽中国行》节目的外景主持人。本以为她就此扎根，但是房琪又做出了出人意料的决定。时间来到2017年，短视频、自媒体时代来临。这让在节目中备受限制的房琪动起了小心思。房琪决定裸辞，离开央视，拍短视频，打造有着自己风格的账号。于是房琪发挥所长，她负责在短视频中露脸，更亲笔写下了一篇篇绝美的文案，用文字的力量温暖了观众。慢慢地，她的视频越来越受欢迎，从个位数的浏览量变成了坐拥千万粉丝的旅行博主。

分析与思考：短视频博主房琪光鲜亮丽之下，是她长年累月经验积攒的成果。同时也得益于自媒体快速发展时期的福利。自媒体让很多人都有机会成为创作者，可根据自己的兴趣和专业领域，提供各种各样的内容，通过自己的观点、知识和创意来吸引和影响他人。关于旅游自媒体营销你了解多少呢？

任务1 旅游自媒体营销认知

一、自媒体

（一）自媒体的概念

自媒体可以从不同角度进行理解。从平台角度而言，自媒体是指个人或组织在各种新媒体平台上创作和发布内容的行为。这些平台包括今日头条、小红书、微博、知乎、B 站等，个人或组织通过这些平台建立自己的媒体形象，传递信息、进行互动。从内容创作角度而言，自媒体是指个人或组织通过发表文章、发布视频、录制音频等方式，创作并分享自己的专业知识、观点和经验，带有个人或组织的独特风格和声音，吸引听众或观众的关注和信任。从渠道角度而言，自媒体是指通过自身创建的媒体渠道，直接与受众进行沟通和交流。相较于传统媒体，自媒体减少了信息传递的中间环节，使受众能够更直接地接触到内容创作者，从而实现更快速、个性化的信息传递。从经济角度而言，自媒体是一种新兴的经济形态，通过自身创作和传播内容，个人或组织可以获得广告收入、付费阅读收入等经济利益。自媒体的发展也带动了相关产业的兴起，比如内容创作工具开发、运营服务等。

自媒体在不同角度下的理解包括自媒体平台、内容创作、渠道传播、经济利益等，每个角度都呈现出自媒体的不同特点和意义。本书认为，自媒体是指利用互联网和新媒体技术，个人或组织通过自主经营的方式，创作、发布、传播各种形式的媒体内容，并以此获取流量和影响力。

（二）自媒体的特征

（1）自主经营。自媒体用户拥有独立的编辑、发布和经营权，在没有传统媒体机构的限制下，可以自由选择内容主题和形式。

（2）多样的内容形式。自媒体可以包括文字、图片、音频、视频等多种形式的媒体内容，且创作的内容类型可以灵活多样，适应不同受众的需求。

（3）低门槛的创作和传播成本。相较于传统媒体而言，自媒体创作和传播的成本较低，几乎任何人都可以通过简单的工具和平台进行创作和发布。

（4）广泛的传播渠道。自媒体内容可以通过社交媒体、博客、视频平台等多种渠道传播，且受众范围广泛，可以迅速累积一定的关注者和粉丝。

（5）个人化和定制化服务。自媒体可以根据自身需求和受众反馈，提供个性化和定制化的内容服务，满足受众的特定需求。

（6）影响力的扩大。通过积累流量和影响力，自媒体可以获得更多的关注和认可，进而实现商业化变现的机会，例如广告、赞助等。

二、自媒体营销

（一）自媒体营销的概念

自媒体营销是指通过自媒体平台和渠道，利用自主创作、发布和传播的媒体内容，推广产品、服务或品牌，以达到市场推广、营销传播和品牌建设的目的。自媒体营销的核心是借助自媒体的流量入口和影响力，通过优质的内容创作和精准的受众定位，引导用户的注意力和兴趣，从而实现品牌曝光、产品销售和用户黏性。

（二）自媒体营销的优势

随着互联网的飞速发展，自媒体平台的影响力越来越大，因此企业要紧跟形势，发展自媒体营销，其优势通常体现在以下几个方面。

（1）品牌建设和传播。通过自媒体平台，企业可以自主创作和传播品牌相关的内容，提升品牌知名度和形象。通过发布优质的内容，吸引用户关注和认同，建立品牌忠诚度。

（2）目标受众的精准定位。自媒体平台具有准确的用户数据和画像，可以帮助企业实现精准定位的推广。通过分析用户的兴趣、需求和行为，将内容和广告推送给相关感兴趣的受众，提高转化率和效果。

（3）低成本高效率。相较于传统的广告投放，自媒体营销的成本较低，特别适合中小型企业和个人创业者。利用自媒体渠道，企业可以较低的投入获得较高的回报，并实现良好的市场推广效果。

（4）互动和传播效应。自媒体平台具有互动和传播性强的特点，用户可以对内容进行评论、分享和转发。通过用户的互动参与和口碑传播，企业可以扩大品牌影响力，提高曝光度和传播效果。

（5）数据分析和市场洞察。自媒体营销可以通过数据分析工具，监测和评估用户行为和反馈。通过了解用户需求和市场趋势，企业可以进行精准定位和市场策略优化，提高营销效果和竞争力。

（6）建立社群和用户忠诚度。自媒体平台可以通过互动和社群的形式，与用户建立更紧密的关系。通过提供有价值的内容和个性化的服务，企业可以增加用户忠诚度和黏性，为企业带来长期稳定的用户基础。

三、旅游自媒体营销

（一）旅游自媒体营销的概念

旅游自媒体营销是指旅游行业从业者或相关机构利用自媒体平台和内容创作，进行品牌宣传、产品推广和用户互动的营销活动。在旅游行业中，自媒体营销具有重要的意义和价值。

（二）旅游自媒体营销的价值

（1）品牌宣传和建设。通过自媒体平台，旅游企业可以发布各种形式的旅游内容，如景点介绍、旅游攻略、旅行体验分享等，从而全面展示企业的品牌形象和特色，提高知名度和声誉。

（2）目标用户吸引。自媒体平台有精准的用户画像和定位功能，旅游企业可以根据目标市场和受众需求，制定个性化的内容推广策略，吸引更多潜在客户的关注和兴趣。

（3）营销推广。自媒体营销可以通过优质的内容和专业的旅游知识，向用户传递产品或服务的特点和优势，激发用户的购买欲望，从而推动产品的销售和市场推广。

（4）用户互动和口碑传播。自媒体平台具有互动和传播性强的特点，用户可以直接对内容进行评论、分享和转发，旅游企业可以与用户进行即时互动，提供更好的服务和反馈，进而增加用户口碑的传播效应。

（5）数据分析和市场洞察。自媒体营销可以通过数据分析工具，监测和评估用户行为和反馈，了解用户需求和市场趋势，为企业的产品、服务和市场战略提供数据支持和决策依据。

（三）旅游自媒体营销的要点

（1）确定目标受众。首先要明确自己的目标受众是谁，了解他们的兴趣、需求和行为习惯。这样可以更精准地制定内容和推广策略，提高营销效果。

（2）提供有价值的内容。在自媒体平台上发布内容时，确保内容有实用性和独特性，能够为用户提供有价值的信息和资源，比如分享旅游攻略、景点介绍、旅行体验等内容，吸引用户关注。

（3）优化排版和配图。在发布内容时，注意排版的美观和易读性，要使用适当的标题和段落结构。同时，选择高质量和有吸引力的配图，增加内容的可视化效果。

（4）互动和回应用户。积极与用户互动，回答他们的问题和留言，可以组织问答活动、评论互动等，提高用户参与度和忠诚度。

（5）利用社交媒体推广。将自媒体内容与社交媒体相结合，分享到其他平台，扩大内容的传播范围和影响力。可以使用微信公众号、微博、抖音等平台，吸引更多的受众。

（6）数据分析和优化。利用数据分析工具，监测和评估用户行为和反馈。根据数据的统计和分析结果，针对性地优化内容和推广策略，提高营销效果。

（7）合作和合作伙伴。与其他旅游相关的自媒体主播/主流平台或旅游机构进行合作，共同推广和分享资源。可以通过合作形式扩大影响力和提高曝光度。

注意，以上要点仅为参考，实际执行时需根据企业的具体情况和市场需求进行调整和优化。

拓展知识9-1：旅游自媒体平台的选择要点

（四）旅游自媒体营销平台的选择注意事项

（1）目标受众。了解目标受众的特点、兴趣和行为习惯，选择能够接触到目标受众的平台。例如，如果目标受众主要是年轻人，可以选择在抖音、微信公众号等平台进行营销。

（2）平台特点和用户规模。了解各个平台的特点和用户规模，选择符合自己目标的平台。例如，微信公众号用户规模庞大，覆盖广泛，而知乎则注重专业性的问答社区。

（3）内容类型和形式。确定自己要发布的内容类型和形式，选择适合发布这种内容的平台。例如，如果是旅行摄影师，可以在 Instagram 等图片平台展示摄影作品。

（4）数据分析和效果评估。考虑平台是否提供数据分析工具，以便了解投放效果和用户反馈。数据分析对于优化营销策略和改进内容至关重要。

（5）广告投放和付费推广选项。如果需要投放广告或进行付费推广，需要了解平台提供的广告投放机制、定价模式以及推广效果。

（6）用户互动和社群建设。考虑平台是否提供互动和社群建设功能，以便与读者进行互动交流，建立良好的关系。

（7）平台政策和法律法规遵守。了解平台的政策和法律法规要求，确保自己的内容和行为符合规定，避免因违规行为导致的风险。

综合考虑以上要点，选择合适的自媒体平台，需要考虑目标受众的特点、自媒体发布的内容类型以及平台的特点和优势。在实施营销策略时，可以根据目标受众的偏好和行为习惯，选择适合的平台组合来推广和营销旅游产品。

[任务小结]

互联网和社交媒体的快速发展改变了旅游市场的格局，使自媒体成了旅游企业进行营销的重要渠道。在进行旅游自媒体营销时，需要根据不同的目标受众画像，如年龄、兴趣、性别等，来更好地定位和精准营销。总的来说，旅游自媒体营销是一种有效的营销方式，可以通过高质量的内容、互动和用户参与，以及合作与推广等手段，吸引更多的读者关注和参与，从而提升品牌知名度和影响力。

任务2 今日头条营销

一、今日头条简介

今日头条是中国最大的个性化信息推荐平台之一，也是一家全球领先的内容分发平台。它通过智能算法根据用户的兴趣偏好，推送各类资讯、文章、视频和短视频等内容。今日头条的算法能够根据用户的点击、浏览、评论等行为，实现个性化的内容推荐，使用户能够快速获取自己感兴趣的内容，极大地提高信息获取的效率。

作为一个社交媒体平台，今日头条为用户提供了发布自己内容的机会，包括文章、短视频、图片等形式。用户可以通过创建自己的账号，成为自媒体创作者，将自己的创作作品分享给其他用户。对于旅游自媒体营销来说，通过今日头条平台，自媒体创作者可以发布有关旅游和旅游景点的文章、视频等内容，吸引更多用户的关注，并通过互动回应和推广等手段，提高自己的影响力和知名度。同时，今日头条也提供了一些推广服务，自媒体创作者可以选择合适的推广方式，将自己的内容推荐给更多的目标受众。

今日头条拥有广泛的用户基础，其精确的推荐措施及丰富的激励措施受到了越来越多自媒体者的青睐。头条系是指字节跳动旗下的一系列产品，主要包括以下几个产品：

（1）今日头条：这是字节跳动旗下最知名的产品，是一款个性化的新闻资讯客户端。它根据用户的兴趣和行为特征，为用户提供个性化的新闻、文章、短视频、直播等内容。

（2）抖音：是一款短视频社交应用程序，在全球范围内非常受欢迎。用户可以创建和分享 15 秒至 60 秒的短视频，通过音乐、特效和滤镜等功能来增加创作的趣味性。

（3）头条搜索：头条搜索是今日头条推出的移动搜索引擎产品。它基于今日头条海量的内容库，为用户提供精确且个性化的搜索结果，并支持多样化的搜索内容类型，包括文章、视频、问答、小说等。

（4）西瓜视频：西瓜视频是字节跳动旗下的另一款短视频应用程序。它提供了丰富多样的视频内容，包括搞笑、美食、旅游、音乐、时尚等。用户可以观看和分享短视频，并与其他用户互动。

这些产品在用户中拥有大量的忠实粉丝和活跃用户。此外，今日头条推出了针对媒体、国家机构、企业及自媒体开放的内容创作与分享平台“头条号”，致力于帮助内容生产者在互联网获得更多的曝光，产生更多的影响。头条号作为今日头条上的自媒体平台，通过头条号可以进行内容创作和推广营销。

目前，头条号支持 5 种不同类型的主体注册账号，包括个人、企业、国家机构、新闻媒体和其他组织（机构号认证后将外显机构主体）。一个身份证最多可以注册 1 个个人头条号，一个营业执照最多可以注册 2 个机构主体的头条号，已注册过个人账号的身份证支持注册机构账号。

不同的账号主体申请注册条件不同，下表为其注册时需要提供的资料。

表 9–1　头条上不同账号主体申请注册需提供的资料

资料	个人	企业	新闻媒体	国家机构	其他组织
用户名称	√	√	√	√	√
用户头像	√	√	√	√	√
用户简介	√	√	√	√	√
实名认证	√	√	√	√	√
企业 / 组织名称		企业名称	组织名称	机构名称	组织名称
申请确认信息		账号申请确认书	账号申请确认书	入驻申请信息表	账号申请确认书
证明资料		营业执照 / 组织机构代码证明	营业执照 / 组织机构代码证明 / 新闻媒体资质证明		营业执照 / 组织机构代码证明

不同类型的头条号在内容形式、运营策略和变现方式上有所差异，运营者

可根据自身背景、资源和目标进行选取和发展。同时，个人号和企业号的门槛较低，更容易被个人创作者和小微企业所选择和运营。

二、今日头条自媒体营销方式

（1）文章推广。撰写有关旅游目的地、景点介绍、旅游攻略、旅行体验等方面的文章，在今日头条上发布并进行推广。通过优质的内容吸引用户的阅读和分享，提高目的地的曝光率和知名度。

（2）短视频宣传。制作精美的短视频，展示旅游目的地的美景和特色，通过今日头条的短视频功能进行发布和分享。短视频能够更直观地传达信息，吸引用户的关注和分享，并增加目的地的曝光率。

（3）图片推广。发布旅游目的地的精美图片，展示美景、特色建筑、美食等，吸引用户的关注并复制图片链接进行推广。通过精心挑选的图片，能够让用户对目的地产生兴趣，增加点击和转发的机会。

（4）营销合作。与旅行社、酒店、航空公司等旅游相关企业进行合作，通过今日头条平台进行联合营销。可以共同制作宣传视频、发布专题推文、开展促销活动等，实现互利共赢。

（5）互动推广。通过发起互动活动，如抽奖、投票、问答等，吸引用户的参与和分享。通过活动的形式，增加用户对目的地的了解和兴趣，提高目的地的知名度和影响力。

（6）推广服务。利用今日头条平台的广告投放服务，选择合适的推广方式，如原生广告、悬浮窗广告、搜索推广等进行旅游宣传。根据用户的兴趣和行为特征进行精准投放，提高广告的点击率和转化率。

以上是一些利用今日头条进行旅游宣传的方式，通过多样化的推广手段和有趣的内容，能够提高目的地的曝光度和知名度，吸引更多用户的关注和参与。

三、今日头条自媒体营销技巧

（1）创造有吸引力的内容。发布高质量、富有价值的旅游内容，如旅游攻略、目的地推荐、旅行体验等。确保内容能够吸引读者的注意力，并提供实用的信息和建议。

（2）精准定位受众。选择与旅游内容相关的标签和频道，以确保内容能够被感兴趣的用户发现。根据不同的目标受众定位，选择相应的标签来增加内容的曝光率和传播性。

（3）引人注目的标题和封面。使用有趣、引人入胜的标题和高质量的封面图片，吸引用户点击和阅读。精心设计标题和选取适合的封面图片，对提高内容的曝光率和点击率非常重要。

（4）互动和回应。积极回复读者的评论和提问，与用户建立互动关系，提供专业的意见和建议，有助于增加用户信任，并建立良好的口碑。

（5）资讯合作和推广。与相关的旅游资讯网站或机构合作，进行内容推广和互动。通过与权威机构的合作，提升影响力和知名度。

利用今日头条进行旅游自媒体营销，需要提供有质量、有创意的内容，与读者进行互动，并与相关机构进行合作，以提升在旅游领域的影响力和知名度。

[任务小结]

今日头条拥有庞大的用户群体和丰富的内容资源，在平台上用户可以浏览到各种形式的资讯、新闻、故事、旅游攻略等内容。对于旅游企业来说，利用今日头条进行营销可以让他们的品牌和产品广泛接触目标受众，提升知名度和曝光度。通过在今日头条发布精彩的旅游内容，旅游企业可以吸引用户的关注和参与，引导消费者了解和选择他们的产品。今日头条强大的推荐算法和个性化推送功能，可以确保内容被有兴趣的用户看到，提供精准的营销效果。因此，今日头条作为旅游营销的渠道，为旅游企业提供了广阔的机会和潜力，能够有效地推广品牌和产品，与潜在客户进行连接和互动，实现更好的营销效果。

任务 3 小红书营销

一、小红书简介

小红书是一款以用户分享购物和生活经验为主题的社交电商平台。用户可以在小红书上分享自己的购物心得、产品评价、旅行体验、美妆教程等生活相关的内容，也可以在平台上购买商品。小红书以其独特的社群氛围和优质的内容创作而备受年轻用户的喜爱。小红书平台上的内容主要以短视频、帖子和笔记为形式，用户可以通过上传图片、文字和视频等多种方式进行创作。平台上的内容丰富多样，涵盖了时尚、美妆、美食、旅行、家居等多个领域。

小红书的特点是注重用户体验和感受，用户可以在笔记中标记产品和地点，并与推荐的商品和景点进行关联。这使得小红书成为一个旅游自媒体平台，旅游从业者可以通过发布有关旅游产品和目的地的内容，吸引用户的关注和购买意愿。因此，越来越多的旅行者和旅游机构开始利用小红书进行旅游营销。

二、小红书旅游营销

（一）小红书旅游营销的目标受众

小红书旅游营销的目标受众是广大喜欢旅游和生活方式的用户群体，通过对平台用户的调查可以发现，具体有以下几类目标受众。

（1）旅游爱好者。这是最主要的目标受众群体，他们热爱旅行，喜欢探索新的目的地，体验不同的文化。他们会在小红书上寻找旅游灵感、美食推荐、旅行攻略等信息，以帮助他们规划和享受旅行。

（2）时尚潮人。在旅行中，很多人也希望有时尚和精心设计的穿搭和个人形象。这类目标受众对旅行时尚和购物攻略比较感兴趣，在小红书上寻找合适的搭配推荐和时尚购物建议。

（3）美食爱好者。旅游的一部分就是品尝当地的特色美食。这类目标受众在小红书上寻找美食推荐、特色餐厅介绍和美食路线规划等相关信息。

（4）酒店和民宿选择者。旅行部分的重要环节是选择合适的住宿场所。这类目标受众会在小红书上寻找酒店和民宿的评价与推荐，寻找关于住宿体验的建议和注意事项。

（5）亲子游客。亲子旅游是近年来越来越受欢迎的旅行方式。这类目标受众更关注适合亲子游的旅游目的地、家庭友好的酒店和景点推荐等信息。

（二）小红书旅游营销的优势

（1）广泛的用户群体。小红书拥有庞大的用户群体，这意味着通过在平台上进行旅游营销，可以触达大量潜在的旅游消费者。无论是国内还是国际市场，小红书的用户都具有较强的购买力和消费需求。

（2）特色内容展示。小红书的用户主要以年轻一代为主，对于旅游内容和体验的关注度较高。通过在平台上展示旅游目的地的特色风景、美食、文化等，可以吸引用户的兴趣，激发他们的旅游欲望。

（3）用户口碑和推荐。小红书的社交属性非常强，用户之间通过评论、点赞和分享等方式进行互动。一个好的旅游产品或目的地在小红书上得到了用户的口碑和推荐，会产生良好的品牌影响力，能吸引更多用户的关注和参与。

（4）品牌合作机会。在小红书平台上，旅游目的地、旅行社和酒店等旅游相关品牌可以与自媒体、旅行达人和旅游博主等影响力较大的子号进行合作。通过与他们的合作，可以提升品牌曝光度和影响力，吸引更多用户的关注和信任。

（5）数据分析和精准营销。小红书平台为品牌提供了广告投放和数据分析服务，通过对用户行为和偏好进行分析，可以更准确地找到目标用户，并进行精准的旅游营销。这种数据驱动的营销模式能够提高广告投资回报率，并满足用户的个性化需求。

三、小红书自媒体营销方式

小红书是一款以分享购物和生活方式为主题的社交电商平台，越来越多的旅行者和旅游机构开始利用小红书进行旅游营销。以下是在小红书上进行旅游营销的几种方式。

（1）发布旅行笔记。在小红书上发布精心制作的旅行笔记，分享旅行路线、景点推荐、美食体验等内容。通过真实的照片和详细的文字描述，吸引用户的注意并激发他们的旅游兴趣。

（2）推荐酒店和民宿。在小红书上推荐旅行中的酒店和民宿，分享住宿体验和评价。可以通过描述房间设施、服务质量以及周边环境等内容，吸引用户选择推荐的酒店或民宿。

（3）介绍特色景点和活动。在小红书上介绍旅游目的地的特色景点、文化活动和有趣的体验。可以通过图片、视频和文字详细地描述各个景点的特点和风景，吸引用户前往探索和体验。

（4）搭配推荐和购物攻略。在旅行笔记中加入搭配推荐和购物攻略，推荐适合旅行的服装、配饰和美妆产品等。可以通过自己的搭配示范和购物心得，引导用户进行购买，分享购物链接并获得收入。

（5）合作品牌推广。与旅游相关的品牌进行合作，推广产品。可以与酒店、旅行社、航空公司、美食博主等建立合作关系，推广其产品和服务，并获得相应的佣金或合作费用。

（6）参与话题挑战和活动。小红书经常举办各种话题挑战和活动，旅游者可以参与其中，分享相关的旅行经验和故事。通过参与热门话题和活动，提高旅行笔记的曝光度和粉丝的互动性。

拓展知识9-2：
小红书自媒体营销技巧

[任务小结]

小红书汇聚了大量的旅游爱好者和消费者，他们在平台上分享自己的旅行经验，推荐景点和美食，为其他用户提供了真实、可靠的旅游信息和建议。对于旅游企业来说，利用小红书进行营销可以有效地吸引目标受众的关注和信任，提升品牌知名度和影响力。通过在小红书上发布高质量的内容和引人入胜的旅游攻略，旅游企业可以展示自身的特色产品和服务，吸引潜在游客的兴趣并促成消费转化。此外，小红书还提供社交化的互动环境，用户可以在评论区进行交流和问答，从而进一步加强与用户的互动，建立良好的品牌形象和口碑。

知识与技能训练

一、简答题

1. 请问自媒体的特征有哪些？
2. 请简要概述旅游行业应用自媒体进行营销的意义。
3. 请问常见的旅游自媒体营销平台有哪些？
4. 请问如何利用今日头条进行旅游自媒体营销？
5. 请问小红书营销受众有哪些特征？

二、实训题

（一）实训目的

营销能力是新媒体营销课程学习与培养的核心能力之一，为强化该核心技能，计划开展自媒体营销实训。该实训要求学生完成注册并建立自媒体，为自媒体命名、设计标识、开展市场调研、进行网络推广等工作，从而实现理论知识和实践实训紧密结合的项目化教学，提高学生利用专业知识分析问题、解决问题的能力。

（二）实训要求

学生原则上以4~6人为一组，以小组为单位展开实训，完成实训项目，提交实训报告。

（三）实训步骤

1. 了解实训项目，合理分工、明确任务。
2. 资料检索、环境分析、确定推广项目。
3. 小组研讨，在老师指导下完成分析报告。

参考答案

项目十

旅游新媒体营销数据分析

项目概述

随着移动互联网和新媒体的快速普及，旅游企业和机构也开始重视新媒体营销的重要性。然而，对于许多从事旅游新媒体营销的从业者来说，因缺乏有效的数据分析技能，无法从海量的用户数据中获得有价值的信息。本项目旨在填补旅游新媒体营销数据分析培训和指导的空缺。通过提供详细的教学内容和案例分析，帮助旅游从业者学习和掌握数据分析技能，从而提高其在新媒体营销中的竞争力。

学习目标

知识目标

1. 了解旅游新媒体营销数据分析的基本概念。

2. 掌握常用的数据分析工具和方法。

3. 掌握数据分析流程。

4. 掌握如何撰写景区新媒体营销数据分析报告。

技能目标

1. 培养数据思维能力，提高数据理解和运用能力，激发创新思维。

2. 培养数据分析能力，能进行数据收集、整理、分析和解释。

3. 通过旅游新媒体营销数据分析，为旅游相关决策提供有力依据和支持，面对复杂的旅游市场环境和竞争做出更准确、合理的决策。

思维导图

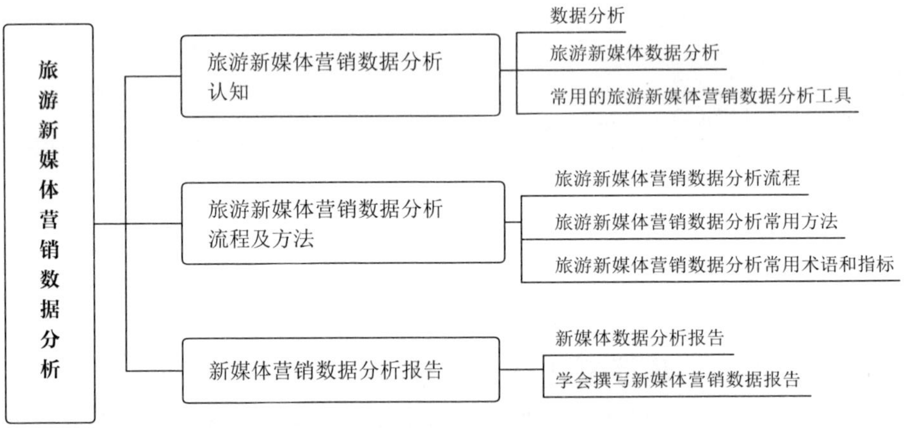

[引导案例]

中国网民了解旅游资讯的渠道

随着互联网的不断发展，旅游消费者了解资讯的方式也更加多样，从过去旅行社的图文宣传单到近来社交平台的 PLOG、VLOG 等，旅游资讯的呈现形式逐渐丰富多样。资讯的多样化也为消费者获取资讯提供了便捷。

中国网民现在了解旅游资讯的主要渠道包括内容分享平台（小红书、微信公众号等）、短视频平台（抖音、快手、微博等）、线上旅游平台（马蜂、去哪儿网、携程等）。

另外，亲朋好友介绍、视频类分享平台（哔哩哔哩、腾讯视频等）、有关吃喝玩乐的公众号也是网民了解旅游资讯的重要途径。此外，还有一些网民表示会通过旅行社了解旅游资讯。

由此可见，新媒体平台是网民获取旅游资讯的主要来源。究其原因，新媒体平台打通了文字、图片、视频等信息形态，丰富了资讯的表现形式，以景点分享、旅游攻略等主题帮助网民营造了在场感，同时也通过平台用户的双向互动增强了游玩资讯的真实性。

未来，各旅游景点可以进一步观察游客的媒介使用习惯，建立新媒体平台宣传矩阵，借助不同平台的流量优势进行营销。

分析与思考：就新媒体营销而言，数据量越来越大，需要分析的信息越来越多，数据分析显得更加重要。通过数据分析，文旅部门、景区、景点及旅游行业相关企业可以实时、全面地了解旅游产品与用户信息，有利于更好地制定旅游新媒体营销策略。

那么，如何理解旅游新媒体营销数据分析，如何运用恰当的方法帮助分析以获得有用的信息，我们将在本项目中进行介绍。

任务 1 旅游新媒体营销数据分析认知

一、数据分析

（一）数据分析的概念

数据分析是指通过收集、整理、处理和解释大量数据，以提取有用的信息、洞察和模式，并通过统计、计算和可视化等方法揭示数据背后的趋势、关联和规律。它是一种对数据进行系统性分析和解释的过程，旨在帮助人们做出理性的决策、发现问题和解决问题。

（二）数据分析的步骤

随着互联网的普及化及专业化，数据分析已成为新媒体营销必不可少的环节，贯穿企业和产品的整个生命周期。数据分析通常包括以下几个主要步骤。

（1）定义目标。明确数据分析的目标和问题。这可能涉及确定想要回答的问题、解决的业务挑战或实现的目标。确立明确的目标是数据分析工作的基础，有助于指导后续的分析过程。

（2）数据收集。收集所需的数据，它可以有各种来源，如文件、软件工具、外部数据提供商等。在这一步骤中，需要确定要收集的数据类型、范围和质量要求，并确保数据的合法性和完整性。

（3）数据清洗与整理。对收集到的数据进行清洗和整理，以确保数据的准确性和一致性。这可能包括删除重复数据、处理缺失数据、解决数据格式问题、去除异常值等。清洗和整理数据是保证后续分析准确性和可靠性的重要步骤。

（4）数据探索。对清洗后的数据进行探索性分析，通过统计方法和可视化工具了解数据的分布、关联、趋势和异常，这有助于发现数据中的模式、趋势、关联和有趣的信息，并为后续的建模和分析提供基础。

（5）数据建模与分析。根据分析目标，选择适当的模型和方法进行数据建模和分析。这可能涉及统计分析、机器学习、数据挖掘、预测建模等。通过建立合适的模型和应用相应的分析技术，从数据中提取出有意义和有用的信息，回答问题或解决业务挑战。

（6）结果解释与报告。将分析结果进行解释和演绎，形成可理解和可操作的结论。这可能包括撰写报告、制作可视化图表、表达见解和提出建议等，以便向相关利益者传达分析结果，并支持决策和行动。

（7）结果应用与监测。将分析结果应用于实际业务环境，并监测结果的效果和影响。这可能包括部署分析模型、监测实施效果、追踪指标、调整策略等，以确保分析的持续价值和影响。

整个数据分析是一个循环迭代的过程，在实践中需要不断地进行反馈和修正，以改进和优化分析结果。

（三）数据分类

在旅游新媒体营销中，常用的数据分类可以从以下几个维度进行，通过对这些数据的收集和分析，可以更好地了解目标受众、优化营销策略、提升用户体验，并取得更好的营销效果。

（1）受众数据。这类数据主要包括目标受众的人口统计特征，如年龄、性别、地理位置、教育背景等。这些数据有助于了解目标受众的特征和喜好，从而更好地定位和吸引他们。

（2）行为数据。行为数据是指用户在旅游网站、社交媒体平台等渠道上的行为记录，如用户在社交媒体上的行为、互动和反馈、点击量、浏览量、留言与评论情况等。通过分析这些数据有助于了解用户社交媒体使用习惯，用户对不同推广活动和内容的反应和参与度，进而优化营销策略。

（3）营销数据。这是关于旅游营销活动的相关数据，如广告投放数据、转化率、收入等。通过分析这些数据，可以评估营销活动的效果和 ROI（投资回报率），优化投入，提高营销效益。

二、旅游新媒体数据分析

（一）旅游新媒体数据分析的定义

数据分析有两层含义：狭义的数据分析是指数据分析师这一岗位的工作内容；广义的数据分析是指用数据指导营销工作、驱动决策的一种思维方式，是收集数据后加以详细研究，提取有用信息并形成结论的过程。

本书定义的旅游新媒体营销数据分析，是指在新媒体营销中，旅游行业从业人员利用数据驱动决策，解决业务问题的思维方式和工作方法。例如，景区景点进行广告投放时，可以选择多种渠道投放，但是不同的渠道有自己可有效到达的人群。如电视媒体对中老年群体更有影响力，广播电台则被私家车车主和专车车主青睐。

数据贯穿旅游新媒体人员工作中的方方面面，其中数据分析思维是其有力武器。具体来说，数据分析思维的应用体现在以下几个方面。

（1）KPI。旅游新媒体人员的工作关键指标（Key Performance Indicator，KPI）通常由数据指标构成。不同企业或同一企业在不同阶段对 KPI 的设置有不同的侧重点。常见的 KPI 指标包括平台阅读量、公众号点击率、文章转发率、公众号粉丝数等。对于旅游行业的新媒体人员来说，KPI 不仅用于通过数据量化工作成果，还可以通过数据回顾和复盘自己的工作，撰写数据周报，保持对关键数据的敏感度。

（2）内容运营。旅游行业的新媒体人员通过文字、图片、视频等形式，将企业信息、景区景点信息展现给用户，激发用户参与、分享和传播，构建完整的营销过程。内容运营的全过程离不开数据分析。为了实现理想的营销效果，新媒体人员需要利用数据验证用户画像和内容定位，并基于此优化推送内容和推送时间。对内容阅读量影响较大的内容选题，也需要依靠数据分析来发现规律和积累经验。除了常规工作中的数据分析，具有全局思维的人员还会利用新媒体数据寻找新的业务增长点。

（3）活动运营。旅游新媒体人员围绕活动进行策划、宣传、推广和效果评估等，以较高性价比达成业务指标。这项工作也离不开数据分析的支持。

（二）旅游新媒体数据分析的价值

广义的数据分析主要是为了驱动业务决策而存在的。总体来说，旅游新媒体数据分析的价值包含以下四点。

（1）梳理用户画像。用户画像即用户信息标签化，通过数据分析能够描绘出包含人口属性、兴趣爱好、消费习惯、行为特征、社交信息等方面的特征。新媒体营销工作是围绕用户展开的，明确用户画像是很关键的一步。通过数据分析，可以深入了解目标用户的特征、偏好和行为习惯，从而准确定位目标受众。这有助于新媒体人员在内容创作、推送时更加精准地满足用户需求，提高用户参与度和互动性。

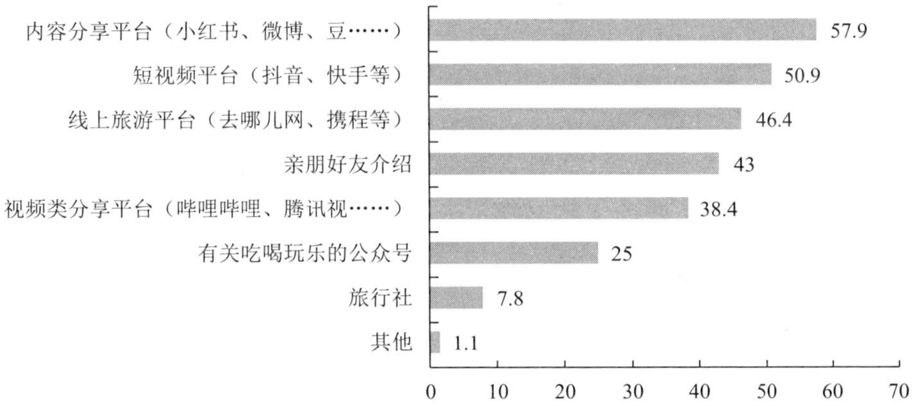

图 10-1　2021 年中国网民了解旅游资讯的渠道

（2）明确运营方向。运营方向一般是由用户需求和企业自身优势综合决定的。通过对营销数据的分析，可以了解营销活动的效果和运营策略的有效性。从数据中可以发现哪些策略和渠道获得了更高的转化率和效益，从而指导制定更加科学和精确的运营方向，提高市场推广效果和投入回报率。

（3）评估运营结果。通过数据分析结果评估运营工作成果也是新媒体工作中的重要一环。数据分析可以帮助新媒体人员对营销活动的结果进行客观评估。通过关注关键指标如点击率、转化率、粉丝增长等，可以及时发现营销活动的问题和潜在机会，调整运营策略，提升整体营销效果。

（4）把握市场变化。通过对市场数据的分析，可以及时了解旅游行业的市场趋势和竞争动态，有助于新媒体人员及时调整运营策略，抢占市场先机，适应市场变化，并实时优化营销策略，提高市场竞争力。例如腾讯、百度等大型互联网公司都开放了以海量用户行为数据为基础的数据分享平台，相关人员可以登录相关网站查看大数据，通过大数据研究关键词关注趋势、洞察用户需求变化、监测媒体舆情趋势等，还可以从行业视角分析市场特点、洞悉品牌表现。

综上所述，旅游新媒体营销数据分析的价值在于帮助梳理用户画像、明确运营方向、评估运营结果、把握市场变化，从而实现精准营销，提高运营效果，促进业务增长。

［课堂讨论］

常见的互联网大数据平台有哪些？可以搜集到哪些数据？

三、常用的旅游新媒体营销数据分析工具

在新媒体营销中，经常需要结合相关工具使营销数据分析更加全面，这样才能更好地为今后的运营工作提供方向。

（一）网站分析工具

新媒体网站分析工具是用于追踪、收集、分析和报告网站访问数据的工具。它们帮助企业和营销人员了解网站的性能、用户行为和转化率等关键指标，以便做出更明智的营销决策。通过使用网站分析工具，可以全面了解和优化网站，提高用户体验，吸引流量，增加转化率，还可以帮助监测竞争对手，了解市场动态，提供数据支持和决策参考，从而提升竞争力和营销效果，比如百度统计等网站分析工具。

拓展知识10-1：常用的旅游新媒体网站分析工具

这些网站分析工具可以帮助了解网站的访问量、用户行为、流量来源等关键指标，为旅游新媒体营销活动提供数据支持和决策参考。根据需求和预算，选择合适的工具并掌握其使用方法，可以更好地分析和优化网站运营。

（二）自媒体分析工具

自媒体分析工具是用于分析和评估新媒体自媒体平台上发布的内容、用户行为和影响力的工具，它们通过收集和分析大量数据来帮助自媒体判断和优化其营销策略与内容创作，比如微信、微博、知乎、小红书等数据分析工作。

拓展知识10-2：
常用的旅游自媒体数据分析工具

这些自媒体分析工具可以帮助我们了解自媒体平台在不同社交媒体上的表现和用户反馈，从而优化内容和推广策略，提高影响力和转化率。

（三）第三方分析工具

第三方分析工具是由独立的公司或组织开发和提供的专业数据分析软件或服务。这些工具通常可以集成到网站、应用程序或其他数字平台中，用于追踪、收集和分析用户行为、流量来源、转化率以及其他相关指标。第三方分析工具的主要功能包括数据追踪和收集、数据分析和报告、用户行为分析、转化追踪和优化以及竞争对手分析等。

使用第三方分析工具可以帮助企业和组织更好地了解其在线业务的表现、用户行为和市场趋势，从而进行数据驱动的决策和优化。这些工具通常提供直观的用户界面、可视化的报告和分析功能，以便用户能够轻松地理解和应用数据。

鉴于第三方分析工具通常是由专门的公司和团队开发和维护，它们可以提供更全面和专业的数据分析功能，以及持续的技术支持和更新。当企业或组织无法自行开发和维护自己的数据分析工具时，第三方分析工具成为一种便捷和高效的选择。

第三方分析工具很多，常见的有西瓜数据等。

这些第三方分析工具可以帮助旅游自媒体收集和分析各种数据，从而了解自己在不同媒体平台上的表现和用户互动情况，优化自己的内容和推广策略，提高影响力和转化效果。

拓展知识10-3：
常用的第三方分析工具

（四）本地 Excel 工具

Excel 是一款常用的电子表格软件，由微软公司开发。它提供了一个交互式的界面，可用于创建、编辑和管理数字数据表格。Excel 具有强大的计算和分析功能，能够执行各种数学、统计、金融和逻辑运算，以及数据可视化和建模等任务。

作为一种常见的办公工具，Excel 可用于处理和分析各种类型的数据，如纯文本、数字、日期和时间、公式等。它提供了多种功能和工具，包括排序和筛选数据、创建图表和图形、制作数据透视表、执行复杂的公式计算、自动化任务等。除了基本的电子表格功能外，Excel 还具有一些高级分析和建模功能，如数据透视表和场景管理等。用户可以根据自己的需要定制并自动化工作流程，以提高工作效率和准确性。

Excel 在商业、教育、财务和科学领域得到了广泛的应用。利用 Excel 作为新媒体数据分析的工具，其优势主要表现在以下几个方面。

（1）广泛的应用。Excel 是一种常见的办公软件，几乎所有的公司和组织都能够提供并支持 Excel。这意味着使用 Excel 作为分析工具的用户群体非常庞大，且具备较高的普及度。

（2）直观易用。Excel 提供了直观的用户界面和操作方式，使得用户能够快速上手并进行数据处理和分析。它使用电子表格的形式展示数据，使得数据可视化呈现且清晰明了。

（3）强大的计算功能。Excel 具有强大的计算和公式功能，可以执行各种数学、统计、金融和逻辑运算。用户可以在 Excel 中使用内置的函数和公式，也可以根据需要自定义函数和公式，进行灵活的数据计算和分析。

（4）数据可视化。Excel 提供了多种图表和图形的创建功能，用户可以使用这些工具将数据可视化，以更好地理解和表达数据。通过柱状图、折线图、饼图等图表，用户可以直观地展示数据趋势和关系。

（5）数据处理和整合能力。Excel 具有丰富的数据处理和整合功能。用户可以使用 Excel 的排序、筛选、查找替换、数据透视表等功能，对数据进行清洗、聚合和整理，以便进行更深入的分析。

（6）可视化报告和分享。Excel 允许用户创建专业的报告和分享数据分析结果。用户可以根据需要定制并美化报告，将数据分析结果以图表、表格和文字的形式呈现，并将整个工作簿或部分工作表分享给他人。

尽管 Excel 作为分析工具具备上述优点，但也有一些限制，例如处理大规模数据时可能会出现性能问题，很难处理复杂的数据分析需求等。在面对大量数据和复杂分析任务时，可考虑其他专业的分析工具。

[实战训练]

实训背景：五台山，地处山西省忻州市五台县境内东北部，现为国家 5A 级旅游景区、国家重点风景名胜区、国家地质公园、国家自然与文化双重遗产、中华十大名山之一、中国佛教四大名山之一、世界五大佛教圣地之一。五台山是文殊菩萨的道场，是中国唯一一个青庙黄庙交相辉映的佛教道场，也是一个融自然风光、历史文物、古建艺术、佛教文化、民俗风情、避暑休养为一体的旅游风景区。

实训任务：请同学们以五台山景区为例，结合四类旅游新媒体数据分析工具，分别体验并搜集数据，并填写表 10-1，为后续数据分析方法的学习作铺垫。

表 10-1　五台山景区新媒体数据分析工具统计

工具分类	工具名称	数据
网站分析工具		
自媒体分析工具		
第三方分析工具		
Excel 工具		
……		

[职业素养]

作为一个旅游新媒体数据分析工作人员，职业素养是非常重要的。以下是一个关于旅游新媒体营销数据分析的故事。

一天，旅游公司的营销团队决定利用数据分析来优化他们的新媒体营销策略。他们聘请了一位经验丰富的旅游新媒体数据分析师参与了这个项目。

在开始分析之前，首先和营销团队进行了深入的沟通，了解了他们的目标和需求。他们希望通过分析了解哪些渠道和内容对他们的目标受众最有效，以及如何优化广告投放和社交媒体策略。然后，开始收集和整理数据。使用了各种旅游新媒体平台的 API 来获取数据，包括网站分析工具、社交媒体平台和广告平台等，确保数据的准确性和完整性，对数据进行清洗和处理，以便进一步的分析。

在数据分析过程中，运用了多种统计和数据分析方法，比如利用 Excel、数据可视化工具进行数据探索和可视化，找到了一些有趣的趋势和关联。例如，分析了用户行为数据，发现社交媒体平台上的影响力用户对旅游品牌的转化率较高。还分析了广告投放数据，发现在特定的时间和地理位置投放广告会获得更好的效果。

接下来，向营销团队呈现分析结果。用清晰、简洁的方式展示了数据可视化，解释了每个数据指标的含义和影响因素，并提出了一些建议和优化策略。还进行了 A/B 测试，通过对比不同策略的效果，验证了建议的有效性。

最后，与营销团队保持了良好的沟通和合作。每月开会，分享数据分析结果和进展情况。根据反馈和需求，及时调整和优化数据分析策略，以更好地支持新媒体营销决策。

[任务小结]

旅游新媒体营销数据分析是指利用数据分析方法和工具对旅游新媒体平台上的数据进行处理、解读和优化的过程。它能够通过对数据的深入分析，揭示出用户行为、市场趋势等有关信息，从而为决策者提供有力的依据，降低决策的盲目性，提高决策的准确性。另外，它还能帮助企业了解竞争对手在新媒体上的表现和策略，识别其优势和劣势。通过对竞争对手的分析，企业能够制定差异化的营销策略，以抢占市场份额。

任务2 旅游新媒体营销数据分析流程及方法

一、旅游新媒体营销数据分析流程

旅游新媒体营销数据分析需要新媒体人员理解业务流程，具备用数据解决问题的思维。通常有两种情况可有效利用数据分析来解决。

一种情况是在搭建了数据指标体系后监测到数据异常，并进行问题分析和解决。这种情况下，首先需要建立一个完整的数据指标体系，明确要关注的关键指标及其数据源。通过定期监控这些指标，一旦发现异常情况，可以迅速进行数据分析，找到问题的根源，并采取相应的措施进行调整和优化。

另一种情况是在发现问题后才开始采集数据进行分析。建议事先搭建好一个完善的指标体系，并确保数据的采集和监控工作得到有效执行。这样不仅可以保证数据的准确性和连续性，同时也能够更及时地发现和解决问题。搭建好指标体系的关键是明确业务目标和问题，并根据需要设置相应的关键指标。通过准确采集和监控这些指标，可以及时发现异常情况并进行数据分析，从而为决策提供有力的支持，同时确保数据采集和监控工作的规范性和高效性。

（一）搭建指标体系

首先，需要明确营销目标和问题，从而确定需要分析的关键指标。例如，网站流量、页面转化率、社交媒体互动量等。然后，根据这些指标设计数据收集和分析的框架，确定所需数据来源和工具。这一步骤的目标是确保收集到的数据能够回答核心问题。

（二）解决具体问题

在数据收集之后，通过各种数据分析方法和工具对数据进行分析和探索，以解决具体问题。例如，可以使用网站分析工具对网站流量、访问来源、用户行为等数据进行分析，以了解用户喜好、受众群体等，并根据这些分析结果进行优化；或者使用社交媒体分析工具分析社交媒体互动量、用户反馈等数据，以洞察用户需求和关注的话题，从而调整营销策略。

（三）评估数据得出结论

数据分析的结果需要进行评估，以确保其合理性和可靠性。可以使用统计分析方法、数据可视化和对比分析等技术手段来检验数据分析的结果，并得出结论。比如，可以通过对比不同时段、不同渠道和内容等来评估营销活动的效果，以决定是否需要调整和优化。

（四）整合结论做决策

根据数据分析的结论，将其整合为可操作的建议和决策，用于优化旅游新媒体营销策略。这可能涉及调整广告投放策略、优化网站用户体验、改进社交媒体内容等方面的工作。同时，需要将分析结果与团队成员和决策者进行共享和沟通，以确保落实和执行。

整个流程是一个循环迭代的过程，需要不断地根据市场变化和用户反馈进行数据分析和优化，以提升旅游新媒体营销的效果和用户体验。同时，也需要灵活运用不同的数据分析工具和方法，根据具体情况进行选择和应用。

二、旅游新媒体营销数据分析常用方法

（一）对比分析法

对比分析法是一种常用的数据分析方法，用于比较和评估不同组别或不同时间点的数据，以找出差异和趋势，并进一步推断和解释其背后的原因。通过对比分析，可以发现变化和趋势，帮助分析人员理解数据的含义，从而作出更准确的决策。

在旅游行业中，对比分析法可以发挥重要的作用，帮助分析人员理解和解释旅游数据，并提供有力的支持和指导。

（1）市场竞争分析。通过对比不同竞争对手的数据，可以了解市场份额、价格水平、产品特点等方面的差异和趋势，为企业了解市场定位、制定策略和竞争优势提供重要参考。

（2）渠道效果评估。通过对比不同渠道（如线上旅游平台、旅行社等）的销售数据，可以评估和比较其效果和贡献，帮助决策者了解不同渠道的表现，从而优化资源配置和合作关系。

（3）旅游产品分析。通过对比不同旅游产品的销售数据和用户反馈，找出产品的优点和改进的空间，帮助企业及时调整产品策略，满足客户需求，提升产品的竞争力。

（4）目的地分析。通过对比不同旅游目的地的数据，如游客数量、消费水平等，可以了解各个目的地的相对优势和劣势，为决策者提供目标市场和市场定位的依据。

（5）时期比较。通过对比不同时段的数据，如季节、年度等，可以了解旅游活动的季节性和年度趋势，为制定季节性营销和安排资源提供重要参考。

（二）分组分析法

分组分析法用于比较和评估不同组别之间的差异和趋势，它将数据样本按照某种特定的标准或属性进行分组，然后对不同组别的数据进行分析，以了解它们之间的差异和关联。分组分析可以使用各种统计技术和工具，如描述统计、交叉分析、方差分析等。

（1）市场细分分析。通过对旅游市场的分组分析，可以识别和理解不同细分市场之间的差异和需求。比如，可以将游客按照年龄、性别、地域等维度进行分组，然后分析各组别的旅游偏好、消费行为等，从而更好地制定市场营销策略和定位。

（2）用户行为分析。通过对不同用户群体进行分组分析，可以了解他们之间的差异和消费模式。比如，可以将用户按照购买频次、购买金额等维度进行分组，然后分析不同组别的购买行为和偏好，为个性化推荐和定制旅游产品提供参考。

（3）产品评估。通过将旅游产品的使用者进行分组分析，可以了解不同组别对产品的评价和满意度。比如，可以将用户按照年龄、性别等维度进行分组，然后对比不同组别的评价和反馈，发现产品改进的空间和机会。

（4）目的地选择。通过将旅游目的地按照特征进行分组分析，可以了解不同目的地之间的特点和优劣势。比如，可以将目的地按照自然风光、文化遗产等维度进行分组，然后分析各组别的游客数量、满意度等，为旅游目的地的发展和推广提供参考。

通过分组分析法，可以更好地了解旅游市场和用户群体的差异和趋势，帮助决策者更准确地识别问题和机会，制定适宜的战略，提升市场竞争力和用户满意度。同时，分组分析还可以帮助企业发现不同组别之间的关联和相互影响，为个性化服务和精准营销提供基础。

（三）结构分析法

结构分析法是在统计分组的基础上，计算各组成部分所占比重，进而分析某一总体现象的内部结构特征根据时间推移而表现出变化规律性的统计方法。结构相对指标越大，代表部分在整体中比重越大，对整体影响越大。

（四）回归分析法

回归分析法是一种统计分析方法，用于探索和描述因变量与一个或多个自变量之间的关系，它的目的是通过建立一个数学模型来预测和解释因变量的变化。回归分析法通常用于将自变量的值与因变量的值之间的关联关系转化为一个数学方程。在新媒体营销数据分析中，运营人员可通过对某项指标过去数据的统计整理，发现变化趋势，预测该指标未来走向。需要注意的是，回归分析是一种描述性方法，它不能证明因果关系。在进行回归分析时，还需要考虑到模型的假设和限制以及适用条件，以确保结果的准确性和可靠性。

（五）漏斗分析法

漏斗分析法是一种营销分析方法，用于研究和优化购买过程中的转化率。它被广泛应用于数字营销和电子商务领域，帮助企业了解和改进用户在不同阶段的行为，以最大程度增加转化率和销售额。漏斗分析法通过将购买过程比喻为一个漏斗，将用户从最初的关注阶段到了解产品，进一步到达购买决策阶段，最终实际完成购买等阶段进行分类和追踪。漏斗分析法的主要步骤包括以下几个方面。

（1）定义转化目标。确定需要分析的转化目标，例如网站注册、加入购物车、提交订单、完成支付等。

（2）设定关键事件。根据购买过程中的关键事件，设置跟踪点或标识，以便记录和追踪用户在各个阶段的行为。

（3）数据收集和整理。使用网站分析工具或其他数据分析工具，收集和整理与关键事件相关的数据，并将其分类为不同阶段。

（4）漏斗分析。根据收集的数据，计算每个阶段的转化率，并绘制转化率图表，以便直观地了解用户在不同阶段的流失情况和变化趋势。

（5）识别问题和优化机会。分析漏斗图表，识别转化率较低的环节和瓶颈，并深入了解用户行为和动机，以找到优化机会和改进措施。

（6）实施和迭代。根据分析结果，实施相应的优化措施，并持续监测和迭代优化，以最大化转化率和提高销售效果。

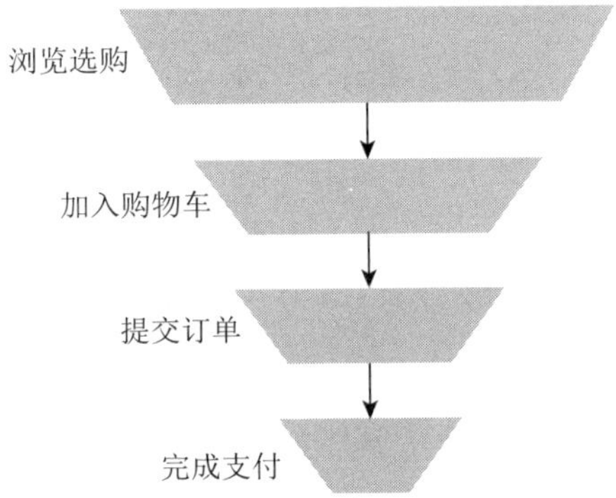

图 10-2　漏斗分析流程

三、旅游新媒体营销数据分析常用术语和指标

（一）拉新指标

拉新指标是用于衡量企业在营销活动中吸引新用户效果的指标。在拉新环节，潜在用户体验产品后如果觉得产品不错，才会成为正式用户。在评估拉新效果时，常用的指标有以下 3 个。

● 新用户数量（New User Count）：表示特定时段内获得的新用户数量。

● 浏览量：也叫曝光量，指产品或内容被多少潜在用户看到。与之相关的是点击量，后者与前者的比值叫作点击率（Click-Through-Rate，CTR），很多广告平台会用 CTR 来评估广告质量。

● 获取成本：获取新用户很多时候需要成本，常见的成本计算方式包括千次曝光成本（Cost Per Mille，CPM）、单次点击成本（Cost Per Click，CPC）、单次获客成本（Cost Per Acquisition，CPA）。

这些拉新指标可以帮助企业评估他们的营销策略和活动的效果，了解吸引新用户的效率和成本，优化获客渠道和策略，并制订更有针对性的拉新方案。

（二）活跃指标

用户注册后，可能会表现活跃或不活跃甚至流失，表现活跃的用户即活跃用户，通常活跃指标有以下 2 个。

● 活跃用户数：表示特定时段内使用产品、服务或平台的活跃用户数量。常用指标是日活跃用户数量（Daily Active User，DAU）和月活跃用户（Monthly Active Users，MAU），指的是 24 小时内或者每月活跃用户的总量。比如，微信公众号有一个类似指标为常读用户数。

● 活跃率：活跃率 = 活跃用户数 / 注册用户数，用来衡量产品或账号的健康程度。假如某微信公众号账号有 30 万关注量，但常读用户数只占 1%，其运营状况实际并不佳。

这些活跃指标可以帮助企业了解用户对产品、服务或平台的使用情况，评估用户参与度和忠诚度，优化用户体验，提高用户活跃度，以及制定更具针对性的用户参与策略。

（三）留存指标

留存指标是用于评估用户对产品、服务或平台的忠诚度和持续使用情况的指标。以下是一些常见的留存指标有以下 2 个。

● 留存率：留存率 = 留存用户总量 / 起初用户总量，常用的是日留存率、7 日留存率和 30 日留存率。

● 流失率：表示在一定时间内停止使用产品、服务或平台的用户比例。流失率与留存率恰好相反，流失率的意义在于利用它能在一定程度上预测产品或账号的发展趋势。

这些留存指标可以帮助企业了解用户的忠诚度和持续使用意愿，评估产品或服务的质量和用户体验，识别用户流失原因，并采取相应措施提高用户留存率，以及制定更有效的用户留存策略。

（四）转化指标

转化指标是用于评估用户从一个阶段（例如浏览网站或点击广告）转变为下一个阶段（例如完成购买或注册）的指标。企业往往都是以营利为目的的，因此用户的有效转化是十分重要的，通常转化指标有以下 4 个。

- GMV：即总成交额（Gross Merchandise Volume，GMV），只要用户下单，不管是否成功支付，这笔订单金额都可以计算在 GMV 里。
- 成交额：成交额是指用户付款的实际流水，是用户购买后的消费金额，能比较真实地反映实际交易情况。
- 付费用户数：产生过购买行为的用户，被称为付费用户。研究用户付费潜力，可以计算付费用户比例，即付费用户比例 = 付费用户数 / 注册用户数。
- 复购率：复购率可以衡量付费用户对产品的满意度，计算方式为消费两次以上的用户数占购买总用户数的比例。

这些转化指标可以帮助企业了解用户的行为和决策过程，评估营销活动的效果，优化用户体验，提高转化率，以及制定更具针对性的营销策略。

（五）传播指标

在营销分析中，传播指标用于评估营销活动在各种渠道和媒体上的传播效果。以下是一些常见的传播指标。

- 分享率：分享率即现有用户中有多少比例的用户进行了分享。在新媒体运营中，通常会按单篇内容来计算分享率，即点击分享按钮的用户数占阅读用户数的比例，如转发量等。
- 病毒 K 因子：病毒 K 因子又称病毒系数，是病毒式传播中的一个核心指标，用来衡量现有用户能够为产品获取的新用户数。通俗来讲，就是一个老用户可以带来多少个新用户。当病毒 K 因子大于 1 时，每个老用户至少能带来一个新用户，用户量会像滚雪球般变大，最终达成自传播。当病毒 K 因子足够大时，就是口口相传的病毒营销。其计算公式如下：

K=（分享数 / 现有用户数）×（新用户数 / 分享数）= 分享率 × 转化率

这些术语和指标可以帮助企业评估营销策略和活动效果，了解用户行为和偏好，优化营销投入，并制定更有针对性的营销策略。

[分组讨论]

一般情况下，文章整体阅读量和发布后 10 分钟阅读量有关，请分组讨论是否可以将发布 10 分钟后达到的阅读量作为评估的指标？请说明理由。

[任务小结]

掌握旅游新媒体营销数据分析流程及方法是实现成功营销的关键。首先，数据分析可以帮助企业评估和优化旅游营销的效果。通过监测关键指标，如曝光量、点击率、转化率等，企业可以了解不同渠道、广告和内容的表现情况，从而做出相应的调整和优化，提高广告投放的效率和成本效益。此外，通过对数据的深入分析，可以有据可依地做出决策，减少盲目性，提高决策的准确性和可行性。

任务3 新媒体营销数据分析报告

一、新媒体数据分析报告

随着旅游市场的不断发展，旅游产品之间的竞争也日益激烈，因此旅游产品的营销策略需要不断变化。当下新媒体平台的快速发展为旅游产品的营销提供了宣传的绝佳平台。可以说，新媒体营销已成为旅游产品营销的有效途径。旅游行如何充分利用新媒体的信息传播特点，对旅游产品进行有效的宣传和推广是摆在面前的重要课题。

前面我们已经讨论了旅游营销常用的术语和指标，帮助我们了解相关行业的数据和市场情况，通过分析总结这些数据，提高数据营销额适用性，通常会将相关数据分析生成一份有效的新媒体数据报告。这份报告可以提供关于用户在新媒体平台上的行为和参与度的详细信息，以及新媒体营销活动的详细数据和分析结果，从而帮助企业评估品牌在新媒体平台上的知名度和曝光效果，比较其竞争对手在新媒体营销上的表现，了解市场竞争态势和自身在市场中的位置。

二、学会撰写新媒体营销数据报告

在完成数据分析报告时，可采用任务情景方式，分四个步骤来进行。这里我们以为 H 景区撰写一份新媒体营销数据报告为例进行实战训练。

（一）分析任务情景

H 景区的微信公众号在用户增长方面表现乏力。为了在短期内获得较多新增粉丝，H 景区与某银行在春节期间合作策划了相关活动，具体活动内容见各步骤的工作描述。请同学们根据各项活动数据，针对不同阶段的目标进行复盘，并提出提高活动转化率的方法。

（二）任务实施步骤

步骤 1：新媒体活动拉新数据分析

H 景区在某周筹办了“邀好友购票，免费领信用卡积分赠送和景区畅游权益”等老学员专属活动，活动期间 H 景区的微信公众号每日有 60 人左右的增长量，如图 10-3 所示。请同学们根据 H 景区微信公众号的拉新数据，分析用户增长现状，给出建议，并填写表格 10-2。

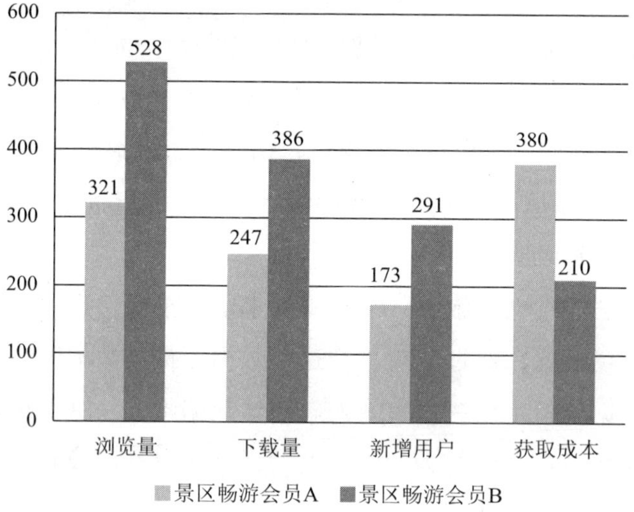

图 10-3　H 景区微信公众号每日增长量数据

表 10-2　H 景区微信公众号用户增长分析

活动名称	浏览量	下载量	新增用户	获取成本	用户增长现状与建议
景区畅游会员 A					
景区畅游会员 B					

景区畅游会员 A：99 积分 + 半年 1 次景点免费门票 + 同行打折

景区畅游会员 B：999 积分 + 全年 3 景点免费门票 + 同行打折

步骤 2：新媒体活动促活数据分析

在活动期间，H 景区的微信公众号还不定时推送活动海报，用户扫描二维码当日前 100 名订票的可享受半价优惠，这极大地提高了用户活跃度。在本次活动期间，H 景区的微信公众号共推送了 3 次活动海报，每次促活量约 30 人，如图 10-4 所示，请同学们根据 H 景区微信公众号的促活数据，填写表格 10-3。

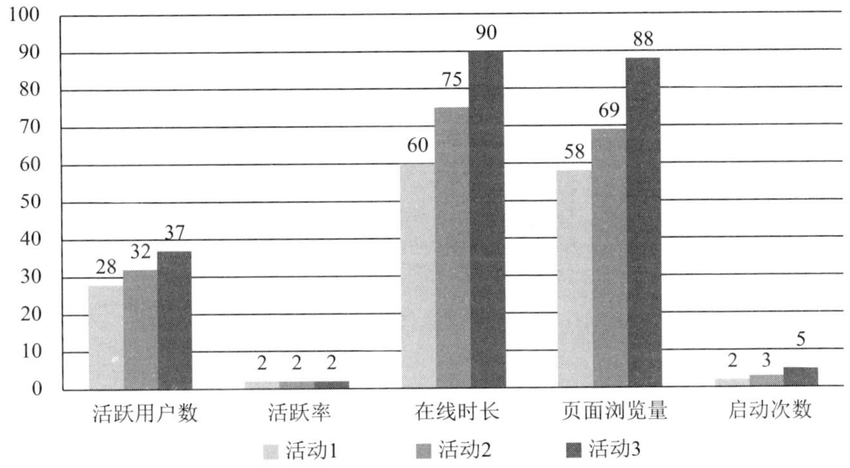

图 10-4　H 景区微信公众号推送活动促活统计

表 10-3　H 景区微信公众号促活分析

活动序号	活动名称	活跃用户数	活跃率	在线时长	页面浏览量	启动次数	促活数据分析
1	新春会员超级礼物大放送						
2	每日一幅画——筹备你的个人展						
3	这么美丽的风景，你完全可以自己画出来						

步骤 3：新媒体活动转化数据分析

对于参加过体验活动的用户，H 景区会派专门的顾问或工作人员进一步转化。请同学们据 H 景区微信公众号的转化数据如图 10-5 所示，填写表格 10-4。

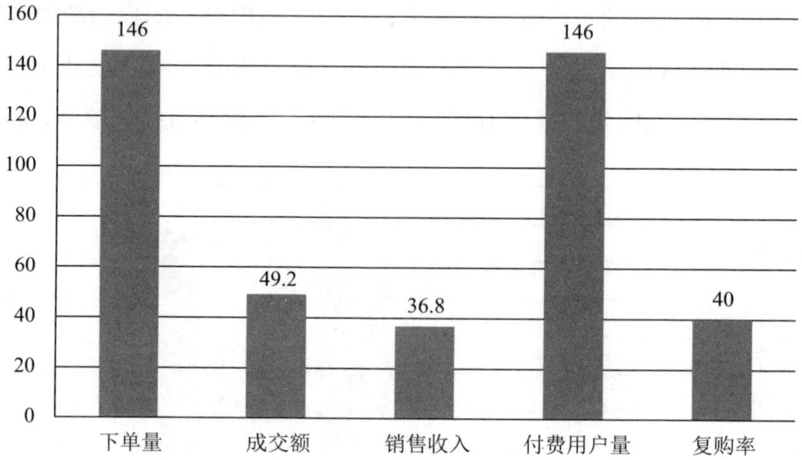

图 10-5　H 景区微信公众号转化数据

表 10-4　H 景区微信公众号转化分析

活动名称	下单量	成交额	销售收入	付费用户量	复购率	转化数据分析

步骤 4：新媒体活动整体效果分析

请同学们根据活动的开展过程，复盘该活动。活动不同阶段的目标结果对比数据如表 10-5 所示，请同学们进行新媒体活动整体效果分析并填表 10-6。

表 10-5　H 景区不同阶段的目标结果对比分析

阶段	关键指标	目标	实际效果	对比
拉新阶段	拉新量	+30%	+20%	-10%
促活阶段	促活量	+20%	+30%	+10%
留存阶段	留存率	+10%	+5%	-5%
转化阶段	转化率	+10%	+8%	-2%

表 10-6　H 景区新媒体活动整体效果分析

回顾目标	对比结果	分析原因	总结经验
拉新量			
促活量			

续表

回顾目标	对比结果	分析原因	总结经验
留存率			
转化率			

[任务小结]

数据报告是制定决策的重要依据，通过对旅游新媒体营销数据的分析和解读，可以提供洞察力和决策支持，帮助旅游企业了解用户行为、评估品牌知名度、优化营销策略和监测竞争对手，从而提高营销效果和提升竞争力，所以撰写一份有效的报告可为旅游行业的营销策略提供有益的建议和指导。

知识与技能训练

一、简答题

1. 简述新媒体数据分析的基本步骤。

2. 新媒体数据分析的常用方法有哪些？

二、案例分析题

支付宝“锦鲤”营销

2018 年 10 月 7 日支付宝通过官方微博抽奖平台，从近 300 万转发者中抽出了唯一的一条“中国锦鲤”，也就是网友“信小呆”。这位幸运儿获得由 200 多家支付宝全球合作伙伴组团提供的“中国锦鲤全球免单大礼包”。礼包的合作商分布海内外，提供的礼品不仅丰盛，而且含金量相当高，大致包括鞋包服饰、化妆品、各地美食券、电影票、SPA 券、旅游免单、手机、机票酒店等。结果，该微博一不小心就破了两项新纪录：不到六小时转发量破百万，周累计转发破三百万，成为企业营销史上最快达成百万级转发量以及迄今为止总转发量最高的企业传播新案例。

支付宝利用“锦鲤”这个新标签，以并不高昂的成本，完成了一个漂亮的营销策划。

请分析支付宝“锦鲤”通过哪些渠道获取数据呢？

三、实训题

（一）实训背景

假如你在一家电商公司负责公众号的运营，在公众号发出一张产品推广海报，有653人阅读、214人点赞、37人互动留言，但是扫码购买者为0。

（二）实训要求

试分析下面数据，哪些可能是导致购买为0的因素。

（1）海报二维码无法识别。

（2）公众号只发海报，没有文案。

（3）扫码进入的页面设计及活动内容没有吸引力。

（4）产品定价过高。

（5）公众号互动未及时回复。

参考答案